适合教育论

王伟 著

中国言实出版社

图书在版编目（CIP）数据

适合教育论 / 王伟著. --北京：中国言实出版社，
2023.12

ISBN 978-7-5171-4638-4

Ⅰ.①适… Ⅱ.①王… Ⅲ.①教育学－理论研究
Ⅳ.①G40

中国国家版本馆CIP数据核字（2023）第239565号

适合教育论

责任编辑：张天杨
责任校对：史会美

出版发行：中国言实出版社
   地 址：北京市朝阳区北苑路180号加利大厦5号楼105室
   邮 编：100101
   编辑部：北京市海淀区花园路6号院B座6层
   邮 编：100088
   电 话：010-64924853（总编室） 010-64924716（发行部）
   网 址：www.zgyscbs.cn 电子邮箱：zgyscbs@263.net

经 销：新华书店
印 刷：涿州市旭峰德源印刷有限公司
版 次：2023年12月第1版 2023年12月第1次印刷
规 格：787毫米×1092毫米 1/16 19.75印张
字 数：263千字

定 价：53.60元
书 号：ISBN 978-7-5171-4638-4

《走近当代名校长系列丛书》
编 委 会

图为中国教育学会名誉会长、北京师范大学资深教授、《德育报》
名誉社长顾明远先生为新乡市一中题词并与本书作者王伟合影

序　办好一所"适合"当代中国的中学

　　"适合"是一个好词，它表示一切要素都显得那么"刚刚好"。新乡市一中所处的地方并不繁华，不是一线大城市，也不是改革开放的先行地。可是，就是这么一所学校的校长，提出了"适合教育"这样一个合适的词。我很欣赏。

　　为什么呢？因为我们今天是何等需要一批"适合"当代中国的中学啊！什么是当代中国？因为它有着深厚的文化积淀，却又肩负着红色使命，最终要走向全球化的未来。

　　新乡市一中是一所创办于1940年的学校，前身为国民政府建立的河南省立新乡中学和晋冀鲁豫边区政府创办的太行公立新乡中学。一开始就注入了红色基因与厚实的太行山精神。在那个热火朝天的社会主义建设时期，新乡市一中于1958年被河南省教育厅命名为"首批重点高中"；1960年被评为"全国模范单位"，后来又被评为全国先进单位，国务院还专门颁发了嘉奖令……党的十八大以来，中国特色社会主义进入新时代，这所学校又于2015年被命名为河南省首批普通高中多样化示范校，还获得了"全国文明校园""全国教育系统先进集体""全国五四红旗团委""河南省先进基层党组织"等百余项荣誉称号。

　　新乡市一中不是一所小学校。它是一个教育集团，有3个校区，200余个教学班，近千名教职工，近万名孩子在这里成长。80多年的办学史中，从这里走出了 3 位院士、6 位将军，培养了齐锐新、赵国瑞、赵振业、华克、时裕谦、陈金健、潘正运、李玉田、娄辛丑、宋柯、何碧玉、吴涛、李欣、安玥琦等一批行业精英。30 年来，学校有 4 名同学夺得河南省高考理工科第一名。近十年来，先后有 130 多名学生考入北京大学、清华大学、复旦大学、上海交通大学，有 2000 多名学生考入南京大学、中国人民大学、浙江大学、哈尔滨工业大学等全国"985"知名大学。近十名学生被招录为空军飞行员，梦圆祖国蓝天。新乡市一中以优异的办学效益和高考成绩连续 4 年获得新乡市市长教育质量奖最高奖。此外，它还是全国 42 所"双一流大学"优质生源基地校。

最让人感动的，还不是它的这些办学成绩，而是它当年敢为人先地参与了超常教育实验，又颇为艰辛地坚持到了今天，更富于深远意义地将这一实践与实验的结果命名为"适合教育"。在 20 世纪 80 年代，那个对人才充满渴求的年代，我记忆犹新。鼎盛时候，全国创办少年班的高等院校达到 13 所，随之一些中学也开始搞大学少年班的预备班，为其提供生源。新乡市一中从 1989 年开始在河南省率先擎起了超常教育的大旗，在其他地方的实验都纷纷"关闭"之际，它仍然坚持建少儿部，还提出"打牢基础，开发潜能，张扬个性，全面发展"的办学特色，进而强化全校的教育质量，真正办好了"百姓家门口的学校"，把优秀学子留在新乡接受高中教育，让他们在父母身边安静地成长。这是最大的民生。

为党育人，为国育才，关键要提供"合适"的教育。新乡市一中的探索与实践值得肯定，"适合教育"的提法很有深意，而我特别想说的是，它尤为契合"当代中国"。当代中国正处于百年未有之大变局中，过去的教育形态正在发生变化，我希望新乡市一中紧跟，甚至引领这种变化，真正把"适合"二字发挥到位！

另外，我也祝贺王伟校长的大作出版，他的思考可望会对基础教育界的同行产生深远的影响。

是为序。

二〇二三年十一月十六日

（作者系中国教育学会名誉会长、北京师范大学资深教授）

目录

第一章　适合教育的提出

适合不同学生发展的教育才是好教育，这本该是一个常识。但是，在很长一段时间内，它总是被人们忽视。应试教育的核心属性，或者说"致命硬伤"，就是拿一把尺子/一套卷子量所有人才；而素质教育的核心属性，或者说"关键优势"，就是用不同类型的素质助推人才的全面成长。可见，应试教育与素质教育之争的背后，无非是"是否坚持适合的原则"罢了。2017 年 9 月，中央办公厅、国务院办公厅印发《关于深化教育体制机制改革的意见》（以下简称《意见》），其中明确强调："营造健康的教育生态，大力宣传普及适合的教育才是最好的教育、全面发展、人人皆可成才、终身学习等科学教育理念。"这让"适合教育"在国家政策上有了明确的支撑——"适合的教育才是最好的教育"，被党中央、国务院确立为"科学教育理念"，而在这一教育理念的背后，是"适合"一词本身所具有的深刻内涵与学理意义在新时代以来的备受彰显、焕发新生。

什么是"适合"呢？按照《现代汉语词典（第 7 版）》的解释，就是"符合（实际情况或客观要求）"[①]。就教育而言，这一解释存在一个明显的问题就是缺少对主观方面的规定。适合教育，不只是教育的主体要符合实际情况或客观要求，也是教育主体要对自身有充分的意识和判断，

[①] 中国社会科学院语言研究所词典编辑室：《现代汉语词典》，北京：商务印书馆 2016 年版，第 1198 页。

能够主动去适应，乃至改造实际情况或客观条件。这样，就使得主体与客体在教育的过程中统一了起来。对于"适合教育"来说，"适合"就是要按照一定的质和量，让学生在适合的环境中接受适合其主观条件的教育，使每一个学生都有发展的空间和可能。它既是着眼于超常儿童的教育，亦即要为具有特殊才能的学生提供适合他们的教育，更瞩目普通儿童的教育，使广大青少年都能在教育之中找到成长途径，实现自我价值。也就是说，"适合教育"的关键在于"掌握分寸，恰到好处"。

这样的"适合教育"，本质上是普适的教育，亦即是适合所有人的教育。当然，毋庸讳言，这是一种教育理想。但既然是理想，就需要有脚踏实地的推进路径和实现可能。这么多年来，我一直在探索着自己的教育理念，更在寻找适当的表述方式。而"适合教育"一词恰好可以表达我的这种观念：既要有很高的教育目标，让天才有持续为人类社会进步创造价值的可能，又要坚定教育公平的基本原则，使得卓越与平凡都能成为教育的主体，都能为世界的丰富多彩提供动力。

这种教育理念的提出并非一朝一夕，也不是心血来潮。它具有一定的哲学基础，更有我长期在基础教育一线的实践经验。本章将聚焦"适合教育论"的理论根基与现实需要，从较为宏观的角度来讨论它作为一种教育观的思想性和时代性。在我看来，"适合教育"的提出并非我的灵感迸发，它是当代中国教育，尤其是基础教育发展到今天应该自然出现的一种观念。我尊重这种必然性，并愿意以自己的实践和思考，包括多年来同行、同事与学生的体会和感受来为这一教育理念的问世"鼓"与"呼"，为当代中国基础教育的守正创新提供一点微薄之力。

（一）适合与"度"的本体意义

"适合教育"一词的提出，与"适合"在词典中的释义关联不大。

与日常生活中往往需要仰仗词典提供生活用语的准确性与规范性不同。做学问的人都知道，词典在学术研究中并不具有学理上的权威性，特别是人文学科的研究，往往会将日常生活用语赋予更加复杂的内涵，使其能够揭示和解释与时俱进的社会现象。而这种带有学者个人认识的词语（术语 / 概念）解释，就很难进入词典之中。

1. 适合教育的哲学基础

马克思主义哲学思想认为，任何事物在发展到一定数量和规模之后，客观上都会发生变化，呈现类型上的不同和层次上的差异。这就需要进行分类管理。而这种分类的实施，正是"适合"理念的哲学根基。"适合教育"之于普通高中多样化发展，重点则转向全面提高全体学生的综合素质和满足学生多样化的发展需求上，做到"适合教育才是最好的教育"。这就是我所言的"适合教育"。

我提出"适合教育"，本质上是要为教育在当代日渐个体化的社会之中寻找到一种恰当的地位，而这一寻找在学理上是受了当代著名人文学者李泽厚先生的启发。众所周知，李泽厚是当代中国的重要哲学家、思想家、美学家。在西方世界学术研究权威的参考工具书《诺顿理论与批评选集》（*The Norton Anthology of Theory and Criticism*）第二版（2010年）中，全球历史上重要的人文学家共有 148 位入选，始于古希腊的高尔吉亚、柏拉图、亚里士多德，终于美国女学者茱蒂丝，而李泽厚就为其中之一，是其中 4 位非西方学者之一[①]。

可以说，李泽厚代表了中国传统思想当代研究的较高水平。而在他的重要著作中，"度"的本体性问题尤为引人注目。根据李泽厚先生在《历史本体论·自序》中所说，这本书是作为他"封笔之作"的补充。他"原拟作为自己封笔之作"的是《己卯五说》，"不料写完之后，觉得还有好

---

① 该书 2018 年第三版中，又收录了美籍华裔女学者周蕾（Rey Chow），参见顾明栋：《新版〈诺顿理论与批评选集〉中的李泽厚》，《文艺争鸣》2021 年第 4 期。

些话没说或没说完，又随手写了些札记、提纲"，便成了《历史本体论》一书。这本书的重要性毋庸讳言。

而正是在这本书的开篇第一节，李泽厚先生就谈了"度"的本体性。他说："什么是'度'？度就是'掌握分寸，恰到好处'。为什么？因为这样才能达到目的。"随后，他以"生产"和"生产技术"为切入点，讨论"度"的本体性。他说："'度'并不存在于任何对象中，也不存在于意识中，而首先是出现在人类的生产—生活活动中，即实践—实用中。它本身是人的一种创造，一种制作。从而，不是'质'或'量'或'存在'（有）或'无'，而是'度'，才是人类学历史本体论的第一范畴。"①这一段话，虽然说的是普遍意义上的"人类学历史本体论"，但放在教育之中，尤为恰当。教育是什么？教育就是一种对人自身进行的"生产—生活活动，即实践—实用"，教育的生产结果是人才。对于人才，我们的要求显然不是"质"或"量"或"存在"或"无"，而是"度"，是因材施教，恰到好处，使每一个人都能在自身禀赋的基础上得到与客观世界相适应的成长。

就此而言，李泽厚先生关于"度本体"的论述为我们探索"适合教育论"的本质与本体提供了哲学依据。这种依据有双重表现：一是"度"作为人类学历史本体论的第一范畴，与人类自身的历史密切相关。因此，"适合教育"不是当代教育的新特征、新形态，而是自古以来就内在于人类发展基因之中的教育本质性，或称为本真的教育属性。它本来就是教育的内在要求，只不过当代社会发展为其提供了更广阔的可能。二是作为人类学历史本体论的第一范畴，"度"与生产技术密切相关。因此，"适合教育"不是温室里的教育，而是在历史发展过程之中，在与社会、自然的"亲密"互动过程中实现的。它不仅需要知识的传授，还需要道德、科学、情感、物质、生态等多重视角的介入。对此，

---

① 李泽厚：《历史本体论》，北京：生活·读书·新知三联书店 2002 年版，第 1-3 页。

李泽厚先生在《历史本体论》中还有两段讨论"历史本体"的话可以进行教育学的解读：

> "度"作为物质实践（操作活动及其他）的具体呈现，表征为各种结构和形式的建立。这种"恰到好处"的结构和形式，从人类的知觉完形到思维规则，都既不是客观对象的复制，也不是主观欲望、意志的表达，而是在实践——实用中的秩序构成。人类在使用——制造工具的实践操作中，发现了自身活动、工具和对象三者之间的几何的、物理的性能的适应、对抗和同构，发现不同质料的同一性和感性抽象（如尖角、钝器、三角形等），由于使用工具的活动使目的达到（食物以至猎物的获得），使因果范畴被强烈地感受到，原始人群开始了人的意识。以"度"作为本体的人类本体性对主观性的要求，展现为由后世形式逻辑及各类认识范畴所表达的认识功能……即从实践（亦即"度"的本体性）来谈人类认识形式的建立。[①]

在这一段论述中，李泽厚讨论的是"度"作为知识生产的核心概念之意义。毫无疑问，教育作为一种人的成长方式，不可能脱离"知识传递"的属性。而李泽厚告诉我们，知识本身就是在"度"（亦即是"适合"）之中得以生成和发明的。正是因为"恰到好处"的"度"，人类才产生了"教育"（知识传递）的必要。我们可以通过教育来使前人对"尖角、钝器、三角形"等抽象认识在下一代身上得到体现，全是拜"度"所赐。因此，教育必须要还原到"度"的意义来加以理解，不仅育人要有"度"、教学活动与学习时长要有"度"，教育教学本身的环境和语境也要在"度"的本体性上得到还原。这就是为什么"情境教育"始终得到人们的推崇，

---

① 李泽厚：《历史本体论》，北京：生活·读书·新知三联书店 2002 年版，第 4-5 页。

在教育教学上能得到较好的效果——因为它讲求"度"。

这里要强调的只是，这种种人类意识的萌芽，都是在亿万次大量经验尝试错误中通由个体突发涌现出来的"完形"。出来之后，被原始人群不断模拟（mimes）而得到巩固和传授。它实际具有一定的偶然性，这也就是真正的创造性。这种创造和模拟带来了心理上的情感愉快，这就是"领悟"。这"领悟"的中心是想象——即对客观并不存在的事物的情感性的理解和知觉，这也正是上述美感即自由的起源。①

这一段论述紧承上一段论述而来，李泽厚把"度"与知识生产、知识传授的关系做了进一步说明："度"就是一种教育主体对本体的把握，它既是知识在主体与外在世界相互接触的过程中而实现的"完形"，更是通过"模拟"（mimes）来使知识经由教育得到传递的过程——亦即作者所言的"巩固和传授"。在这里，李泽厚深切地把知识生产视为一种偶然（创造），并提出其真正的内核应该是一种"心理上的情感愉快，这就是'领悟'"。而领悟的中心是想象，是"对客观并不存在的事物的情感性的理解和知觉"。这一过程就是教育的实现过程。

可以说，李泽厚通过对"度本体"的分析，已经相当精准地揭示了"适合教育论"的哲学基础——教育应该是一种主体与外在世界打交道之后的必然产物，它通过"适合的教学活动"，也就是"掌握分寸，恰到好处"的"模拟"，实现了主体的创造性。在这一过程中，主体应该产生三层感受：一是想象；二是领悟；三是由领悟所带来的"心理上的情感愉快"。就此而言，"适合教育"不是一种新的教育理念或形态，而是对本然意义和应然意义上的"教育"的描述。

① 李泽厚：《历史本体论》，北京：生活·读书·新知三联书店 2002 年版，第 5 页。

2. 适合教育的现实可能

"度本体"是适合教育论得以展开的学理基石，而其实践则有待于育人方式的进一步改革，使学校的发展能够更加趋于内涵化、时代化和在地化。2019 年 12 月 30 日，河南省人民政府办公厅下发《关于新时代推进普通高中育人方式改革的实施意见》。这是河南省为贯彻落实《国务院办公厅关于新时代推进普通高中育人方式改革的指导意见》（国办发〔2019〕29 号）精神，结合地方实际提出的实施意见，也是河南省出台关于普通高中改革的一个重要纲领性文件，为新时代普通高中育人方式改革明确了方向。而我所任教的新乡市一中作为首批河南省普通高中多样化发展示范校（综合创新类），在省教育厅和市教育局党组的领导下，全面贯彻党的教育方针，落实立德树人根本任务，积极深化育人方式改革，促进高质量发展，学校教育教学水平持续高位攀升，有效发挥了普通高中多样化发展示范校的辐射引领作用。这种发挥本身就是"适合教育"的一种实践。

如果我们仔细分析 2019 年 6 月国务院办公厅印发的《关于新时代推进普通高中育人方式改革的指导意见》（以下简称《意见》），就不难发现"适合"作为一种科学教育观在其中的身影和意义。作为中国进入新时代以来国家层面出台的首个关于普通高中教学改革的纲领性文件，该《意见》具有毫无疑问的权威性。它是习近平新时代中国特色社会主义思想和全国教育大会部署针对普通高中阶段发展要求的具体化，更是国家对进入新时代以来普通高中发展所处的特殊历史时期、面临的特殊历史任务必须采取的特殊改革方式进行的一次全面说明。

从适合教育的角度看，《意见》是我国普通高中发展整体进入一个新历史阶段（即新时代）的宣言书与说明书，是进入这一阶段后实现可持续发展的路线图与指南针。它要诊治的正是社会期待与学校发展之间的不平衡，以及由此导致的社会焦虑，而其方法就是"适合"。新时代最为突出的表征就是社会的主要矛盾转变为"人民日益增长的美好生活需要和不平衡不充分的发展之间的矛盾"。我国的普通高中，乃至整个学校教育的发展要进入以"平衡而充分"为目标的历史时期，《意见》就是第一份"任务书"，也是一份缓解社会焦虑的药方，是"适合才是最好的"理念的说明。

全国教育大会以来，中央分别于 2018 年 11 月、2019 年 6 月印发了学前教育、高中教育、义务教育三份重要教育文件，即《中共中央 国务院关于学前教育深化改革规范发展的若干意见》《国务院办公厅关于新时代推进普通高中育人方式改革的指导意见》《中共中央 国务院关于深化教育教学改革全面提高义务教育质量的意见》，对基础教育改革作出部署。对比这三份文件，可以清晰地看到"高中"的特殊性——《意见》是唯一一份以国务院办公厅名义发布、以"新时代"命名、着眼于"育人方式"变革的文件，目标十分鲜明。[①]

这种特殊性决定了其具有很强的操作性、方向性和时代性。它直指教育的核心使命，体现出国家对学校育人的根本要求。综合《意见》和《教育部有关负责人就〈国务院办公厅关于新时代推进普通高中育人方式改革的指导意见〉答记者问》（以下简称"答记者问"），可以清晰地看出国家对当前普通高中改革发展所处的关键阶段有着深刻的自觉。这种进入新时代之后才产生的关键性表现在：

就其发展的历史性而言，当前我国普通高中正处在"普及攻坚"的特殊时期。到 2018 年底，我国初中毕业生升学率达到 95.2%，而高中阶段毛入学率则为 88.8%，分别比 2012 年提高了 3.8% 和 6.8%。这一数字说明普通高中的教育在中国即将进入普及，此后进入社会的劳动者受教育程度将基本为高中及以上学历。也就是说，高中阶段的教育即将

---

① 与之类似的目前仅有 2019 年 8 月出台的《中共中央办公厅 国务院办公厅关于深化新时代学校思想政治理论课改革创新的若干意见》，参见 http://www.moe.gov.cn/jyb_xxgk/moe_1777/moe_1778/201908/t20190815_394663.html。

成为最广大劳动者的基础教育，是当前中国所实现的"人人享有的最高教育"。由此，高中教育的重要性便不言而喻了。这种级别的"人人享有的最高教育"在教育发展史上属突破性成就，并无前人经验。但从历史和发展的观点看，多样化发展是高中教育普及化的必然趋势，也是解决普通高中同质化的关键所在。特别是不同的高中应该如何适应人才多样化的发展需要并办出特色，使"适合教育"有所落脚，是一大难题。

就其阶段的有机性而言，《意见》指出，普通高中教育"在人才培养中起着承上启下的关键作用"。一方面，它是义务教育的提升和巩固，是九年义务教育（尤其是立德树人）得以有效、顺利延展的保障。另一方面，它也是高等教育发展后劲的来源，是学生从"必须接受"的义务教育到可以"自由选择"的高等教育的过渡。普通高中教育如果侧重前者就可能导致"片面应试教育倾向"，而如果过分侧重后者就有可能使育人工作流于表面。二者的平衡是新时代普通高中教育更好地嵌入国民教育序列所面临的重要任务。尤其在国家对普通高中教育改革发展提出新要求的时代背景下，立德树人必须融入教育的各环节，学生的德智体美劳必须得到全面发展，普通高中承担的"承上启下"作用就显得尤为重要。而"适合教育"倡导的就是在普通高中多样化的前提下进行因地制宜的平衡与探索。

就其时效的耦合性而言，"答记者问"指出，当前，普通高中教育"正处于普及攻坚、课程改革、高考综合改革三项重大改革同步推进的关键时期"。这种"三期耦合"，其方向和目标是一致的，而带来的效应则是叠加的。这三者之间有一种"因果关系"——普及攻坚是新时代赋予普通高中教育的宏观任务，而课程改革是为了适应这一语境而进行的中观任务，高考综合改革则是课程改革的自然延伸，是教育改革的微观任务。虽然就其历史逻辑来说，这三者的出现基本是同时的，甚至"高考改革"出现得比新一轮课程改革和高中普及的任务语境还要早，但从理论逻辑上说，应该是先有"普及语境"，才出现了课程改革要求，而为了适应新的课程，才有高考综合改革任务的提出——在"适合教育"看来，不是课程适应高考，而是高考适应课程，这是扭转普通高中教育以高考为"指挥棒"弊病的关键，也是"适合教育"在基础教育教学一线发挥作用的关键。

因为普通高中阶段的教育在当前具有上述的特殊性，所以其育人方式必须予以改革。那么，问题就来了：新时代的普通高中教育究竟要培养什么样的人？育人目标是教育的首要问题，也是改革的方向问题。就教育培养的整体目标而言，2018 年 5 月 2 日习近平总书记在北京大学师生座谈时说，"我先给一个明确答案，就是我们的教育要培养德智体美全面发展的社会主义建设者和接班人"；而在 9 月 10 日的全国教育大会上，这一答案又进一步完善为"德智体美劳全面发展的社会主义建设者和接班人"。对比二者的一致表述，育人改革的方向是培养"社会主义建设者和接班人"，而其核心在于人的"全面发展"。值得说明的是，在适合教育论看来，所谓"全面发展"绝非是样样精通，而是人作为一种类本质存在的主体唤醒，他 / 她意识到自己可以，也应该是一个全面发展的主体。

结合《意见》文本来看，"社会主义建设者和接班人"作为一种育人目标，在《意见》中体现为"德育时代性"，亦即是要践行有时代感的德育，它包括习近平新时代中国特色社会主义思想教育、理想信念教育、社会主义核心价值观教育、中华优秀传统文化教育、品德教育等。而"人的全面发展"则被《意见》具体化为"综合素质"，在《意见》中被表述为"强化综合素质培养""拓宽综合实践渠道""完善综合素质评价"三个方面。"综合素质"绝非新生事物。新中国成立以来，党的教育方针从"德智体"三要素发展到"德智体美劳"五要素的变化就明确地显现出了"综合素质"这一趋势。[1] 但问题是这一方向性的指引，

适合教育论

应该如何转化为可操作的实践目标，具体而微地落实在普通高中的育人方式改革之中。

对此，"答记者问"给出的意见分为 6 个方面：一是实施新课程新教材，二是推进全面而有个性发展的教育教学改革；三是 ⬛⬛⬛⬛ 课走班教学管理机制；四是建立科学的教育评价和考试招生制度；五是保障师资和办学条件；六是形成多样化有特色发展的办学格局。这 6 个方面的改革目标包罗广泛、内涵丰富，具有很强的针对性。而仔细分析其逻辑，可以将这 6 点具体目标划分为两个层面：就学生层面来说，总体目标是要实现"全面而有个性发展"；就学校层面来看，则是要实现"多样化有特色发展"。概括而言，就是三句话：坚持以立德树人为基础，以"全面"和"多样"为方向，鼓励学生个性化成长、学校有特色发展。

这个"两层目标"，可以视为《意见》所指出的育人方式改革的朝向。而新课程新教材的实施、选课走班教学管理机制、教育评价和考试招生、师资和办学条件 4 项则是更为具体的改革路径。它们既是目标，也是通向目标的路径，是实现目标的重要内容。这样，普通高中育人方式改革的前景就显得较为明朗了。

《意见》开篇还指出了提出《意见》的目的是"为贯彻落实全国教育大会精神，统筹推进普通高中新课程改革和高考综合改革，全面提高普通高中教育质量"。这一论述也可分为两个层面来理解，"全面提高普通高中教育质量"是育人方式改革的方向，而"统筹推进新课程改革和高考综合改革"则是其路径。同样，在《意见》对"改革目标"的论述中，也是将"到 2022 年，德智体美劳全面培养体系进一步完善，立德树人落实机制进一步健全"视为改革的"总体目标"，而将上述 6 个方面的具体目标视为这一整体目标的细化和落实。这种把"大的改革方向"与"小的路径朝向"区分开来的目标设定，可以为普通高中育人方式改革提供更具有针对性与实操性的路线图，是《意见》的重要理论创新。

《意见》的主体部分是普通高中育人方式改革的重点任务。根据"答记者问",这些任务包括 6 点,分别是构建全面培养体系、优化课程实施、创新教学组织管理、加强学生发展指导、完善考试和招生制度、强化师资和条件保障。而上述 6 个方面的具体改革目标,则被细分、嵌入这些任务之中。将 6 个目标与 6 项重点任务进行细致的比对,可以发现除了学校格局外,二者基本能够一一对应。

具体目标	重点任务
普通高中新课程新教材全面实施	优化课程实施(任务二)
适应学生全面而有个性发展的教育教学改革深入推进	构建全面培养体系(任务一)
	加强学生发展指导(任务四)
选课走班教学管理机制基本完善	创新教学组织管理(任务三)
科学的教育评价和考试招生制度基本建立	完善考试和招生制度(任务五)
师资和办学条件得到有效保障	强化师资和条件保障(任务六)
普通高中多样化有特色发展的格局基本形成	—

按照前文分析,将具体目标之中没有专项任务与之对应的"普通高中多样化有特色发展的格局基本形成"和重点任务之中更具整体化的、以"增强学生综合素质"诉求的为"构建全面培养体系"单列出来作为两层总体目标,则可以认为优化课程实施、加强学生发展指导、创新教学组织管理、完善考试和招生制度、强化师资和条件保障是实现普通高中育人方式坚持以立德树人为基础,以"全面"和"多样"为方向,鼓励学生个性化成长、学校有特色发展的具体手段。

当然,必须说明的是这种理解并不十分准确,因为在《意见》中,"构建全面培养体系"有着大量具体的细节论述,如"使学生掌握 1—3 项体育技能""以省为单位建立学生综合素质评价信息管理系统"等具有明确任务指向的说明,并不适合作为总体目标。但从前文关于"普及语境"的讨论来看,这些明确的任务都可以融入"新课程改革"和"高考综合改革"之中,将其视为"优化课程实施"与"完善考试和招生制度"

的构成内容。这样,《意见》关于普通高中育人方式改革的目标和任务就可以更为明确地拆解为"两层目标"与"五条路径"。

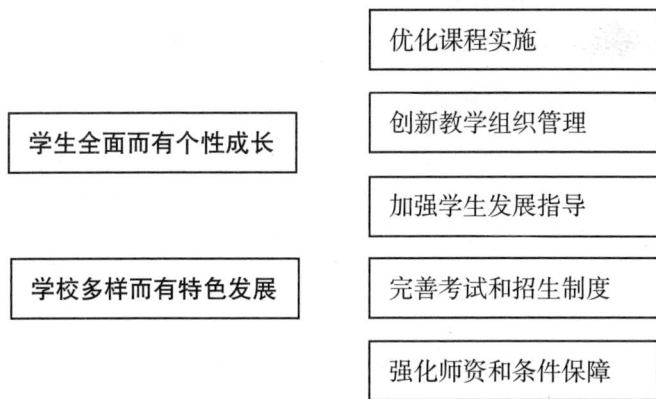

	优化课程实施
学生全面而有个性成长	创新教学组织管理
	加强学生发展指导
学校多样而有特色发展	完善考试和招生制度
	强化师资和条件保障

这一"七个维度"的表述,是"答记者问"中"6个具体目标"与"6项重点任务"合并同类项的结果。其中"五条路径",就是在上述4项改革"小的路径朝向"基础上,增加"学生发展指导"——这是普通高中教育进入新时代,面临特殊"普及语境"之后所产生的新问题,后文关于改革生成逻辑的讨论中还会进一步加以分析。在此不妨对"五条路径"的内在关系予以简单讨论。

综合《意见》与"答记者问",这"五条路径"包括优化课程实施、创新教学组织管理、加强学生发展指导、完善教育评价和考试招生制度、强化师资和办学条件保障。其中,所有制度的实施核心都在课程,因此"优化课程实施"是基础路径,《意见》对此的主要要求有二:一是注重典型打造,如"国家级示范性培训""新课程培训基地校""新课程新教材实施示范区示范校",发挥引领带动作用;二是注重分类打造,强化"学校特色课程",促进"普职融通"。

而为了保障新课程的顺利实施,就需要创造相应的外部条件。"创新教学组织管理""完善考试和招生制度""强化师资和条件保障"都可以算作"优化课程实施"的外部条件。这三项外部条件的集中指向是"满足学生不同发展需要"。无论是走班制，还是"互动式、启发式、探究式、体验式等课堂教学"；无论是命题改革"加强情境设计"，还是要求高校招生充分考虑"不同群体学生特色"，以及鼓励学校"建设学科教室、创新实验室、社团活动室"，要求消除大班额，都是在突出"学生全面而有个性发展"这一根本目标。而这一根本目标的指向，显然就是"适合教育"。由此，"加强学生发展指导"就成了一条极为重要的路径，它是适合教育论在学生中得以进行的基础，是保证高中育人方式改革持续有效进行的关键，是促进学生与自我、与社会良性互动，并实现终身教育的关键。

新时代的教育改革面临诸多挑战，如国际变革、新社会阶层的出现、人工智能技术的教育应用等，而"人的全面发展"本质上就是对"知识固化为学科"这一现代性异化手段的跨越。故此，也可以视"适合教育"为一种未来教育，它的目标是"跨界学习"。也正因如此，才有论者提出完全开放的"学习中心"才是未来的学校。[1] 就世界教育的发展而言，翻转课堂、合作学习、学习共同体、泛在大学等新的教育形态在不断出现，甚至不少实验还呈现出一片生机。

习近平总书记在全国教育大会上强调，要全面贯彻党的教育方针，培养德智体美劳全面发展的社会主义建设者和接班人。这其实就是对"适合教育"的具体要求，是"适合教育"与国家教育方针相应和的表现。对于学生个体来说，个体的全面发展与学校的多样化有特色发展，可以形成一种互为关系。这是社会化教育所能给学生提供的最为丰富的认知：他将意识到教育不是为了塑造标准人才，而是为了延展个体的多种可能。由此，"加强学生发展指导"才成为普通高中教育的一项重要内容。一方面，不少学生从普通高中毕业后即将进入社会就业或职业教育机构，对他们的发展进行指导是奠定其终身道路的重要内容。另一方面，面对

---

[1] 朱永新：《未来学校：重新定义教育》，北京：中信出版社 2019 年版，第 73 页。

"跨界学习"的趋势，学生的未来取向也需要社会各界参与其间，丰富和完善普通高中的育人方式改革。

（二）适合与"人"的全面发展

"适合教育"是着眼于人的全面发展的教育。"适合"与人的全面发展，看似并不能画等号——人们往往会认为，适合教育就是有针对性的教育，是扬长避短的教育，它与"全面发展"是相背离的。但其实不然。适合教育与学生全面而有个性的发展是一致的，真正的学生全面发展既是德智体美劳的全面发展，也是学生个性特长的全面发展，离开了个性，就无所谓人的全面发展。"适合教育"并不是单一的教育，不是要专门发展学生的某项技能，不是只要专长，不及其余，而是要在适当的整体条件下，实现教育的最优化。

1. 适合教育视野中的"全面发展"

《中华人民共和国宪法》中明确规定我国的教育目的是"国家培养青年、少年、儿童在品德、智力、体质等方面全面发展"，成为有社会主义觉悟的有文化的劳动者。这个教育目的体现了马克思主义关于人的全面发展的思想，它明确规定了中国教育目的的社会主义性质和方向，指出了培养社会主义建设人才的基本要求。根据这一要求，各级各类学校，无论是培养劳动后备力量，还是培养各种专门人才，都需要使他们在德智

参加中国人才研究会超常人才专业委员会年会

体美劳等方面得到全面发展。在这里德智体美劳之间是互相依存、互相联系的。而"适合教育论"绝不是只发展其中的某一项，而是在适合、适当的条件下，使人的各方面素养、技能都能得到"掌握分寸，恰到好处"的发展。值得注意的是，此处所言的"掌握分寸，恰到好处"，并不是某项素养、技能或某一方面的能力得到"掌握分寸，恰到好处"的发展，而是各项素养、技能在整体上形成"度"：掌握分寸，恰到好处。

同样，对于教育教学的另一主体——教师而言，学生的培养涉及了课堂教育、课堂内容设计、课后学习任务布置等多个方面。每一个方面都有各自特有的任务，在教学实践中不能突出某一个方面，而忽略其他方面，这不但是培育学生全面发展的需要，也是"适合教育论"需要高度关切的话题。当然，不同的素养、知识、技能在学生成长过程中，在其成长的不同阶段中，具有不同的作用。教育研究需要确定这些素养之间的关系，使学生成长能够均衡而有效，这也是"适合教育论"的题中之义。2016年，由北京师范大学林崇德教授团队研究的中国学生发展核心素养成果发布，提出了以培养"全面发展的人"为核心的中国学生发展核心素养[①]。根据《中国学生发展核心素养》文件，中国学生发展的核心素养需要从科学性、时代性和民族性3个方面予以界定，而这3个方面又以培养"全面发展的人"为核心，分为3个维度、6大素养和18个基本要点。其中，3个维度包括文化基础、自主发展和社会参与；6大素养是人文底蕴、科学精神、学会学习、健康生活、责任担当、实践创新；18个基本要点是人文情怀、审美情趣、理性思维、批判质疑、勇于探究、乐学善学、勤于反思、信息意识、珍爱生命、健全人格、自我管理、社会责任、国家认同、国际理解、劳动意识、问题解决、技术运用、人文积淀。有了这份"路线图"，"适合教育论"就有了明确的指向，学生培养就可以有相对明晰的对象和

---

① 核心素养研究课题组：《中国学生发展核心素养》，《中国教育学刊》2016年第10期。

目标。

可以说，核心素养是党的教育方针的具体化，是连接宏观教育理念、培养目标与具体教育教学实践的中间环节，它从中观层面深入回答"立什么德、树什么人"的根本问题，明确学生应具备的必备品格和关键能力，是对"适合教育"的有力支撑。不过，核心素养的提出并不能全面、彻底取代具体的教学对象和教学内容，它只是给一线老师的教育教学提出了一个基本方向，对学生核心素质与综合能力的评价并不能完全被量化，它更需要的是"适合教育论"给予的充分关怀，使学生能够在不同核心素养的"搭配"中，实现自我的主体性，能够足够珍视、充分挖掘自身价值，并成为善于将自己优势最大化的身心健康的人才，让他们以一个幸福的状态诗意地栖居在这个世界上。这才是"适合教育论"的目的。而唯有这样的"人"，才称得上是受过教育的"人"。本节标题中对"'人'的全面发展"这一断语中的"人"加了双引号，正是要区别于大量浑浑噩噩、不知所以的人。加了双引号特指的"人"，才是教育的真正对象，或者说教育的真正成果。就此而言，"适合教育"不应该被框定在学校、课程、课堂或教学之中，而应该从学校、课程、课堂走向更深远的社会文化、走向人生梦想。叶圣陶先生曾说过"教是为了用不着教"。这句话既道出了教学的目的，又道出了学生掌握方法后能自主获取知识，去寻求发展这一教育的真实目的。而要实现这样的目的，就必须要使学生在"适合"的语境中，既不拔苗助长，又不弃学躺平，而是有序、有效、有自主性地趋于全面发展。

2018年，习近平总书记在全国教育大会上重新提出了"培养德智体美劳全面发展的社会主义建设者和接班人"的教育方针，并对这一方针作了全面阐述。他再次把加强劳动教育列入全面发展之中，意义极其重大。因为劳动教育本身就是一种"适合教育"。在德、智、体、美、劳的"五育"之中，劳动具有先在性。恩格斯曾深刻地指出，"劳动创造了人本身"①——显而易见，德、智、体、美等素养都需要以"人本身"为基础，在其之上才能生发出来。因此，劳动的先在性是毋庸置疑的。而正是因为劳动有先在性，它同时也是"适合"的基础。

人是通过劳动才得以认识自我，以及认知自我与社会、与世界的关联的。这种认知是全面的、整体的，也是"适合"的。所谓劳动教育，就是要回到这种"适合教育"的认知之中，使"关于劳动的教育"变得更加"适合"起来。这句话有双重含义：一是"作为劳动教育的劳动是反分工的"。论者指出，在技术发展导致社会分工精细化之前，人们的劳动是整体性的。而恰是"随着技术分工和机器相配合，劳动生产力得以极大提高。但精细分工之后，劳动本身变得简单、单调、重复，在生产线上从事这类劳动的劳动者基本不需要动脑，同时被高度分工所异化"。因此，"劳动教育则刻意让个体在劳动过程中不断变换其分工，甚至变换劳动类型，让个体在指引网络的多个环节上手不同工具，使个体对指引网络有充分了解，方便世界在不同的上手中反复亮相，方便个体对世界的全面认知，方便个体顺着指引网络不断追问而导向创新"。②也就是说，"作为劳动教育的教育"本身就是"人"的全面发展的显现，它必须是适合的，而非片面的、过度的。二是人在自主、自愿的本真性、创造性劳动中，他／她应该是从容的，他／她会权衡、判断自己的能力、意愿和状态，以投入具体的劳动之中。因此，这样的劳动总是适合的。它不会出现人的被压迫、被异化等现象，相反，它能够使人回到人本身。这样的劳动，与休闲之间的关系就极为密切，甚至可以说它就是休闲的一部分。而正因为这样的劳动具有明显的因人而异的特征，它也是"适合"的。我们提倡劳动教育，绝不是提倡那种异化的劳动，而是要提倡这种本真的劳动。经过改革开放四十多年的实践，我们充分认识到，劳动不

① 恩格斯：《自然辩证法》，中共中央马克思、恩格斯、列宁、斯大林著作编译局编译，北京：人民出版社 2018 年版，第 303 页。
② 卢晓东：《劳动教育与创新：从工具视角开敞的意蕴》，《华东师范大学学报（教育科学版）》2021 年第 1 期。

但创造着财富，也创造着新的思维，从根本上讲，它促进了人类的进步。国家倡导劳动教育，也绝不是要学生只劳动不读书，进而鄙视知识，甚至生成"反智主义"，而是要培养学生热爱劳动、尊重劳动、热爱劳动人民，

参访恩格斯故乡德国伍珀塔尔

树立劳动光荣而幸福的社会主义情感。这种情感，不但在一个"向前看"的社会里显得弥足珍贵，也是人回到他/她自身的表征。只有这样的情感，才能使学生真正在劳动教育中受到思想的洗礼，他/她将不会歧视劳动者，而是努力以自己的知识去服务劳动人民。

在这里，需要对一组概念进行辨析，即"劳动"和"工作"。这两个概念看上去很接近，有时候也可以互换，但二者之间也存在着细微的差别，值得加以分析。"工作"是人类社会发展至今，几乎所有人都需要借以生存的机会和缘由。但是，工作一旦固定，就难免使人的全面发展受到束缚。他/她长期从事一项工作，就意味着他/她进入了社会分工体系之中，从而失去了反分工的"劳动"意涵。这样的"工作"作为"劳动"，不但没有成就人，反而拖累了人。正因如此，恩格斯对人的全面发展主要寄望于"工作"，寄望于不同类型的工作。在他看来，"根据社会需要或他们自己的爱好，轮流从一个生产部门转到另一个生产部门"，即"变换工种"，是人的全面发展的重要表现[1]。这有点像孔子说的"君子不器"——只有"不器"，才是"君子"，才是全面发展的"人"。而所谓"君子不器"，就是要让君子长期处于一种从容自得，亦即是"适合"的状态中。

---

[1] 恩格斯：《共产主义原理》，上海师范大学教育系编：《马克思恩格斯论教育》，北京：人民教育出版社 1979 年版，第 72 页。

"适合教育"与"人"的全面发展之间有着密切的关联，与"学校"的全面发展之间也是如此。作为教育主体的"人"，要以"适合"为路径，通向全面发展；作为教育主体共同体的"学校"也要以"适合"为路径，追求全面卓越。我和我的团队，就力图做到这一点，让学生不仅重视学习，更要重视德、智、体、美、劳全面发展。新乡市一中2022届毕业生冯迎奥曾在作文中回忆过一段特殊时光：

　　　　2020年4月20日下午，处于初一的我们正式复课复学。初一年级全体教师、志愿者们在校门口开始布置，准备迎接我们的归来。下午15∶00，校门开启，我们陆续开始返校。志愿者们不厌其烦地一趟趟帮忙搬运行李，初三年级的学长学姐们更是主动到宿舍帮助我们铺床整理。用心铺好床垫、细心地套好被子、耐心地整理好被褥，挥洒汗水，只为让我们在返校第一天能够休息得更好，适应得更快。这不仅是学长学姐们给我们上的一堂生动真实的劳动教育课，更是彼此之间爱的传递。学长学姐们不停地爬上爬下，每个人的脸上都流着汗，但是谁都没有说苦，谁都没有喊累，心中只有一个念头：让我们能好好休息。温暖的举动还有很多。

　　　　校园里，小路上，拖箱子、搬行李、扛被子的身影处处可见。"谢谢学姐！""学长辛苦了！"现在还不停地在我耳边回荡。

　　　　春水初生，春林初盛，春风十里，不及忙碌的你。是你们在我们困难的时候帮助了我们，谢谢你们的帮助！一个个帮助我们的背影，让我们深深感动，没有一个人喊累，这大概就是一中人的精神。

　　这位学生写下的"一中人的精神"，在一般人看来只不过是奉献精神或志愿服务精神，而在我看来则不然。它是"适合教育"的必然产物，是学生"全面发展"的体现，也是学校多年来全面贯彻党的教育方针，以高质量党建促进学校高质量发展的结果。学校始终以"德育智育两手抓两手硬"为原则，实现教书与育人"同频共振"，最终以一种"适合"的姿态实现了教育的本真性回归。上述故事中的学生互帮互助，就是这种"适合教育"回归的表现。

2. 在学校中实现"全面发展"

不妨用更加正式的文体，对新乡市一中"适合教育"理念的实践做一个简要的介绍。在党建方面，学校以"党建双覆盖"为抓手，将支部建在年级，将党小组建在教研组，找准党建与教育教学的结合点，把党建与业务工作同研究、同部署、同落实、同考核，初步形成业务促思想、思想带业务的工作格局。在这样的机制保障下，学校以传承红色基因为切入，通过"政治教师讲时事，历史教师讲党史，校级干部讲思政"活动，深入悟初心担使命，用习近平新时代中国特色社会主义思想武装头脑、指导实践、推动工作。在红色文化方面，新乡市一中根正苗红，校史与时代发展同频，显现出一所中学作为一个民族命运缩影的多重空间。这一点，在本书接下来的部分还会专章论述。

在党建引领的格局下，学校坚持"五育并举"，进一步完善全面培养体系，特别是以新时代评价改革方案为指导，逐步完善德智体美劳全面培养体系，深入推进以德为先、以智为本、以体为重、以美为贵和以劳为基的"五育并举"育人模式。这种"五育并举"育人模式的核心就在于"适合"，要让"五育"既"适"且"合"地嵌入学校生活之中。首先，以"红色德育"为核心，推进党团队一体化建设，通过青年业余党校、少年团校，引领学生听党话、跟党走；以"山品水德"为文化内核，践行社会主义核心价值观，培育新时代绅士淑女型一中学生。在这里，"山品水德"作为新乡市一中"适合教育"的子理念，具象化就是学校所处的自然环境，即太行山与黄河水，而抽象化则可以体现为中华优秀传统文化，尤其是儒家文化中"知者乐水，仁者乐山"的基本观念。而在儒

时任全国政协副秘书长，民进中央常务副主席朱永新为新乡市一中题词

家的这种观念背后，就是"有教无类"的思想，天下英才各不相同，亦即是"适合教育"的思想。

其次，新乡市一中的"适合教育"理念落实在体育方面，就是要倡导坚持全项与选项相结合，竞技与大众相统一的体育新模式。新乡市一中的排球、篮球、足球等传统优势项目在全国、全省保持领先。此外，还引入击剑、陆地冰壶等新兴项目，提高学生参与性，让学生能够在不同的体育项目中感受到"适合"的状态。

再次，新乡市一中的"适合教育"理念落实在美育方面，并非仅满足于开足艺术课程，而是要努力推进美育课程艺术化，艺术课程特色化。通过创办全国中学第一家箜篌社团、开设箜篌课程、举办校园艺术节、开展戏曲进校园活动，强化美育熏陶。

最后，以幸福农场为依托，学校开设了富有特色的劳动课，组织劳动周，着力打造"共享式、互助式、体验式、自主式、进阶式"的五位一体的劳动教育校本课程体系。这一课程体系的关键是"适合教育"之于人的身体的全面发展。

在教育教学方面，学校坚持教学管理创新，培育学生核心素养。学校以"常规固本，教研创新，学生主体，课堂第一"为教学指导方针，创新教学管理。

一是完善高中课程设置。以培育学生核心素养为目的，除完成国家课程之外，积极推进国家课程校本化，以"适合教育"为学校课程设置的指导思想，自主开发了"人文、科学、健康、艺术、生涯规划"五大模块、近50门特色课程，满足不同学生"适合"发展需要，加强学生

适合教育论

发展指导，引领学生学术性成长。

二是创新教研方式，以"适合"为理念，推进"一课一研"，促进教师成长。教师也是需要成长的，"适合教育"并不仅仅针对学生，它也应该促进教师在"适合"的生态与语境中得到从容的专业成长。学校坚持"一课一研"制度，落实每课必研、每课先研、每课精研和间周教研，做到"不研课不上课"，以教研促进"适合"，保证课堂教学效果和教学质量。

三是深化课堂教学改革，积极探索基于情景、问题导向的互动式、启发式、探究式、体验式等课堂教学。这些课堂教学的变革路径，都是以"适合教育"为理念与源头的，在充分摸清学情的基础上，努力提高作业设计质量，精心设计基础性作业，增加探究性、实践性、综合性作业，"适合教育"要求课堂教学能够有效引导学生深度学习，使学生在深度学习中进入"适合"的自我学习环境，养成"适合"的学习习惯。

特别值得一提的是，三十多年来，新乡市一中始终在"适合教育"理念的指引下，积极探索总结超常儿童教育规律。超常教育是"适合教育"的重要组成部分，它专注于智优儿童的教育，瞩目于整个人类社会的长远发展。新乡市一中的少儿班是基于"因能开发、因材施教"的教学理念，经省教育厅批准成立的超常教育实验班。在甄别和选拔、学制和课程、教学方法与评价等方面，学校都进行了长期而深刻的探索，并取得诸多成功经验。新乡市一中的少儿班实行"五年一贯制"，形成了"自主探究—合作学习—精练展示—测评反馈"的高效智慧课堂。

在构建学校文化生态方面，新乡市一中坚持发展"适合"的校园文化，引领教师

榴实登科

全面发展。学校重视构建文化生态，打造"四有"教师队伍，促进教师全面发展。在这一方面，学校探索出了4条"适合教育"在教师发展领域发挥作用的基本经验：一是以"红色校史文化"为主线，筑牢教师信仰根基，推进理想信念落地生根；二是以"廉文化、德文化"为依托，培养炽热情怀，将"勤奋质朴、敬业爱生、至善至美"的一中教师形象植根于心；三是以"严实文化"为抓手，坚持示范引领，强化落实管理、较真管理、细节管理、坚持管理、人本管理，力促教师专业发展；四是以"爱心文化"为指针，通过用爱培育爱、激发爱、传播爱的方式，培养教师的仁爱之心，帮助学生扣好人生的第一粒扣子。

"适合教育"认为，一所好学校就是要让每一个人，无论是学生还是老师，都能在其中施展才学、增益能力。这里是一个特殊的"境场"，每个人都能得其时位、有其坐标。而新乡市一中的追求愿景就是办这样的"适合学校"，以"适合教育"为推动，满足人民群众对美好生活的教育需求。追求教育的恒久性、终极性内在价值，使教育走出单纯为升学服务的误区，回到育人的原点上，真正为学生的终身发展和幸福服务，是每一个教育工作者的初心，而这样的初心是值得铭记的。我以新乡市一中李鸿雁老师记述的我校初中部（新乡市太行中学）数学教研组长赵予新老师的一些例证，来对"适合教育"与"人"的全面发展做一点说明。

赵予新老师是新乡市模范班主任，有丰富的教学和班级管理经验。李鸿雁老师还是一个新手班主任时，赵老师就用她的教育智慧、科学理性、教育方法与策略，让这位新班主任迅速进入了"适合教育论"的一线语境之中，学会了诸多"小窍门"。

首先是对执拗学生，要以"哄"为主。李鸿雁老师说，有一位很有个性的男生，总是爱说小话，性格执拗。有一次晚自习前，他说话违纪，而她因为急着去邻班看自习，无法在班级及时处理，就拉着他，想让他在邻班教室后面站一会儿。可无论她使多大的力气，他都态度坚决地拒绝配合，场面一下子变得僵持起来。眼看着就要上课了，她更加生气，却又不知道如何处理。

这时候，赵老师到班上辅导数学晚自习了。看到师生僵持的场面，赵老师悄悄把她拉到一边，说："对这类有个性、好面子的学生，不能硬着来，更不能把他拉到隔壁班去，这样太伤他的自尊了。听姐一句话，该'软'的时候适当'软'一下。你先去上课吧，我来和他聊一聊。"这样的"适合教育"，不但让李老师摆脱了尴尬的局面，也让她学会了如何寻找"适合"的方式应对学生犯错。

其次是对聪明学生，要以点拨为主。有一位学生很聪明，可做题时总是"钻牛角尖"，经常让自己陷入困境。有一次，晚自习放学了，其他学生都已回家，他还在教室里苦苦思索。赵老师收拾好东西，准备离开时，看到他一脸痛苦地盯着桌上的试题和草稿纸，就重新回到讲台，一边备课，一边静静地等待。等到这位同学终于因为没有思路而决定放弃时，赵老师走过来，用手指了指题目，只点拨一句："你可以在这里画一条辅助线。"这位同学恍然大悟。

再次是对后进学生，要以激励为主。有一位学生的入学数学考试只有 17 分，而随着课业加深，他的数学成绩越来越低，甚至有一次在数学考试时睡着了，只得了 2 分。赵老师看到后，并没对他进行批评教育，而是在吃晚饭时，悄悄坐到他旁边，询问他对未来的想法。这位学生想也没想，直接说："初中毕业后去广东打工。"针对这种自暴自弃的心态，赵老师细心安慰，从他的言行中，不断寻找突破口。很快，赵老师就发现了他对无人机很感兴趣，于是鼓励他在中考后学习无人机操控和维修专业。以此为机，赵老师循循善诱地说：学习无人机技术要一定的数学基础，否则此生将与无人机无缘。在"适合教育"理念的感化下，学生眼中出现了求知的光，赵老师知道他听进去了，便进一步鼓励他从现在起，重视数学，从认真听课做起，尽自己最大努力完成作业。此后，这位学生再也没有在初中的课堂上睡过一次觉。中考之后，他真的进入了新乡职业技术学院无人机操控和维修专业就读，还当上了班长，成为入党积极分子。

这样的故事，在新乡市一中，在中国大地的每一所基础教育校园里都有很多很多。而这些故事的背后都暗含着"适合"作为教育理念之核心的影子。这种影子投射出"人"的全面发展是一个永恒的目的，而通向的路只有"适合"。有了"适合"的理念、意愿，才能真正实现"人"的全面发展。

（三）适合与新时代的教育理念

"适合教育"是面向未来的教育，自然也与新时代的教育理念高度契合。那么，什么是旧的教育呢？著名教育学家朱永新先生一直倡导"新教育"，他曾援引陈独秀的话说："旧教育的主义是要受教育者依照教育者的理想，做成伟大的个人，为圣贤，为仙佛，为豪杰，为大学者，新教育不是这样，新教育是注重在改良社会，不专在造成个人的伟大。"[①]不过，我们倡导的"适合教育"，与陈独秀基于当时中国特殊国情而提出的"新教育"并不完全相同。二者有一致的地方，比如适合教育也不认为受教育者要依照教育者的理想，去做成伟大的个人；但二者之间也有不同，比如适合教育并不认为"为圣贤、为仙佛、为豪杰、为大学者"是不对的——否则便没有超常教育，更不以"改良社会"作为教育的直接目标。所谓"适合教育"，说到底是适合于人（个体）的教育，同时也是适合于时代的教育；教育并不直接改良社会，它造就无数个更好的个体，以更好的个体来实现更好的社会。也就是说，在适合教育看来，重要的是成为"适合"于具体状况的人，至于这样的人是"圣贤"，是"豪

① 转引自朱永新：《新教育》，北京：文化艺术出版社 2012 年版，第 1-2 页。

杰",还是"大学者",并不应成为教育的先决条件。而也只有这样,"适合教育"才与"人"的全面发展密切相关。

1. 新时代教育理念的基层践行

2018 年,习近平总书记在全国教育大会上提出了教育"要在坚定理想信念上下功夫""要在厚植爱国主义情怀上下功夫""要在加强品德修养上下功夫""要在增长知识见识上下功夫""要在培养奋斗精神上下功夫""要在增强综合素质上下功夫"的 6 个"下功夫",为新时代各级各类学校的教育理念革新提供了根本遵循。而这种以全面发展的视野来看待教育,恰与"适合教育"相通。"适合教育"不是彻底的因材施教——它要求教师必须引导学生在理想信念、价值立场和政治导向上树立共产主义远大理想和中国特色社会主义共同理想,引导学生热爱和拥护中国共产党,立志听党话、跟党走,立志扎根人民、奉献国家,引导学生培育和践行社会主义核心价值观,踏踏实实修好品德。在此基础上,才应因个体差异,展开富有针对性的"适合"的"有度"的个性化教育。

新乡市一中本身就是一所与上述"适合教育"理念相关的学校。它的成长史正是"适合教育论"在学校层面的显现。巍巍太行山下,潺潺卫水之滨,新乡市一中犹如一颗璀璨明珠,镶嵌在豫北大地上。这所历经八十余年风雨洗礼的中原名校,始建于 1940 年,前身为太行豫北五联中。成立于抗日战争烽火之中的新乡市一中,从建校之初,就深深烙上了太行精神的印记。这种"太行精神"就相当于是新乡市一中的价值观教育,使这所名校具有了正确而坚定的理想信念,也厚植了它的爱国主义情怀。在社会主义建设时期,新乡市一中于 1958 年被确定为河南省首批 24 所重点中学之一,奠定了学校在全省的地位。

改革开放之后,新乡市一中在增长知识见识上下功夫、在培养奋斗精神上下功夫、在增强综合素质上下功夫,取得了显著的成效。2013 年,学校提出从规模发展转向内涵发展和精细发展的管理理念。在现代教育迅猛发展的浪潮中，全体师生勠力同心，与时俱进，学校始终保持了高位持续发展，教育质量始终高位攀升，以独有的容姿和风貌，创造了更加辉煌的成绩和荣光。学校始终坚持贯彻教育方针，以"为每位学生提供适合自己发展的教育"为办学理念，传承和弘扬与太行精神一脉相承的"求真务实、艰苦奋斗、志存高远、争创一流"的一中精神，业已形成"求知、求真、求健、求美"的校训和"尊师爱生，以人为本，诚信严谨，博学创新"的校风。2016年10月，朱永新先生到校调研时为学校题词"追寻理想，享受教育"，显现出"适合教育"的理想境界。

"追寻理想，享受教育"是对"适合教育"的意境升华。每个人都有自己的理想，而"追寻理想"的过程就是"追寻适合自己发展的教育"的过程。"适合教育"就是要激发出学生（受教育者）的理想——这一理想可以是"做伟大的个人，为圣贤、为仙佛、为豪杰、为大学者"，但不应该"依照教育者的理想"来进行。每一个人都应该有适合自己的理想。而"享受教育"则是形容主体在这一过程中的感受。这里说的"主体"是指"教育主体"，而众所周知，教育是双主体的，教育主体是师生两维，也可以说是师生一体，或者更直接地说是"师生互为主体"。[①] 因此，在适合的教育过程中，不但学生，也包括老师，都应该是"享受"着的状态。为了追求这一理想状态，新乡市一中坚持国家的教育方针，从以下方面进行了改革。

一是以章程建设为抓手，建立现代学校制度，推进教育治理现代化。制定和完善学校章程，是我国法律法规的要求，是依法治校的需要，是行使学校自主管理权的需要，是依法接受监督的需要。按照教育部"一

---

① 关于教育主体的问题，在20世纪90年代初曾引起广泛论争，而在这之前，学界基本秉持顾明远先生所提出的学生"主客体统一论"。关于这一论争，可参见顾明远：《再论教师的主导作用和学生的主体作用的辩证关系》，《华东师范大学学报（教育科学版）》1991年第2期；燕国材：《论学生是教育过程中的唯一主体》，《教育科学》1993年第4期；王冬桦：《教学的双主体性问题的探讨》，《教育研究》1990年第8期；曹志希、何玲梅：《教育主体性问题论争的反思》，《教育科学》1997年第1期等文献。

校一章程"的要求，2014年，新乡市一中就提出要加强学校章程建设，制定属于本校的"宪法"。为使学校章程的制定过程同时成为全体教职工统一思想、提高认识，更新观念的学习过程，新乡市一中在章程制定过程中安排全员参与多层次讨论，汲取众人智慧，充分体现和保障章程制定过程的广泛参与性与程序公正性。在此基础上，新乡市一中还充分完善了教职工代表大会、学生代表大会、团代会、家长委员会、教学委员会、专家咨询委员会、招标委员会、校务公开委员会等制度和组织，共同组成学校权力机构，达成全体教职工的"共同愿景"，从制度上推进了基层教育治理结构的优化，初步实现了"适合"新乡市一中的民主化分布式管理。

二是以促进学生全面发展为目标，加强校本课程建设，进一步丰富课程体系。成才先成人，育人要育心。学生成长不仅仅是知识的学习，更应该成长为人格健全、身体健康的人。除了国家课程、地方课程之外，学校还依托社团和家长社会教师资源，开发了礼仪教育、书法艺术、经典诵读、社会活动、励志拓展训练、心理健康教育、职业生涯教育、发明创造和知识产权等30多项校本课程。为培养学生的公民意识，积极组织"模拟联合国""模拟人大""模拟政协"活动。为培养孩子运动技能，学校对高中体育全面推行选项教学，学生根据兴趣爱好进行选择，调动学生参与体育运动的积极性，进而让每一个高中生都掌握一项终身受益的运动技能。学校每年还举办两次运动会，学生全员参与。心理健康教育方面，作为河南省心理健康教育示范校，逐渐探索出一条立足学校，源于师生，全面渗透，生动活泼的心理健康教育之路。我们引入积极心理学和情感教育，在全校范围内开展"学心理学，用心理学"活动。充分利用心理测试软件，从起始年级就建立学生心理档案，为教师的心理和情感教育提供帮助，并在多年实践的基础上不断总结完善，形成具有新乡市一中特色、适合新乡市一中当前发展的"七个一"心理健康教育模式。具体来说，就是要上好"一课"（心理健康课）、办好"一报"

（心理健康文摘报）、建好"一室"（心理辅导室）、搞好"一团"（心灵使者团），以及利用好"一网（线）"（心晴电子信箱）、"一周"（"5·25"我爱我心理健康宣传周）、"一坊"（青年教师心理工作坊）。在抓好课堂教学改进的同时，学校组织开展了一系列社会实践活动，主要包括三类：（1）海外实践。每年暑期组织学生到美国研学旅行，吃住在当地人家中，让学生感受不同的文化，接受国际理解教育。（2）创业实践。如举办跳蚤市场、商业精英社团等。（3）公益实践。学生经常以志愿者身份到太阳村、特殊教育学校做义工。丰富多彩的社会实践活动，使学生开阔了视野，增长了见识。

三是以文化建设为核心，弘扬正能量，凝聚师生干事创业的积极性。学校文化建设是促使学校发展的关键，近年来，新乡市一中积极落实"营造氛围、赋新传统、长期涵养、追求自觉"的总体要求，大力促进学校内涵发展。内涵何在？它来源于学校八十余年的厚重校史，尤其是在学校发展历史中一代代一中人坚守而形成的文化精神。大体来说，它包括显性文化（标牌文化、圣贤文化、走廊文化、山石文化、广场文化、班级文化、寝室文化）和隐形文化（管理文化、制度文化、绅士淑女文化、教研文化、校友文化）两类，二者结合形成学校特色文化体系。学校利用地处黄河之滨，发端于太行山麓的地理和历史优势，将育人目标具象为"山品水德"，即师生要像太行山那样勇敢坚毅、责任担当、爱国为民，像母亲河（黄河）一样胸怀博大、自强不息、勇往直前。将来，无论我们培养的学生身在何处，山水形象都能唤起大家在一中成长的美好回忆，坚定自我不断提升品格修养的决心。我们把"山品水德"的育人目标化

校园文化石：山品水德

为诸如"绅士淑女活动"等校园文化，使得这一抽象的育人目标得到了具象化的直接呈现。此外，学校还通过举办文化建设论坛，开展记录一中历史，传承优良传统，展现高尚师德的"一中人讲一中故事"主题实践活动，挖掘一中建校史上丰富的文化内核，凝练一中发展的文化元素和学校精神，弘扬向上正能量。同时，加大学校文化档案建设，全面收集整理一中文献资料，收藏"我的一中记忆"，形成集传承、促进、教育为一体的学校文化宝库。这些都是基于新乡市一中发展历程而提炼、总结和推进的"适合"新乡市一中师生发展的"教育"资源，需要予以继承和发扬。

四是以教师队伍建设为重点，为学校可持续发展提供动力。一流的师资是立校之本、发展之基、力量之源。"适合教育"不仅是适合学生的教育，也是适合教师的教育。这一理念有三重内涵：（1）教育要适合教师队伍的实际状况。新乡市一中的教师队伍充满活力，年轻化程度高，适合与当代青年学生对话，也适合开展与时俱进的教育教学改革，因而，新乡市一中的教育既有深厚的历史积淀，又有充分的发展潜质。（2）教师队伍要适合新时代教育的发展要求。新乡市一中始终坚持习近平总书记提出的"四有"教师标准，对师资队伍的建设高标准、严要求，促使青年教师迅速成长，资深教师不断迭代教育理念，紧跟时代需求。（3）学校管理要适合教师实际。本着"以人为本，和谐发展"的理念，新乡市一中通过实施"暖心工程""青蓝工程""名师工程"，打造了一支"师德高尚、结构合理、业务精进、作风优良"的高素质教师队伍。而一支高水平的师资队伍，给新乡市一中"适合教育"的持续发展提供了源源不竭的动力。

五是以教育教学为中心，提高教育教学质量，办好人民满意的教育。教学质量是学校的生命线，育人成效是学校生存的基础。新乡市一中落实"常规固本、教研创新、学生主体、课堂第一"的"适合教育"论教学指导方针，即常规教学落实"三结合"，做到规范备课；上好"五课"，开展"优秀教案展评"活动；改进教学评价办法，推行网上评教，将师德纳入评价内容；通过"荐书、读书、聊书"活动，提升教师综合素养，办适合教师发展的学校。此外，学校还利用中原名校联谊会、安鹤新同课异构、省教育学会初中专业委员会等平台，加大同省内知名高中、初中联合教研的工作力度。在学校层面的教研管理中，实行"三区并重，统一管理"的模式，力图适合不同类型教师的发展需要，即教研活动统一组织，学生活动统一安排，教学要求统一标准，全校教师统一调配，保证了学校高位持续发展。

六是以培育拔尖创新人才为责任，积极探索总结超常儿童教育规律。学校的超常教育实验起步于 20 世纪 80 年代末，从 1989 年创办首届少儿班至今已 30 余年，是河南省唯一一家超常教育学校。学校基于"为学生提供合适的教育"的理念，在确保机会均等的前提下，因能开发，因材施教，实行"弹性学制、动态管理"，学校在甄别和选拔、学制和课程、教学方法和评价等方面均做了有益探索，为"适合教育"提供了实践基础。这一实践基础就是学校根据超常儿童年龄发展的身心特点，在课程设置上注重在创新性、愉悦性和健全人格等方面的培养，做到寓教于改、寓教于乐、寓教于德，取得了成功的经验。此外，学校还特别重视对超常少儿的身心发展、理想形成、品质修养等多个方面的培养，做到了"四有"德育体系，即有丰富多彩的励志活动，有挫折教育和意志力培养，有深入扎实的心理教育，有激情绽放的校园文化，逐步形成了"打牢基础、开发潜能、张扬个性、全面发展"的办学特色。少儿班实行"五年一贯制"，形成了"自主探究—合作学习—精练展示—测评反馈"的高效智慧课堂，早在 2016 年就受到时任教育部副部长刘利民的肯定。2022 年 6 月 17 日，学校还参加了教育部"拔尖创新人才早期发现和选拔培养机制"重点课题调研会，并作为全国 12 所中学之一介绍经验。这充分显现出"适合"的根深与流长。

2."适合教育"的个性张力

"适合教育"是这样一种教育，它张扬的是师生的个性，尊重教育的规律，并不以"旧教育"的人才观为窠臼，要求学生发展一致。但同样显而易见的是，它也不是对学生教育的完全放任自流。从上述六个方面的发展可以看出，新乡市一中的"适合教育"也是"有规范要求的，有理性要求的和科学要求的"，我们绝不会因为倡导"适合"就"让教育放任自流，也不会让教育中的孩子们放任自流"。这其实也是符合当前国际发展的"当代新要素主义理性教育观"的[①]。

只有既有规范和规律，又有适合与个性，才能在理性教育观之中注入情感部分，使师生一体的成长适合这个时代的发展。我以新乡市一中语文组曹亚平老师的一段经历为例，对这种"适合教育"之下的教育图景做一番描述。曹老师说：

> 教书愈久愈发现，行走于不同的课堂与班级中，犹如穿行于不同的风景之中。在走向讲台之前，在开启新的一天的教学工作之前，你永远不知道今天会遇到怎样的一番奇景，是一片笑意粲然的百合，还是一丛带刺的玫瑰？因为班级不同，学生们的特点不同，我们的课堂感受亦不一样。

2021 年，曹老师任教高三年级，而所教的两个班级风格迥异：一个理科五年制少儿班，年龄最大的不过 16 岁，年龄小的刚刚 14 岁；另一个是文科重点班，学生多数 17 岁左右。按照曹老师的体会，理科少儿班的孩子，心思单纯、踏实听话；文科重点班的学生，奇思迭出、千伶百俐。这两个特点截然不同的班级，让她每日的教学如同游赏不

[①] 　于伟：《现代性与教育》，北京：北京师范大学出版社 2006 年版，第 76-77 页。

同的风景——

　　某天上午的语文课，我带着学生赏析一篇散文《黄昏无下落》（鲍尔吉·原野），其实这只是《课时作业本》中的一篇阅读练习，但由于我自己太喜欢这篇文章，于是就忍不住当作美文赏析了。这是一篇写景散文，作者小时候偶然一次被黄昏美景震撼吸引，就深深地喜欢上了黄昏。文中写了几次作者看黄昏的经历，其中最惊心动魄的是在草原牧场上看到的黄昏。

　　作者被牧场黄昏之美震撼得久久说不出话来，他很想跟别人吹嘘他是一个见过牧区最美黄昏的人，后又觉得"这么和人家说话太像个傻子了"，但紧接着作者又说"真正的傻子是看不到黄昏的人"。

　　在理科少儿班，我带学生分析了这两句中"傻子"的含义，然后又颇有感慨地对他们说：不管现在你们的学业多么紧要，未来你们的工作多么繁忙，我都希望你们不要忽略生活中的自然美景，更不要忽视身边的美好真情，要成为一个善于感受生活中一切美好的人，而不要成为作者说的"傻子"。

　　我的这番话刚刚说完，一位男生就若有所思地脱口说道："对，我们不能做傻子，我们要做精子！"他的话音刚落，全班轰然大笑，我也忍不住笑了起来。再看这位男生，他突然也意识到了什么，红着脸和大家一起笑了。

　　而在文科重点班呢？曹老师分析完"傻子"的含义之后，同样发了一番感慨："在生活中，不管是学生，还是成年人，都有许多这样的人，只顾着埋头苦学、挣钱、升职，忙碌和功利磨蚀了他们对美的感受力，使生活失去了许多本该拥有的美好和乐趣，慢慢地就成了作者所说的'傻子'。"

这时，一位平时语文课上要么闷头学习、要么闭目养神、言辞不多但成绩总是遥遥领先的男生，背靠着后面的桌子，头稍微后仰，仿佛沉浸在我刚才的这番话里，眯着眼颇有感慨地说："唉，我就是个傻子！"我听后则说道："你可不傻！你不仅能经常领略众山之小，还能体验到养神之幸福，你可是同学们眼中的'独孤求败'！"同学们听后又是一番轰然大笑。再看这位小伙儿，用手挠了挠头，也不好意思地笑了。

同样一番充满美感与深意的话，在不同班级中能激发出不同的育人效果，这就是"适合教育"的魅力。多年来，新乡市一中秉持"求知、求真、求健、求美"的校训，不断学习、超越，积淀文化自信，凝聚全校师生的价值追求，形成的这一办学理念——"为学生提供适合自己发展的教育"，就这样呈现于实践之中。

值得说明的是，"适合教育"理念的提出，是立足在规范与规律之中的创新。学校强调适合，也开办了超常教育的特殊班次，但其立足高标准创新学校的课程体系，则是针对全校范围内普遍进行的。除开足开齐国家规定的课程之外，学校自主开发校本课程，分人文、科学、健康和艺术4个模块，共30多门课程，满足了学生的个性化学习和深度学习。而在校的授课老师中，既有高校的专家学者，又有我校的一线教师；既有学生家长，又有一中的优秀学子，在校本特色课程建设中，实现了师生共同成长。同时，学校立足高品位，创新学校的师生文化，凝练成"求真务实，艰苦奋斗，志存高远，争创一流"的一中精神和"山品水德"的一中文化，从教师专业发展和学校精神传承两方面，进一步丰富和创新学校的教师文化。特别是在教师专业发展方面，学校连续多年与北京大学、陕西师范大学和北京师范大学等举办了课程班。另外，每年还利用"一线教育家讲坛""班主任沙龙""青年教师工作坊"等形式，对班主任进行全员培训。

在精神传承方面,学校实施了"暖心工程""青蓝工程""名师工程",通过举办"文化论坛""讲一中故事"等活动,打造了一批优秀教师群体,这些优秀教师已成为学校保持高位持续发展的中流砥柱。而在帮扶薄弱学校方面,发挥示范辐射作用不仅是名校的社会责任,也是"适合教育"的题中之义。近年来,新乡市一中与新乡市多所学校合作,建成一中教育集团或教研联合校,同样也是"适合教育"取得良好社会效益的显现。以科普教育为例,2022年全国人大常委会科普执法检查组莅临新乡市一中调研科普工作,对学校的相关工作给予高度评价。可以说,推动普通高中多样化发展是国家的教育政策,也是学校创新发展的动力,更是提倡"适合教育"的新乡市一中理应承担的责任。作为新乡市基础教育窗口学校,新乡市一中以"适合教育"为追求,坚持不忘初心,始终追求教育的恒久性、终极性内在价值,使教育走出单纯为升学服务的误区,回到育人的原点上,真正为学生的终身发展和幸福服务,而这就是与新时代教育理念相吻合的"适合教育"的根本指向。

问源湖

第二章　适合教育的理想

2023 年 5 月，习近平总书记在中共中央政治局第五次集体学习时强调了建设"教育强国"的重要性。他说："要坚持系统观念，统筹推进育人方式、办学模式、管理体制、保障机制改革，坚决破除一切制约教育高质量发展的思想观念束缚和体制机制弊端，全面提高教育治理体系和治理能力现代化水平。"[①]新乡市一中坚守"为党育人、为国育才"初心使命，全面贯彻党的教育方针，落实立德树人根本任务，扎根中国大地办教育，立志为国家富强、民族振兴培育更多的拔尖创新人才，而"适合教育"就是一种突破思想观念束缚的显现。

这一显现本质上是教育理想主义"接地气"的表达。教育是需要一点理想的，因为现实世界总是"现实"或称"骨感"的，而以全面发展为育人目标的教育人在其中难免显得"不合时宜"。理想的教育不是要培养一个适合社会现实需要的人，而是要培养一个"全面发展的人"，一个存在于想象之中的"完整的人"或"全善的人"。这注定了教育家精神内在具有理想主义的成分。毋庸讳言，在当前社会人才选拔仍偏重于考试的现实中，"适合教育"的本质也同样带有理想主义的成分。毕竟，要使一堂课丝丝入扣地适合所有学生，是几乎不可能完成的。只是，在新乡市一中的教育实践中，我们力图使这种理想"接地气"。

---

① 习近平：《扎实推动教育强国建设》，《求是》2023 年第 18 期。

这里说的"接地气"是指让"适合"在当前的教育环境中具有尽可能多的可操作性，也是指为其发展探索出一条既扎根于教育方法、教育规律，又具备一定独特性和实践性的理论创新之路。本章聚焦"适合教育"的应然形态，从理论基础入手，讨论"适合教育"在新乡市一中，以及当代中国基础教育中的拓展空间。

（一）理论基础：两种教育论及其指向

本节中，我将试图以两种教育理论为例，对"适合教育"的教育学意涵做更多的分析。前者着眼于教育发展的主体，是着眼于其大者；后者着眼于教育发展的个体，是着眼于其微末。二者结合，"适合教育论"或将勾勒出一副理论与实践相结合的整体面貌。

1. 作为"适合教育"基础的人本教育论

先来看"人本教育论"。工业时代的教育是为生产劳动服务的，人更多被当作一种生产工具而由学校"教育"（生产）出来。学校的任务是让毕业生符合某个岗位的需求，而至于这个毕业生本身的幸福、感受、情绪则不是那么重要的。而随着社会的发展，特别是第三次技术革命带来的生产效率之飞跃，人的工具属性在减弱。以5G技术的深入应用和"工业4.0"的逐步发展之后兴起的"黑灯工厂"（Dark Factory）为例，其智慧程度可以使整个工厂从原材料到最终成品，所有的加工、搬运、检测、出货过程均无一人实际操作，整个工厂空无一人，根本不需要灯——因为它不需要人的眼睛监测或注视。这样，人的自我意识就倍加凸显了。既然生产可以由"机器换人"来进行，那么，人本身的价值就需要由教育加以重新衡定。或者说，教育的价值就需要由人来加以重新衡定。

论者指出，"人本教育"是这样一种教育："把人的发展（而非生产的发展——引者注）置于教育的核心，教育的体制创设、教育的内容选择与教育的方式取舍皆以更好地促进人的发展为旨归。"根据人本教育，"教育的主体是人，教育的出发点和归宿也应该是人，教育不应以神为本，也不应以物为本，以世俗的权和利为本"①。在这里，"以神为本"的教育即是前文援引陈独秀所指摘的"旧教育"，"以物为本"即是工业时代将人视为工具的"教育"，"以世俗的权和利为本"则是这几年来备受社会质疑的由北京大学中文系教授钱理群先生率先指出的"精致的利己主义者"。②显然，"适合教育"并不以此三者为培养目标。

"适合教育"与"人本教育"的相通之处在于二者都立足于"人本身"。"人本身"是一个复杂的概念。马克思在《黑格尔法哲学批判》的"导言"中有一段著名的论断："理论只要彻底，就能说服人。所谓彻底，就是抓住事物的根本。但人的根本就是人本身。德国理论的彻底性及其实践能力的明证就是：德国理论是从坚决彻底废除宗教出发的。对宗教的批判最后归结为人是人的最高本质这样一个学说，从而也归为这样一条绝对命令：必须推翻那些使人成为受屈辱、被奴役、被遗弃和被蔑视的东西的一切关系。"③在这一段论述中，"人本身"被视为是人的根本，亦即是"人是人的最高本质"这一学说，本质上是要让人成为人——他／她不是行尸走肉，不是一副皮囊，不是工具，不是可以"受屈辱、被奴役、被遗弃和被蔑视的东西"，而是"人的最高本质"。马克思的革命理论，是要在外在世界中推翻使人不成为人的社会制度、生产关系，而教育则是要在内在精神空间里，使人意识到他／她是"人本身"，是"人的最高本质"这一应然自觉。

在新乡市一中的教育教学中，倡导以人为本、课堂第一的教学理念，打造"大成智慧"高效课堂，就是对"人本教育论"的回应。钱学森提

① 储朝晖：《以人为本的教育转型》，杭州：浙江大学出版社 2016 年版，第 64 页。

② 谢湘：《钱理群：北大等在培养利己者》，《中国青年报》2012 年 5 月 3 日。

③ 《马克思恩格斯文集》（第一卷），北京：人民出版社 2009 年版，第 11 页。

出过"大成智慧"（集大成，得智慧）的教育思想，这与超常教育在学制观、人才观等方面有着高度的契合。新乡市一中在"人本教育论"的指导下，少儿班始终坚持以探索实践生态、高效、智慧、创新的"高效智慧课堂"模式为努力方向。这种课堂模式巧妙地把学习知识与创生智慧结合在一起。教师创设情境引导探索，设疑激趣启思导研，总结提炼掌握规律，开发潜能培养智慧，让不同的学生都能完成自己的学习任务，享受学习的成就感和快乐。在这一过程中，无论是教师还是学生，都实现了回到"人本身"的切实效果。根据新乡市一中的经验，要在普通班次中实行高效智慧课堂，仅靠教师的循循善诱是很难做到的。它至少包括以下方面：

（1）抓住"四个要点"：一是合理组建合作小组；二是科学划分内容层次；三是有效实行合作探究；四是旨在培养创新智慧。（2）坚持"四主原则"：以学生为主体、教师为主导、探究为主线、创新为主旨。（3）采取"四项措施"：一要用教师导研激创、学生合作探究的教学方式，代替教师满堂讲授、学生被动接受的教学方式；二要采用学案导学、课件导研、活动导创的作法，落实目标导向、任务驱动、学法指导，开展课前自主学习、课中合作探究、课后创造学习；三要采用集体备课、"三案"定教，即分工主备、创作草案，集思广益、修成通案，发挥特色、创作个案；四要采取作业作文学生互批自改，互相交流的办法，使得教师把精力放在备课上，让学生在互批自改中找回自己的主体性。

有了这种"人本教育论"的理论基础，我们就可以尽可能地使每堂课都成为创新实践的典型缩影——教师引领学生在真实或逼真的创新情境中，经历知识创生的精要过程，亦即从生动的直观到抽象的思维，再从抽象的思维到具体的实践。在这一知识创生的模拟情境中，驾驭知识探究和人格发展如同两个"车轮"，通过师生间、生生间多方互动、共同参与、合作交流、互相激发、质疑探究，不知不觉地实现从文化到精神的智慧生成、人格发展，经历认识过程的"两个飞跃"，进行着科学的再生产、文化的再创造、知识的再发现、人格的再塑造，从而也就实现着"人本身"在教育之中的回归和重构。

新乡市一中历史悠久，尤其是少儿班的教育筚路蓝缕，砥砺前行。无论是超常教育，还是普通教育，新乡市一中始终不忘拔尖创新人才培养使命，以智育领衔、多元融合为理念，展望未来广阔前景，探究创新人才新途径，让学生经历锤炼意志、坚定信念的德育过程，经历陶冶情感、美化心灵的美育过程，经历激发活力、健全体魄的体育过程，尽师生所能，让学生成为高尚的人、智慧的人，体魄强健的人，德智体美劳全面发展、创新智慧高效增长的复合型人才。这不是新乡市一中在新时代以来的新发展，而是其八十余年办学历程中始终坚持的"人本观"。

2020 年 9 月，学校八十华诞庆典落下了帷幕。在校庆活动中，一张师生合影感动了众多校友——身高一米八多的中国科学院高能所研究员，中国科学院"粒子物理前沿卓越创新中心"高能量平台主任、高能所"欧洲强子对撞机实验和环形正负电子对撞机项目培育"主管科学家，环形正负电子对撞机项目经理娄辛丑博士[①]，屈蹲、弯腰，深情地拥抱着身高不足一米六，满头银发的耄耋老人——李万珠老师。在照片上，幸福的微笑洋溢在李老师脸庞之上，激动的泪水更是溢满了她的眼眶。很多人都说，这是最甜蜜的微笑，最幸福的眼泪，李万珠老师是校庆中"最幸福的人"。而李万珠老师的故事，恰可以诠释人本教育观。

李万珠，1963 年于新

1979 届校友、娄辛丑博士（右一）和恩师李万珠（中）热情相拥

---

① 关于娄辛丑博士的简介，可参见李仲：《响应祖国号召，潜心科研报国的娄辛丑》，《新乡日报》2021 年 10 月 12 日第 3 版。

乡师范学院（现河南师范大学）物理系毕业后，分配到新乡市一中任教，曾担任教导处副主任、副校长、校长等职务。直到1987年，她被调入平原大学（现新乡学院）担任副校长——一名普普通通的中学校长直接调任大学担任副校长，无论在当时还是今天，都堪称"奇迹"。李老师在一中执教的25年间，给同学们留下了深刻的印象。她性格开朗，亲和力强，既是益友又是良师，同学们都愿意向她敞开心扉。她的教学不仅严谨、逻辑性强，而且非常生动。许多深奥苦涩不好理解、不好记忆的物理学知识，经她讲解，不仅通俗易懂，而且便于记忆。"三极管、三个极，发射、集电和基极，e发射、c集电，中间那个是基极（b）"——她总结的许多顺口溜，至今，同学们仍记忆犹新。

2020年，一中校庆采取了线上线下相结合的方式。在庆典现场邀请的17位不同届别知名校友中，就有两位李老师的学生。一位是1967年毕业的全国劳动模范、济源钢铁集团李玉田董事长。他捐资300万元，为母校建数理探索馆。他说："感激母校说到底还是感激母校的老师，特别是李万珠老师，她不仅向我传授了知识，更教给了我许多做人的道理，使我受益终身。"另一位是1979年毕业的著名实验粒子物理学家娄辛丑博士。2012年，我国提出建设高能环形正负电子对撞机（CEPC）计划，已是美国得克萨斯大学终身教授、系主任的娄博士，在接到中国科学院的邀请后，毫不犹豫辞去国外大学的行政职务，放弃国外先进的科研条件，毅然回国组织该项目的设计和预研究。经过多年的艰苦努力，娄博士的成果受到国际物理学界的高度评价。在校庆庆典上，娄辛丑代表校友发言，他讲了"一个对号

1967届校友、河南济源钢铁（集团）有限公司董事长李玉田（右三）参观新乡市一中数理探索馆

影响他一生"的故事——

在一节物理课上，李万珠老师在黑板上写了一道题。李老师说："这是一道非常难的题，涉及物理学多方面的知识，推演过程也非常复杂。在其他几

1967届校友、河南济源钢铁（集团）有限公司董事长李玉田（右一）捐资300万元，为母校建设数理探索馆

个班，没有一个同学能够完整准确地解答出来。不知道咱们班的同学如何？"她让同学们思考一下，主动请缨来答题。可是，没有一个同学敢走上讲台。李老师点了班上5位物理成绩优秀的同学到黑板前进行演算，结果无一例外，谁都没有完整准确地解出来。李老师又用期待的眼神看着大家说："哪个同学还想再上来试试？"

我对自己似乎有些把握，便举了手，走上了讲台，开始演算了起来。当我把整个题目的演算过程全部写完，长吁一口气，李老师竟连说了三个"了不起！"她用红色的粉笔，在黑板上打了一个大大的对号。那时候的我，是何等自豪、激动。那个醒目的对号，是画在了黑板上，但同时也深深地刻在了我心里。从那时起，我就想，世界上没有什么难的事情，只要努力，都能完成。我心里对自己说，今后无论做什么，不做则已，做就要做最好的，要得到一个大大的"对号"！这个对号一直印在我的脑海中，经常浮现在眼前，它一直激励着我努力拼搏。这个对号，影响了我的一生，没有这个对号，我也不会取得今天科研上的成果。

在一线基础教育工作者眼中，这个故事实在谈不上"精彩"，它甚至单调、乏味，普通得几乎每一位老师在每一堂课上都有可能遇到。但"人

本教育"就是有这种力量，它能使平常之中蕴含真谛——当人被当作人来对待时，他 / 她的自我意识就会得到觉醒，从而显现出与众不同的教育效果来。娄辛丑博士的科研成就，是不是李万珠老师的教育效果呢？二者之间没有直接的关联，但那个"大大的对号"无疑是娄辛丑博士自我意识觉醒的象征。它是一个"人本"的符号。

李万珠老师的故事还不止于此。我听校长助理李仲说，有一天，李万珠老师在一中工作期间的一些同事参观校史馆时发现，展柜中一些表彰荣誉册、纪念册中，李万珠老师名字下面都做了标注。这引起了荣誉册上面也有名字的老师的"不满"。可是，他们不知道，这些展品是新乡市一中 1967 届的学生李斌涛捐赠给母校的，而这些是他在收藏品市场上看到上面有李万珠老师的名字或照片时，掏钱买下来，并一一加以标注的。在获悉学校征集校史资料启事后，远在常州的李斌涛向学校捐赠了这些物品。他说："我不是学习优秀的学生，也不是特别喜欢物理学科，但这并不影响我对李老师的敬重。"在这段讲述中，李万珠老师的"人本"观得到了印证。与上文提及娄辛丑博士拥抱李万珠老师一样，李斌涛先生作为学生也给予了李万珠老师职业生命的"人本状态"。他们的记忆、感恩，让李万珠老师在耄耋之年仍享受着教育者的幸福，这种幸福恰是教育者摆脱马克思所言"受屈辱、被奴役、被遗弃和被蔑视"的显现。

我还想再讲一个关于李万珠老师的故事，作为"人本教育论"可以作为"适合教育论"理论奠基的证明。这个故事足以说明，新乡市一中提出"适合教育"并非我的独创，而是这所学校本身具有的历史积淀、校园文化和教学传统行至今日的必然结果。

新乡市一中毕业的校友中，路江华、路江涛、路江涌三位十分引人注目：老大路江华，1979 年从新乡市一中考入北京大学，后来在美国加州大学伯克利分校取得硕士、博士学位，随后又至美国麻省理工学院从事博士后研究，并在亚利桑那大学、普林斯顿高等研究院任教与访问，现任香港大学数学系教授，主要研究方向为 Poisson 几何与李理论。老二路江涛，1985 年考入北京大学，如今也是享受国务院特殊津贴的专家。老三路江涌，1995 年考入河南财经学院，后来到香港大学商学院攻读经济学与企业战略专业博士学位，现任北京大学光华管理学院战略管理系主任，教授，教育部"长江学者"特聘教授。这三位校友的父母，给新乡市一中写了一封很长的感谢信。在信中，他们说道：没有一中就没有他们的三个孩子。

1978 年夏天，我们由南乐县调到新乡市工作。县级教育工作受"文革"影响，恢复正常教学秩序的步子更慢。路江华在南乐县一中虽然也该进入高中毕业年级了，但是经过新乡市一中的入学测试，我们才发现，和新乡市一中的学生相比，路江华不仅所掌握的知识难度不够，许多学科进度也相差甚远，特别是英语、物理等学科——他的物理只学过力学，电学、光学、原子物理等一概不知。阅卷后，郜济川副校长说："学过的一分不少，没有学过的一字不答，绝不胡来。这个学生我们应该收。"

学校原想安排路江华留级学习，但从小不服软、不认输的她，坚决要求进入相应的年级学习。学校尊重她的意见，安排老师为她补课：郜校长亲自补习英语，李万珠老师承担了补习物理的重任。李老师根据路江华学习的现状，为她制订了科学的、个性化的补习方案，在此后一年时间里，李老师在完成自己正常的班级教学任务外，利用休息时间，甚至春节假期都在为路江华进行补课。一中老师们的心血终于结出了硕果，路江华参加高考取得全省第二名的优异成绩，被北京大学录取，《河南日报》专门做了报道。在各科成绩中，路江华的物理成绩最为突出，从一年前入学测试时的 30 分，到高考的 97 分（新乡市的第一名，各科中的最高分）；从许多知识是空白到省物理竞赛二等奖……这些成绩都是李老师心血和智慧的结晶。我从郜校长、李老师的言行中对爱生如子、敬业奉献、学高为师等这些赞美老师的词语有了切身感受和更深的体会。正是通过他们，我们和一中结下了不解之缘，路江华的两个弟弟也谢绝了其他优秀学校的录取，毫不犹豫地选择了一中。

在这封感谢信中，我们可以看出李万珠老师高超的教学艺术，使一个孩子迅速成长为栋梁之材，这显然与"适合教育"相关，与李万珠老师把路江华作为一个"人的最高本质"来看待有关。而同样不可忽略的是，老校长郜济川先生做出一个高度吻合"适合教育"的决策："学过的一分不少，没有学过的一字不答，绝不胡来。这个学生我们应该收。"在他看来，这样的学生品行端正，基础扎实，是"适合"成为一个好苗子的，是学校要好好培养的"适合"的学生。后来发展的事实，更是高度验证了郜济川老校长建立在"适合教育"论之上的判断是何等精准。《新乡日报》曾报道过这样一个故事——

1960年，时任新乡市一中教导主任的郜济川在审阅刘树海填报的高考志愿时发现，这届"状元"刘树海所报的志愿和平时学习成绩极不相符。郜主任便把刘树海叫到办公室，问道："你的成绩都是5分，为什么不报清华大学？"刘树海低着头，半天才道出自己心中的苦水："填什么都没有用，考上了也没钱去上学……"郜主任沉吟良久，语重心长地说："不要有思想包袱，安心学习、考试，不花钱也能有学上。"1个月后，手捧通知书的刘树海才知道，就因为自己的那句话，他被学校保送到位于南京的解放军炮兵工程学院。回忆起这件事，刘树海至今仍对郜主任充满感激之情，他说，是细心、充满爱心的郜主任改变了他的人生。

刘树海为什么会感动郜济川老师的帮助呢？因为那份帮助是建立在"适合教育"的理念之中的。郜老师仔细思考，"沉吟良久"，为这位"穷学生"量身选择了军校的保送之路。这种"适合"的背后，是以郜济川为代表的一批教师把学生当作"人的最高本质"来看待，让他们从知识、物质的束缚中解脱出来，在教育的光辉之中成长为一个对社会有用的人。2014年9月9日，习近平总书记在北京师范大学考察时深情地对同学们说："一个人遇到好老师是人生的幸运，一个学校拥有好老师是学校的光荣，一个民族源源不断涌现出一批又一批好老师则是民族的希望。"[①]一位好老师就是一位杏坛"护林员"，他/她的眼中有的不是木材，而是支撑起整片天空的"大木"。

2. 作为"适合教育"基础的多元智能论

多元智能理论来源于美国，近年来于全球都很流行。根据多元智能理论的创始人、美国哈佛大学教授霍华德·加德纳（Howard Gardner）的理解，教育的目的是培养学生的智能。在他看来，智能是一种人的潜能，"这种潜能可以被文化环境激活，以解决实际问题和创造该文化所珍视的产品"[②]。这就意味着虽然成长在不同文化所形成社会氛围中的孩子都会生发出不同维度的智力，或者具有这种潜能，但各自特殊的社会文化还是会对孩子的智力模式有深刻的影响，因此，不同文化环境中成长的人往往具有不同的智力发展方向。加德纳举例说，住在海边、以航海为生的文化重视的是空间智力，因为大海漫漫，需要人们具有空间识别和辨别方向的能力特别强，才能顽强地生活下去，因此，生活在这种文化环境中的人们在这方面就相对比较发达；而生活在工业化社会中的

---

① 《习近平在北京师范大学考察时号召全国广大教师：做党和人民满意的好老师》，《人民日报》2014年9月10日第1版。

② [美]加德纳：《智力的重构——21世纪的多元智力》，霍力岩等译，北京：中国轻工业出版社2004年版，第15页；本书的另一译本可参见[美]加德纳：《重构多元智能》，沈致隆译，北京：中国人民大学出版社2008年版，第27页。

人们，机械化和大规模生产的社会模式影响了他们的智力，他们通常会更重视言语—语言的表达能力，也会更加重视数理—逻辑的智力，因为工业化的文化环境给他们提出的要求就是语言表达和逻辑运算。事实上，生活在今天算法时代的我们，基本都丧失了上述两种"智能"，因而我们更需要去发展属于我们自己的智能。加德纳曾两次定义智能，第一次是 1983 年在其《智能的结构》中，他将"智能"定义为："解决问题或创造出为一种或多种文化所珍视的产品的能力"；而在 1999 年的《重构多元智能》中，加德纳把"智能"理解为"一种处理信息的生理心理潜能。这种潜能在某种文化背景之下，会被激活以解决问题或是创造该文化所珍视的产品"。加德纳说，这两次定义"其中词句的修正是很重要的。因为按照这个定义，只能是看不见的，也是无法测量的。相反，据推测，智能可能是神经方面的潜能。这些潜能能否被激活，取决于人类个体所处的特定文化背景的价值观，取决于那种文化背景所提供的机会是否允许，还取决于人类个体在他本人、家庭、老师和其他人影响下所作出的选择和决定"[①]。

这两个定义之间的差别是显而易见的。第一个定义是对传统"智能"观的补充，也可以说在一定程度上是对其颠覆。传统的"智能"概念是一个典型的心理学术语，在日常用语中，人们更普遍将其称为"智慧"或"聪明"的能力。心理学把从感觉到记忆到思维这一过程，称为"智慧"，而智慧的结果就是产生了行为和语言（从某种意义上说，语言也是行为的一种表现形式）。人们对自己行为和语言表达的控制，心理学称之为"能力"。"智慧"＋"能力"，就等于"智能"。也就是说，"智能"是感觉、记忆、回忆、思维、语言、行为的整个过程，它是智力和能力的表现。传统心理学提出将"智商"和"能商"作为两项测量指标，来描述"智能"在个体行动中所发挥重要性的程度，随后又提出"情商"这一指标

---

① ［美］加德纳：《重构多元智能》，沈致隆译，北京：中国人民大学出版社 2008 年版，第27 页。

来作为调整和控制"智商"和"能商"正确发挥的中介与关键。在很多人看来,"情商"甚至比"智商"和"能商"都更重要,它能调整此二者,使其达到一个相对平衡的点,以恰到好处地发挥它们的作用,更好地解决问题。

这样的定义是有问题的,其问题就是加德纳在第一次对"智能"所做的定义中提示的,传统"智能"定义只重视问题的解决而忽视了产品的创造。解决问题当然是"智能"的题中之义,但就人类发展而言,更重要的是创造产品。这一点,在20世纪80年代末期的美国已经得到了较为充分的显现。那时候的美国正在走出工业社会(Industrial Society),而开始向后工业社会(Post-industrial Society)转移。在工业社会中,机械化的反映论以及对系统问题的修正是社会运转的核心,而创意、创新和创造性思维并不是社会发展关注的重点。人们注重的是"量",而非"质"。根据美国学者丹尼尔·贝尔的分析,"工业社会,由于生产产品,它的主要任务是对付制作的世界。这个世界变得技术化、理性化了。机器主宰着一切,生活的节奏由机器来调节。时间是有年月顺序的、机械的,由钟表的刻度均匀地隔开。能源利用取代了人的体力,大大提高了生产率。以此为基础的标准产品大批量生产便成了工业的标记"[1]。在这样的社会里,人的价值是十分低下的,远没有机器的意义来得重大;而人的创造力也被忽略,学校教授的往往只是谋生技能和手段,并不以学生的全面发展,尤其是多元智能的提升为着眼点。这一点,在前文关于"人本教育"的论述中,已经做出了一定的阐释。

一般认为,西方主要发达国家在20世纪40—60年代完成了工业化进程。而加德纳所出现的20世纪80年代后期,以美国为代表的西方国家开始逐渐进入了后工业社会。其推动力是第三次技术革命,即信息技术的出现,它使工业化时期批量生产的产品有了更新换代的需求。而产

---

[1] [美]贝尔:《资本主义文化矛盾》,赵一凡译,北京:生活·读书·新知三联书店1989年版,第198页。

第二章 适合教育的理想

· 49 ·

新乡市一中超常教育实验30周年教育研讨会上，国务院参事、北京市人大常委、北京八中校长王俊成向学校赠送书法作品

品要更新换代，就要有"创造出为一种或多种文化所珍视的产品的能力"。这是不言而喻的，也是加德纳多元智能理论能够成功提出并被广泛接受的前提。以多元智能理论为基础，"适合教育"可以避免一些不必要的误解。比如不少人认为，提倡多元智能，就意味着所有学生都有至少某一方面的智能可供挖掘。百度百科"多元智能理论"词条上，就有"在人才观上，多元智能理论认为几乎每个人都是聪明的"①这样的话。事实上，早在2006年，加德纳就对这一问题作出过澄清。在回答学生提问"你是否说过'按照多元智能理论，每个人都是聪明的'？"时，加德纳说："我从来没有说过这句话。我不相信生活是公平的：有些人很幸运，具有多方面的智能强项，而另一些人则不幸运，没有任何一方面的特殊强项。"②可见，多元智能理论及其延伸"适合教育"论，关键不是每一个人都能成才，而是每一个人都值得被珍视。

以多元智能理论为依据，新乡市一中的超常教育可以得到新的诠释。从1989年招收第一届超常教育实验班（亦即"少儿班"）算起，新乡市一中的超常教育已走过了34个年头。20世纪80年代末，为响应党中央"早出人才、快出人才、出好人才"的号召，时任校长的刘玉敬和一群痴心超常教育的新乡市一中人，敢为人先，三赴北京八中取经，经多方论证和极力争取，在原省教委副主任汤瑞祯和市教育局领导的鼎力支

---

① http://baike.baidu.com/view/94480.htm?fromtitle=多元智能&fromid=268987&type=search，检索日期：2015-03-20。

② [美]加德纳：《重构多元智能》，北京：中国人民大学出版社2008年版，第193页。

持下，创办起了河南省首家，也是至今为止唯一一家少儿班，超常教育的种子从此在中原大地上生根、发芽、成长，而今枝繁叶茂。

超常教育实验班创办之初曾面临极大的困难：社会的质疑，招生政策的影响，家长的不信任，甚至还有人提出取消这一班级。学校顶住重重压力，坚守并辛勤耕耘着这块教育的试验田。从 2005 年开始，新一届班子大胆改革，狠抓管理，遵循教育规律，科学设置学制、课程，规范课堂教育，教育质量稳步提升，少儿班逐渐赢得了社会信任和家长认可，吸引了新乡市及周边地市学生踊跃报名，曾出现一万多人争报少儿班的盛况。近年来，随着招生政策的完善、教育教学质量的提升，少儿班声誉日隆，初步形成"打牢基础、开发潜能、张扬个性、全面发展"的办学特色。可以说，少儿班目前已成为新乡市一中，乃至新乡、河南教育的一张名片，也成为当地优秀小学毕业生的首选。在这里尤其要感谢省教育厅历任领导汤瑞祯、李敏、毛杰、刘林亚和新乡市教育局的领导，是他们的鼎力支持，才使中原这枝超常教育之花绚丽绽放。

34 年来，从一中少儿班走出了数十届毕业生，一大批少年英才走进国内外名校，并成长为行业优秀人才。

这些少儿班的学生，不拘一格。我简单以几位校友为例，加以讨论。如苗磊，是新乡市一中少儿班第一届学生，现任美国中田纳西州立大学教授、博士生导师。1994 年，苗磊从少儿班毕业后，在东北大学完成本科和研究生学业，主攻方向为通信工程、通信与信息系统。2006 年，苗磊从美国波士顿大学电子工程博士毕业后，即进入美国高科技研究领域，先后从事超高速以太网光交换机和 IEEE 标准的研发，目前已是物联网、智能城市等领域的国际知名学者。

杨华瑜，新乡市一中少儿班第三届学生，北京协和医院肝脏外科副研究员，肝脏外科实验室主任。1997 年，杨华瑜考入北京大学，并于之后十年间在北大医学部完成了本科、硕士、博士学业。2007 年，杨华瑜博士毕业，进入北京协和医院肝脏外科工作，从事肝脏相关疾病的临床和基础研究，主要研究方向有肝癌早期诊断、基于 3D 生物打印技术构建人肝组织、肝癌的靶向治疗及免疫治疗等方面。她先后承担和参与了国家自然科学基金、863 计划、国家科技支撑计划课题等多项国家级科研项目，还获得过中华医学科技奖三等奖（个人排名第二）。

何碧玉，新乡市一中少儿班第五届学生。1996 年 7 月，10 岁半的何碧玉从小学五年级选拔进入新乡市一中少儿班，在少儿班 4 年里以优异的成绩完成了小学六年级和初、高中 7 年的所有课程。2000 年高考，年仅 14 岁的她摘得河南省高考理工科状元的桂冠，被清华大学生物科学与技术系生物科学专业录取，创造了河南省高考历史的奇迹。2004 年，何碧玉清华大学毕业后，赴美国圣路易斯华盛顿大学留学，2009 年，23 岁的她获得神经科学博士学位，之后在美国国立卫生研究院（NIH）做独立研究员，从事脑科学研究，2016 年进入美国纽约大学医学院神经学系工作，现为美国生命科学院研究员。

安玥琦，新乡市一中少儿班第十一届学生。2008 年高中毕业考入华中农业大学，并在华中农业大学完成硕士、博士学业。2017 年还受国家公派出国，赴美国俄勒冈州立大学接受为期两年的联合培养。安玥琦热衷于志愿服务，先后担任华中农业大学"本禹志愿服务队"常务副队长、研究生支教团党支部书记等，荣获第九届全国大学生年度人物、全国"四个 100"最美志愿者、全国文化科技卫生"三下乡"先进个人、湖北青年五四奖章等荣誉。《人民日报》专题报道其支教心得，中央电视台、新华网、中国教育电视台等先后采访她的感人事迹。

辛晓阳，新乡市一中少儿班第十五届学生，优秀影视剧编剧、青年作家，毕业于中国传媒大学。在一中学习期间，辛晓阳曾两次荣获全国新概念作文大赛一等奖（第十二届、第十四届）和中国少年作家杯征文大赛一等奖（第十一届、第十二届），并先后在《意林》《青年文摘》《萌芽》等杂志发表文章 300 余万字。现从事影视剧编剧和文学创作工作，著有影视作品《一念时光》《薄荷之夏》等。

关超宇，新乡市一中少儿班 2010 级学生，2015 年高中毕业考入上海交通大学，2019 年保送至清华大学攻读硕士研究生。大学期间，关超宇自强不息，努力奋斗，先后荣获国家奖学金、清华大学研究生特等奖学金，以及 2021 年"西贝尔学者"称号。关超宇致力于自动机器学习的算法研究，相关成果发表在 ICML、CVPR、ICLR 等人工智能领域国际顶级会议及其研讨会上。他作为 Meta-Learners 队长，击败来自斯坦福大学等顶尖高校的 300 多个强队，勇夺 2021 年国际先进人工智能协会（AAAI）深度元学习挑战赛冠军、2021 年神经信息处理系统进展大会（NeurIPS）多域深度元学习挑战赛第一名。他负责开发的自动图学习开源平台 AutoGL 是世界首个自动图机器学习框架以及开源工具，填补了自动机器学习和图学习之间的鸿沟，极大提升了图学习算法的自适应能力和泛化能力。

此外，从少儿班走出的毕业生中，还有董锴（中国运载火箭技术研究院总体设计部液体运载火箭力学专家，负责长征五号运载火箭动力学设计）、任庆鹏（曾任全国学联执行主席、北京大学研究生会主席）、黄迪（曾参与世界上首台可测量单分子非弹性隧穿谱的无液氦低温扫描隧道显微镜的搭建工作，研究成果被评选为 2018 年中国光学十大进展）、刘萌（就职于国务院办公厅）、王楷（作为主要负责人参与完成了国家"十二五"科技支撑计划课题研究及上海、郑州、广州、南昌等城市的地铁轨道交通项目建设）、张晋升（阿里巴巴蚂蚁金服高级工程师）、张智强（谷歌公司软件研究工程师）等一大批青年才俊，他们都是从一中少儿班沃土上茁壮成长起来的优秀学子，代表着少儿班学生的精神风貌：素质全面，基础扎实，勇于创新，追求卓越。而这样的学生背后都代表着多元智能教育理论在创造性方面的特殊意义——它不以培养工具的效率性为目标，而以培养人的创造性为特征。从这些学生后来的发展看，展现的都是少儿班的教育教学成果，他们身上显现出的不是一种创造力，而是多元的创造性。这就是加德纳所说的"以解决问题或是创造该文化所珍视的产品"的"潜能",而我们的超常教育要做的,就是激活这种潜能。

新乡市一中的超常教育实验已有 34 年,而我们创办之初尚未接触加德纳的理论。也就是说,新乡市一中的超常教育实验开始不是在加德纳理论的指引下进行的。相反,我们的实验验证了科学的教育理论和理念总是相通的,它显现出"适合教育"论与世界前沿教育理论对话的可能性。对此,我们在超常教育实践之中延伸与拓展出来的"适合教育"有四点深刻体会,亦可理解为对于多元智能理论的完善和反思。

一是我们充分意识到在普通学生中蕴藏着英才少年。当然,绝非所有普通学生都是英才少年,这与加德纳的理解是一致的。但"适合教育论"认为,超常儿童是同龄人群中的客观存在,而根据正态分布曲线,超常儿童占同龄人群的 1% 到 3%,是人才开发的"富矿"。超常儿童不是"另类",而是缺少被发现与被认可——"世有伯乐,然后有千里马;千里马常有,而伯乐不常有"。"适合教育论"的标举者,自然要做这样的"伯乐"。正因为"千里马常有",所以超常教育不是可有可无,而是势在必行。《国家中长期教育改革和发展规划纲要(2010—2020 年)》对普通高中提出"高中教育多样化发展"的要求,其中就有"要满足不同潜质学生的发展需要"。[①] 而这一要求就是要让教育者们去做这样的"伯乐"。我们认为,只要有合适的土壤,充足的阳光和雨露,超常儿童的潜质都能获得最大的发展。这也是新时代条件下高水平教育公平的体现。

二是我们认为,创新人才培养的关键期在基础教育。多元智能理论的实验应对面很广,仿佛整个社会都囊括于其中。但根据我们的实验体会,基础教育是人才成长的关键核心。西湖大学校长施一公院士也认为,

---

① 高中教育多样化发展的具体内容包括:促进办学体制多样化,扩大优质资源;推进培养模式多样化,满足不同潜质学生的发展需要;鼓励普通高中办出特色;探索综合高中发展模式,采取多种方式,为在校生和未升学毕业生提供职业教育。参见顾明远、石中英:《国家中长期教育改革和发展规划纲要(2010-2020 年)》,北京:北京师范大学出版社2010 年版,第 117 页。

中小学是人才培养的关键时刻，每一个学生都有成才的潜质，对于智力超出常态的学生更是如此。普通中小学校都应该尽可能地创设一切条件，拓宽学生成才的空间，提供学生个性发展的平台。比如，每个孩子都有好奇心，都有自己的兴趣和爱好，学校应该积极培养学生乐观开朗、自强不息、自主成长的精神和求知欲，提供适合孩子个性发展的学习机会。因此，我们的实践中不仅会给少儿班的孩子提供基础性课程，还加强开设科技课程、励志课程、实践课程、生涯规划课程，其中的远足拓展课程、大成智慧课堂坚持了 30 多年。近年来，我们还引进了知识产权课和美国斯坦福大学的设计思维课程等。丰富扎实的基础教育课程才能打好孩子成才的基础。

三是我们认为，在中国语境中，多元智能理论的实践要考虑到学制的特殊性，而"五年一贯制"的学制具有较大的优势。新乡市一中多年坚持"五年一贯制"学制，打通初、高中学制和课程，学校选派有高中教学经历的优秀教师任教，这有利于对五年课程进行统一设计优化，由教师自编整合教材，实行加速式教育。比如，我们对初高中数学教材进行整合的《少儿班数学读本》契合学生的认知规律，效果非常好。教师、学生没有中招压力，较之初中、高中学制具有更强的针对性，教育的自主性和系统性优势明显。数十年的实践证明，在统一优化的教育设计之后，十五六岁的少儿班学生与他们年长几岁的同届毕业生同台比拼，成绩丝毫不落下风。多年来，少儿班高考的本科升学率几乎都是 100%，其中一本率基本稳定在 90% 左右，考入"985 高校"的学生占总人数的 30% 左右。我们对 1993—2010 届少儿班的毕业生做过跟踪调查，他们中有近 50% 已经取得了硕士或博士学位，70% 的校友在国内外大学、研究所和一些国际知名企业任职，显现出超常教育的长期性效果——它不是应试教育的产物，而是着眼于终身发展的"适合教育"。

四是我们认为，在经济和教育不是特别发达的地区同样可以开展超常教育。超常教育不是精英教育，也不是贵族教育，而是让学生充分发展的适合教育。新乡本身就地处教育和经济不是特别发达的中部内陆地区，而新乡市一中也只是一所普通学校。可是，我们用数十年的"适合教育"成功实践证明：只要有教育部门的支持，有开放宽松的环境，有为超常教育奉献的追梦者，遵循教育规律和人才成长规律，超常教育一样大有可为、大有作为。这从一个侧面反证了加德纳多元智能理论对"文化"的重视。经济和教育不发达，是一种社会客观条件，而"有教育部门的支持，有开放宽松的环境，有为超常教育奉献的追梦者，遵循教育规律和人才成长规律"——这本质上乃是一种"文化"，或者可以简单归纳为"尊师重教"的文化。只要有这种文化的土壤在，就能成长出"适合教育"之花。

关于新乡市一中超常教育实验（少儿班）的讨论，尤其是历程、反思等，在下文中还将继续展开。本节聚焦"适合教育"与"多元智能"理论的对话，就暂且打住。一所倡导"适合教育"的学校，除了在教学实验之外，还应有更为充分的显现。这种显现是一贯的，也应是全面的；是特色的，也应是普遍的。

（二）环境要素：美好事物的校园汇聚

"适合教育"自然提炼于对人才成长的观察之中，但正如前文所言，"适合"有着哲学上的本体意义，它是"度本体"的显现，因而，"适合"也就与万事万物具有内在的关联。在此，我要谈论的是学校发展之中一个相当重要的问题，即校园建设之于"适合教育"的关系。校园建设当然应该以"美"为追求，什么样的校园才是美的呢？我直截了当地给出自己的答案："适合"的才是美的。

毫无疑问，这个世界上存在着不同的美。长者有长者的美，夕阳、翠绿、云卷云舒是也；少年有少年的美，朝日、鲜红、喷薄迸发是也。

这是老生常谈。而在"适合教育"看来，这种老生常谈之间，难免有贴标签的嫌疑。譬如少年能不能喜欢跳广场舞？老者能不能享受摇滚乐？从普泛的角度看，当然可能，关键在于是否适合那个具体的"少年""老者"，是否适合他们当时所处的环境与身心状况。因此，美学界一贯推崇狄德罗（D. Diderot）"美在关系"的论点，认为"美的事物的确不是孤立的绝对的存在，一种事物只有和其他的事物构成某种关系时，它才可能是美的"[①]。

狄德罗援引过高乃依的剧本《贺拉斯》中一句台词："让他死！"单独看这三个字，谈不上什么美或者丑，而狄德罗分析说："如果我告诉他这是一个人在被问及另一个人应该如何战斗时所作的答复，那他就看出答话人具有一种勇气，并不认为活着总比死去好，于是'让他死'就开始使对方感兴趣了。如果我再告诉他这场战斗关系到祖国的荣誉，而战士正是这位被问者的儿子，是他剩下的最后一个儿子，而且这个年轻人的对手是杀死了他的两个兄弟的三个敌人，老人的这句话是对女儿说的……随着我对这句话和当时的环境作一番阐释，'让他死'这句原先既不美也不丑的回答就逐渐变美，终于显得崇高伟大了。"这就是"美在关系"说的意义——是不是"美"，关键看是不是"适合"于这一事物、元素出现的整体环境、语境。因此，对于校园建设来说，美即适合。

1."适合教育"论中的校园营造思路

那么，什么样的校园环境是美的呢？答案当然是适合于人才成长的环境。这样的环境不可能凭空而来，它需要扎根于这所学校的办学历史、地域特色，还要体现出系统性、整体性，不能"东一榔头，西一棒子"地零敲碎打。用我的话来归纳，就是校园物态文化环境建设要以育人为核心，遵循基本的原则，以丰富自身的文化内涵和教育意蕴，体现学

---

① 张玉能：《以"美在关系"为中心的狄德罗美学思想体系》，《云梦学刊》2005 年第 6 期。

采芹园

校的历史和特色。具体来说，有三点最为关键：一是要做好顶层设计，形成"一个核心，一条主线，五大原则"的顶层设计思路；二是要坚持系统性、信仰性、科学性、情感性、意义性五大原则；三是要挖掘学校独有的历史文化资源，体现学校文化个性特征，体现"适合"。[①]

新乡市一中具备一流的基础设施和教学资源，拥有现代化的教学楼、图书馆、阅览室、田径场、体育馆、理化生实验室、史地兴趣组活动室、师生公寓、学生餐厅；建有专业级的录播教室、高标准的计算机教室、创新实验室、劳技教室、学生心理咨询室和教师团队辅导室。

近几年，随着学校设施建设日益齐备，办学品位不断提升，新乡市一中由规模发展向内涵发展转变，学校以创建全国文明校园为契机，致力于打造精品校园。老校区建设了博约亭、诗经和乐府文化廊，丰富传统文化教育内容，还专门进行了学校空间文化设计，建了蕴玉园、振业园、采芹园、榴园、磊园、近知园等，传承一中的校友文化。将《新乡市一中赋》、校歌、校史呈现在校园建筑的突出位置。这些工作为学校深化内涵发展，加快建设"一流全国名校"提供有力的硬件支撑。同时，也深刻地表达了"学校应当成为汇聚美好事物的中心"这一"适合教育"一贯标举的重要命题。美好事物的中心，意味着它对每一个学生都具有强烈的"适合"效果。这种"适合"不是个体化的，而是包容性的。它不是针对某一个具体孩子的成长设计的，而是"适合"于某种包容意识的美。这包括美好的自然、美好的景观、美好的文化、美好的教育。美

---

① 王伟、李仲：《校园物态文化环境建设的出发点与基本原则》，《中小学管理》2022 年第 3 期。

好的校园物态文化环境有着强大的教化力量和吸引作用、凝聚作用，是"适合教育"的体现。

不过，在教育实践中，一些学校对校园物态文化环境建设存在一种误解，认为只要有资金很容易就可以完成。这也造成了有些学校建设得富丽堂皇，从建筑美学、景观设计的角度来看可圈可点，但仔细品味总感觉像休闲式的公园而非学校，因为它缺少深刻的文化内涵和教育意蕴，无法体现学校的精神和特色。新乡市一中原有校舍主要建于20世纪八九十年代，整个校区显得比较破落，人们笑谈走进新乡市一中仿佛到了"乡中"。而近年来，学校启动了校园环境整治工程，博采众长，兼收并蓄，系统设计，整体推进，形成了校园物态文化环境建设的一些经验，这些经验可以作为"适合教育"的显现，融入"适合教育"理念建构之中。

新乡市一中在环境整治工程中，积极做好顶层设计，明确学校物态文化整体思路。任何学校都有其"适合"的土壤与环境，因此，其学校物态文化的顶层设计十分重要。为了使校园物态文化环境更好地发挥育人功能，新乡市一中通过考察学习调研、梳理发展历程、提炼文化精神，边总结边完善，逐渐形成了"一个核心，一条主线，五大原则"的顶层设计思路。这一思路充分体现出"适合"观。首先是"一个核心"。学校物态环境的建设应服务于、服从于育人这个"核心"，应体现这个"核心"。特别是人文景观不能为了建设而建设，为了美观而美观，更不能成为摆设。它不仅要有美化的作用，更要有教化的功能，要"适合"于学校的发展。其次是"一条主线"。在学校物态文化的建设过程中，新乡市一中为了加强对师生品德的熏陶，以"适合"为原则，结合学校的红色血脉，确立了以红色文化为主线的指导思想。这就使整个学校的物态文化处于一种适合自身发展、适合校史校风的状态之中。学校用好红色资源，赓续红色血脉，打造"全域"红色文化，使师生置身于红色文化的"海洋"，在浓厚氛围中自觉坚定信仰信念、厚植家国情怀。

而"五大原则",则是"适合教育"应用于校园文化建设之中的基本体现。具体来说,它包括系统性原则、信仰性原则、科学性原则、情感性原则、意义性原则,强调要依照教育和建筑"双规律",以"适合"姿态办事。

一是系统性原则,它强调以"三结合"对校园进行整体设计。一所新建学校在进行学校总体设计时就可以融入物态环境育人的要素,但是在一所具有一定历史的学校进行物态环境文化建设需要运用系统性思维,不能破坏学校原有的整体布局,不能影响原有教育教学设施的正常使用,在此前提下做好拾遗补阙,就是要充分体现出"适合"之感。对此,新乡市一中提出校园景观建设要做到"三结合",即与学校的历史文化有机结合,与育人有机结合,与环境有机结合。这"三结合"也可以理解为"三适合"——校园建设要适合于学校的历史文化,适合于教育树人,适合于校园所处的整体环境。新乡市一中原有建筑的建设跨越了近40年,建筑风格不一致,外立面色彩不统一。学校在启动外立面改造工程时,遵循"三结合/三适合"的理念,确定了"红灰白"为学校建筑外立面的主色调:"红"沉淀着新乡市一中的红色基因,洋溢着青春的气息,昭示着学校在新时代旭日东升;而"灰白"则是太行山石头的颜色,"灰"映衬着质朴与坚毅,"白"象征着无私奉献、廉洁从教。这就使学校的建筑色彩整体实现了统一,其中融汇了学校的历史文化、地域特色和学校的向往,体现了学校历史和文化的相"适合"。

二是信仰性原则,它强调要让理想的火炬在校园代代相传,本质上就是学校的校园建设要适合于中国特色。具体至新乡市一中来说,它不只是适合于中国特色,还适合于学校悠久的办学历史,特别是早期办学的历程与文化。新乡市一中的前身诞生于抗日烽火之中的太行山下,是一所由晋冀鲁豫边区政府创办的为党育人的"抗大"式学校。1949年学校由林县迁往新乡,后来又更名为新乡市一中。因此,新乡市一中结合学校的红色血脉,确立了以红色文化为主线的物态文化建设思路,使学校发展适合于自身特色。学校挖掘校史中的红色因素，选择恰当的物态方式予以呈现。在正对着校门醒目的位置，塑造了两座人物铜像，分别是为党和国家作出重大贡献的校首任党组织书记杨蕴玉和1956届校友、金属材料专家赵振业院士。这分别是"适合"于学校教师和学生两个集体的"适合式"景观，寄托着我们的希望——希望学校教师能够向杨蕴玉书记学习，为党的教育事业鞠躬尽瘁；希望学生能够以赵振业院士为榜样，勇担民族复兴大任。

在校园东部，我们复原了学校在太行山下的办学旧址"环翠居"（现被确定为"重要革命事件和重要机构旧址"），并配有图片、文字介绍，勉励全校师生继承前辈精神，永葆为党育人、为国育才的初心。此外，在校园西部，我们还修建了由新乡市一中25位英雄人物事迹组成的红色长廊，引导师生学习校史中的党史，向英雄人物学习。通过打造"全域"红色文化，激励着师生于潜移默化中自觉坚定信仰信念、厚植家国情怀。比如，学校有一块文化景观石，上面刻着孟子称赞孔子的"金声玉振"一词，就暗喻"永争第一""志存高远"的学校精神，也暗示着"适合教育"在师生中的彼此激励与呼应。

三是科学性原则，它强调"适合"的校园文化还要遵循物态文化建设自身规律。学校物态文化建设有其自身规律。不同环境下的物态文化，校园内不同区域的文化景观，都有着自身的内在要求。只有尊重其科学性，物态文化才能"适合"于学校师生的成长，它的育人功能才能更好地实现。进入校门后的主路或广场区域，是校园建筑的空间轴线，也是师生行为轴线，应该成为学校物态文化的节点轴线。"三线"重合的规律，是校园物态文化建设的基本要求。遵循这样的原则去设计学校物态文化环境，就能体现出空间、文化与价值之间的适合特征。此处的文化与价值，就是学校精神的集中体现，理应包含诸多的学校文化信息。

与校门相对的综合办公楼2018年启动建设后，我们就开始考虑这个"三线"重合区域文化景观的建设问题。学校管理层仔细斟酌，反复研讨，比较各种方案，历时近三年才完成。此处文化景观由两尊人物塑像和一个景观石构成。从整体景观设计的艺术角度来看，三者成"品"字形，给人以对称和谐、端庄稳重之"适合"的美感：杨蕴玉书记的塑像反映了学校办学历史，赵振业院士的塑像彰显了我校办学业绩，两尊塑像一坐一站，体现学生对老师的尊重。更进一步说，此处文化景观还是中华优秀传统文化、学校历史文化、学校精神和教育追求以及雕塑艺术的完美统一，是国家意识、学校特色与育人观的协同"适合"。

学校原有办公区和学生生活区中间只是以路区分，功能区划不明显。要补全这一缺陷，就需要让"适合"的设计观再次发挥作用：我们在学生生活区北南西三面分别建"静林"门、"环翠居"门和"榴园"月亮门三处文化景观。绿植将三个门相连后，学生的生活区就成了一个相对安静舒适的封闭独立区域，充分显现出"适合"在学校建设之中的独特作用。适合于生活的区域，就应该安静舒适；适合于学习的区域，则不妨更加活泼、充满激情与朝气。值得一提的是，学校建设的这个"三门"文化景观，就是根据学校的历史元素营建而成。"静林"门之名取自建校之初学校所在地——河南省济源市南姚村静林寺，"环翠居"门是新乡市一中在太行山下办学时校部庭院匾额门头的题字，而"榴园"月亮门是学校迁到新乡新建的办公区域种有许多石榴树而得名。这些文化景观使师生置身学校历史长河，感悟先贤创业之艰，寄托缅怀先贤之情，形成"强国有我"之志。

总之，良好的校园物态文化氛围，并不只是靠一两个文化雕塑、几个自然景观就能营造的，它应该是多种因素相互作用、协调发展的结果，是一个系统的综合工程。"适合教育"在校园物态文化环境建设中还应体现为坚持宁缺毋滥，对增添的任何景观小品都反复斟酌，都要放在学校全局中系统考虑是否协调一致，以确保整体效果，确保"适合教育"的理念能够在校园之中得到体现。这种体现有时候也并非人为，自然之"适合"才是真正的"大适合"，此之谓"天地有大美"，此之谓"大自在"。

只不过，这种"大美"和"大自在"需要得到阐释。如果说前面讨论的校园物态文化是一种外显的文化，表现出的是"适合教育"浅层的话，那么，这种倾向于自然的"适合教育"则是一种内隐的文化。它需要更多的思考、体会和表达，才能彰显出"适合教育"在校园建设之中的深层含义。

我以新乡市一中的树为例，对这种"适合教育"的自然性也做一点美好的阐释。几乎任何学校都有树，它是自然介入教育，或者说教育介入自然的象征。这种象征也是美好的，是美好事物在校园中汇聚的表征。新乡市一中校园里的树很多。在学校环境提升工程中，学校对树木实施了严格的保护措施，任何一项工程都不能以破坏树木为前提。学校还组织学生对校园的树木进行普查，为树木做"身份证"，在校园平面图上标注了学校各种树木的数量。普查活动也培养了学生调查和解决问题的能力，增强了学生爱绿护绿的意识。这就让那些树得以于校园中默默地生长，像一位位诚笃的守望者，年复一年，见证着一中的发展。漫步在一中幽静整洁的校园，时间久了，我似乎熟视无睹。但有一天，我突然对校园里的树有了感觉，执意寻找几棵"最美"的树，权作学校的形象代言。在这里需要申明，所谓"最美"绝不是对其他草木的贬损，只是基于它的忠诚、它的灵性以及它的历史，不知不觉间发现了它的美丽。换句话说，所谓"最美"的标签，不过是一种"适合"而已——她恰适合于观者当前的心态与认知。这在本节的开篇已有诠释。

第一是学校小西门前的大银杏树。这棵银杏树很大，生于何年已无从考究。枝干雄壮，秀外慧中，爽心悦目，满眼清新，春日蔓发。一年三季师生从树下走过，倒也没什么感觉，唯独暮秋时分，一树金黄，晶莹剔透，如同凡·高在蓝天画布上刷出来的……仰首其下，觉得她占满了整个天空。一夜秋风，灿然的落叶和白果，陨坠如雨，满地黄灿灿的，形成校园一景，并成为一届届学生纯美的一中记忆。这样的"美"，本是毋庸多言的，它"适合"于中原大地的学子体会。

第二是师恩石前的雪松。这棵松树其貌不扬，长在师生每日上学、放学的必经路上。平常看不到她的不同，只是到了冬天，万物萧条，一场大雪后，墨绿的枝叶上沾满了新雪，就显得格外精神。她伫立的姿势像极了静穆而又谦和的儒者，在默默地守望或庇护着什么。岁月的风霜在她的躯干上刻下了一道道痕迹，她的内心该是多么包容和宏大。每年报到的新生都从她的身边走进来，每年毕业的时候一拨又一拨青葱少年从她身边走出去，走向诗和远方。时光荏苒，日月更替，她依然顽强地站立原地，迎来送往，不离不弃。这是"适合"于终身教育理念的一棵树，"要知松高洁，待到雪化时"，便是一种"适合"的教育观。古人说，"试玉要烧三日满，辨材须待七年期"，讲的就是教育人要不紧不慢，从容淡定，要用适合自己的成长之步伐，去丈量这个世界，去感受这个适合于你的世界。

第三是环翠居北门的石榴抱榆。一中校园里的石榴树不少，但大多平淡，唯有长在环翠居最不起眼地方的这棵，让人印象深刻。一棵石榴树中间长出了一棵粗壮的榆树，犹如母子情深。石榴树如同母亲，历经风雨，枝干黝黑，瘦小而顽强。怀中的榆树枝叶繁盛、郁郁葱葱，在母亲的滋养下，长得愈加健硕，散发着蓬勃之气。这是适合诠释"师生观"的一棵树，石榴如师者，榆树如学者。教者愈教，学者愈学，石榴抱榆，各有所成，各有所长，显现出人与自然的和谐。而借"榴实登科"的美好寓意，我们在榴园内雕塑了一个绽裂的石榴景观，也寄托了老师的祝福和学生的美好意愿。这处景观也成为不少学生考前的打卡之地。

第四是主干道两旁的龙爪槐。一中的龙爪槐是作为道旁树，栽在主路的两边，

石榴抱榆

整齐排列，树冠如伞，俨然一条绿色的长廊，清幽又静谧，亲切而执着，陪伴师生从这条路进进出出。这就可以诠释出一种环境与人的关系，不同的地方有着不同的槐树，显现出不同的美，它与观看者的"适合"心态有着某种相通。进一步诠释，可以说每一位一中学子都有大致相同的开始，但三年后却有不同的结局，经过老师的培养和自己的选择与努力，分别走进了不同的大学。不管怎样，学校平台搭建好了，他们走上社会都会成为一名合格的公民，一名对社会有用的人。

第五是实验楼前的桑树。桑的种植起源于中国，《诗经》中有大量关于桑的诗篇。种桑养蚕、甜美爱情是当时生活的写照。桑是中华民族心目中的神树，今天厚植的桑树虽然不是当年长在《诗经》里的桑树，但桑梓已成为在外游子对国家、故土、家园、母亲的怀念情结。在新乡市一中实验楼前，有四棵桑树，两两相依，攀扶成长。不知当年是哪位前贤栽种，但我想在他/她的心中肯定也有怀念的情结，让每一位从一中走出的学子，不管身在何处，一定不忘桑梓，仍然怀念每年桑葚成熟的季节，师生共采桑葚的幸福和甜蜜。这是适合乡土教育、乡愁情怀的树。

第六是树龄最长的绒柏。新乡市一中校园里的柏树不多，少儿班教学楼南侧有四五棵，而餐厅门前右侧则有一棵独立的柏树，尤其引人注目。这棵柏树叫绒柏，属松杉目柏科植物，原产地在日本，树高五米、树径半尺。柏树生长慢，看似不大，但据校工郭成全介绍，这棵树应是校园里年龄最大的，至少百年以上。绒柏，又名云松，四季常绿，树冠紧密，侧枝斜展，树皮褐色、粗糙、皲裂，小枝羽状。这种树耐贫瘠干旱，喜光，一般生长在自然条件恶劣的地方，而保持顽强的生命力。百年老树如此，我们行将百年的老校新乡市一中何尝不是如此？

第七是巍巍高耸的白杨。新乡市一中的白杨树是历届校友的共同记忆。每每校友回访，他们无不感叹这一棵棵高耸的白杨又长大了、长高了。原先校园里白杨树很多，大都在一搂粗以上。2015年8月3日，一场风灾摧折了十余棵，有的拦腰折断，有的连根拔起，至今仍是一中人心中的痛。校园里的白杨树多而且大，夏季荫天蔽日，清凉无比。而白杨深处，对每一届学生都有特别的意义：多少男孩的短发上曾经沾湿过它滤下的雨滴，多少女孩的雨伞上曾经飘落过它巨大的叶子。无数个盛夏，多少少男少女从它的脚下获得短暂的清凉。从楼上教室向窗外望去，那几株白杨又是多少学子双眼可以投靠的风景。仿佛间，白杨成了适合诠释"少年情怀"的一种树，它的内在蕴含了少年之于人生的青春气息，就像阎维文那首歌里唱的："小白杨，小白杨，它长我也长，同我一起守边防。"

第八是双臂高举的喜树。喜树生在南方，北方不多见。据新乡市一中的老校长赵继学讲，这棵喜树乃新乡市唯一一棵，是第一批国家重点保护野生植物，保护级别为Ⅱ级。校园里的这棵喜树生长在高一、高二教学楼之间，是一中校园里最热闹的地段。主干从底部叉两枝，呈V字形，又像高举欢呼的双臂，真不愧喜树之名。校园是育人重地，一年又一年高考金榜，成就了无数学子，实乃校之喜、家之喜。几十年忠诚陪伴，喜树给学校带来无数喜事、幸事，我们感谢它，更不能忘记它。它是适合诠释"胜利"的一棵树。这个"胜利"的内涵也可以极为深刻，譬如这棵树很孤单，在整个新乡市只有它这么一棵，便足以说明"胜利"本就是孤单的旅程，所谓"高处不胜寒"是也；再如这棵树生长在校园里最热闹的环境之中，便可说明"胜利"要能耐得住寂寞，要在周围一片嘈杂声中守住自己的精神与灵魂，不要理会周围低矮的喧闹，要努力向上生长，向更高处攀登。

树如人，人亦如树，有灵性、有追求、有喜乐，这就是人生。生活在校园里的园丁，如同一个个护林员，平凡而且伟大。这就是"适合教育"在校园文化建设之中的深层含意。当然，这种深层含意与校园物态文化的浅层意涵绝非截然分开，二者是有机的统一。这一统一就是"适合教育"在情感性原则上的显现，是情感作为整体的"适合"。

四是情感性原则，它强调要保留学校师生共同的情感与记忆。在近年接待校友的过程中，我们发现许多校友早已忘记了在学校所学习的具体内容，但对学校的物态环境有很深刻的印象，这就是情感的"适合"。许多毕业生回到校园，依然对学校某幢建筑、某处景观，以及特定物态环境中发生的教育故事记忆犹新。这些物态环境伴随他们的成长，承载着他们的许多情感和美好的回忆。因此，保留学校现有的文化景观也是在校学生的强烈愿望。20世纪90年代，新乡市一中修建过"四大发明"的雕塑景观。而用现在的眼光来看，这组雕塑的设计和制作水平都不高，而且已经破损。学校原计划将其拆除，但一些学生联名给校长写信，希望能够将这组雕塑保留下来。学校就接受了他们的建议，按照修旧如旧的原则做了简单的修补。学生的愿望给了"适合教育论"者一个很深刻的启示。这一启示表面看是在学校现有物态环境的基础上进行文化建设，要有保护的意识，而其内涵则是"适合"与否，不应该由当权者说了算，它是"适合者"自身的意识，而作为教育人，我们要鼓励和引导学生产生这种意识，支持他们珍视自己的情感。

再比如，新乡市一中校园的高一高二西幢教学楼中间，生长着一排硕大的梧桐。梧桐树上挂着一口钟，过去电力不足时、停电时，安排有人专职敲钟上下课。据说，这口钟是建校之初，学校从太行山搬下山来时带回的，新乡市一中几易校址，而这口校钟始终挂在校园里。2020年，学校建校史博物馆，把这口钟移到馆内永远保藏。现在，那棵梧桐树上依然挂着一口钟，不过是仿制品，可即便是仿制品，也要予以保留——它对新来者，对校史一无所知者的意义并不大，只是一个景观而已，可是，它适合于对一中有着深厚情感的校友，适合于其记忆与现实的协调。对他们来说，"梧桐钟韵"就是一中历史的见证，是他们记忆的图腾。

五是意义性原则，它强调设计要赋予校园景观独特文化意蕴。过去学校修建的一些景观，受当时历史条件的制约，文化元素和教育功能一般都不十分突出。而如今，我们就可以遵从"适合教育"的理念，用"加法"对其加以改造。校园内原有一块石头，称其为景观石颇有"拔高"

之嫌，直接废弃又显可惜。经过仔细琢磨，发现石头中间有自然裂开的石缝，我们就在上面雕刻了"精诚"二字，寓意"精诚所至，金石为开"，这块石头立刻有了灵动之感，成了适合于学校环境的景观。再如，学校天井处原有一个小水池，池中有假山和莲花，但缺乏美感和育人功能。在校园环境提升过程中，有人提议在此修建新的景观。我们依据保护性原则，在假山上点缀性增加了文昌塔，将周敦颐的《爱莲说》呈现在旁边的墙壁上，并取名"周子池"，赋予其廉政文化内涵。

2. 校园环境建构中的"适合"及其审美

对于一些因为安全因素或丧失功能需拆除的建筑、景观，我们在修建新的景观时，尽可能地复原或者采用其中的一些元素。学校老图书馆楼后原有一处假山，上面刻有"凌云"二字，当时许多学生在此拍照留念，以激励自己要实现"凌云之志"，后被拆除。我们在此处修建新景观时就把其中的一座小桥命名为"凌云"桥，以使校友产生联想，触景生情。类似"精诚""凌云"等景观虽然不"高大上"，但以无声的语言产生暗示效应，从而对生活其间的师生有了重要影响。

此外，学校的楹联也具有很深的文化作用。比如，我们用习近平总书记的话作为对联，挂在东校区北大门上："三寸粉笔，三尺讲台系国运；一颗丹心，一生秉烛铸民魂。"这副对联说的是教师，也成为每天教师进校时的一面"镜子"，我们读着这副对联，就会产生自我联想，从而产生"日三省乎"的效果。

南校区藏慧楼南门上，挂着的是新乡当地书法家傅乐善题写的对联——"博览群书知晓天下事，集成众智理达世间情"。这就不分教师，还是学生，它写给每一位进入藏慧楼的人，告诫他们要读书，但不仅要读书，还要"集成众智"，最终实现"理达世间情"——不要读成了书呆子或书袋子，要体会人间情感。

老校区图书馆南门上，还有傅乐善先生题写的"树木树人春风化雨，立德立言敏学笃行"对联。看上去，上联说的是教师要"树木树人春风化雨"，下联说的是学生要"立德立言敏学笃行"，但其实这两句话的内涵所指，更像是在说一种教育的氛围，就是学校要营造出一种适合于教育人（包括师生）全面发展的"春风化雨"的氛围，而无论是学生还是教师，都应该以"树木树人"的心态，"敏学笃行"，投身于"立德立言"的社会实践之中，使自己对社会的发展有所贡献。

老校区博约亭上的对联是十二届全国政协教科卫体委员会副主任、河南省政协原主席王全书题写的，内容是"博文通理志经天纬地，约己修身求明理厚德"。这副对联的内容很明了，写的是一个学人何以律己，最终成就圣贤气象的标准和要求。不过，我要稍微多说一点的是"博文"。很多人读到"博文通理"，就会简单地认为这里说的就是文科、理科都要好，文科要"博"，懂得多，而理科要"通"，贵在贯通无碍。这当然是一种解释，但就《论语·子罕》来说，"博文"不仅是要读各种文科的书的意识，"夫子循循然善诱人，博我以文，约我以礼，欲罢不能"，也要注重知识、文化之于人的作用，由教育（循循善诱）使然，最终要达到的效果是"欲罢不能"。这句话的简单解释就是"老师善于一步步地诱导，用丰富的文献教我博学，又用一定的礼仪来约束我的行动，我想停止学习都不可能"，而其中"博我以文，约我以礼"一句，尤其引人深思。"文"和"礼"相对，本质上就是情感与道德相对，教师既要"博以文"，让学生有蓬勃而丰富的情感，又要"约以礼"，让他们"发乎情，止乎礼"，深知社会的规范。这对于基础教育来说，尤其重要。"适合教育"更是要着眼于二者之间的平衡与张力。

学校论语园悬联"古书细读犹多味，佳客常来不费招"，诗经园悬联"校园书香风雅颂，诗词文章赋比兴"，都显现出与《论语》《诗经》的"适合"关系。2019年，少儿班成立30周年学术会议上，北京八中王俊成校长专门送给新乡市一中两幅对联。一副是"高山景行，琢玉成瑛"，写的是教育生活的目标指向，既要有"高山景行"的气象与典范，又要有"琢玉成瑛"的实践与能力；还有一副则是专门写给新乡市一中超常教育三十周年的纪念对联"三秩春秋育少年英才，峥嵘岁月求知真健美"。这些都是美好事物在适合教育的理念中向校园汇集的显现。追求美好的发展愿景，彰显学校独特魅力和品位，是一所以"适合教育"为倡导的学校理应追求的目标。学校在校园物态文化环境建设过程中，"适合教育"必然倡导要有专属本校的个性特征，它是学校文化可辨识性的体现，也体现着学校文化的独特魅力和品位。而校园人文景观的创作应该充分挖掘学校独有的文化资源、历史资源和环境资源。比如，学校筛选优秀教师、校友在治学、育人方面的语录，择其优者制作上墙。这种身边人、身边事的亲历诉说让学生更感觉亲近亲切，可以消除学生与历史在时代、情感上的隔膜，增强学生的共情力，使"适合教育"变得更加适合，也更加有趣有味有效。

"人创造环境，同样，环境也创造人。"对文化景观的建设，"适合教育"的倡导者反对任何"贴标签"的做法，其所继承、移用、创新的内容一定要与学校的历史、文化和现状有内在联系。透过一处文化景观，学生可以了解学校的一段历史，熟知一个育人故事，感悟一种人文精神，将其内化于心，外化于行。有时候，学生不一定能谙熟一些文化景观的题名与内涵，但自然形态本身就赋予了其"适合教育"的内容。一中东校区 2016 届 28 班毕业生吴梦薇在对母校的回忆中，就提到了"那些校园里的美好时刻"。她写道——

　　我记得，我们东校区有一个大大的花园，虽然是新建的，但是已经形成了个小小的生态圈。在那里经常可见蓝色的蜻蜓、树干色的啄木鸟以及各种颜色的、不知道是什么名字的花。我经常和一两个同学，在下午大课间的时候，或是晚上晚自习的间隙，去那里散步、聊天，畅想未来。偶尔我们也会放声歌唱，来缓解压力，浇一浇心中的块垒。我们走在小路上，明月照着小路，也照着我们。

再比如，2022届毕业生侯柯欣，也有过类似的回忆。这个阳光自信的女孩，以优异的高考成绩考入了中国人民大学。她写道——

> 我们在十六七岁的年纪遇见一中，在一遍遍走过日新路、往返于博学楼和运动场的两点一线的琐碎时光里悄然成熟，身心改变。高中课业压力大，产生烦恼和感到焦虑十分正常，请不必担忧，关键是要懂得疏解情绪，其中我认为，最优解就是敞开心扉进行主动沟通。考场失意、生活难题、琐事吐槽……和师友一起漫步在采芹亭前的石子小径上、徘徊在法国梧桐树冠下清凉的博远楼前、来一场大汗淋漓的趣味比赛，在开怀大笑中吐露心声，师生共同寻找解决问题的办法，让我们面对失败时不气馁、迎接挑战时不迷茫，蓬勃生长一路向前，奔向自己的诗和远方。

这两段简单的日常教育生活描述，难道不正是推进校园文化建设，体悟内涵之美的题中应有之义吗？学校提出了"营造氛围，赋新传统，涵养品性，追求自觉"的文化建设总要求，大力促进内涵发展，将学校的发展愿景转化为全体师生的发展自信、发展自觉、文化认同，内化为全体师生的强大精神驱动力和行为导向力，不正需要在这些类似的教育生活细节之中呈现出来吗？在新乡市一中，这种美好事物的汇聚至少有三种方式：一是高度重视文化，让不同文化的元素在校园内交相辉映。80多年的薪火相传，新乡市一中首先秉持的就是传承红色基因和太行精神，在漫长的办学史上积淀了深厚的红色文化、创业文化、创新文化、"严"文化和校友文化，凝练成"求真务实，艰苦奋斗，志存高远，争创一流"的一中精神和"山品水德"的一中文化内核。这一点在前文之中已经做了一些分析。而正是这些深沉厚重的一中文化成为促进学校内

折桂亭

涵发展的重要推动力量。比如育人环境最优化，建好浸润式校园文化就是其中一种显现。修复之后的一中校园，四季常青，环境优美，是一所春华秋实，夏阴冬青的花园式学校。博约亭、诗经和乐府文化廊，丰富了传统文化教育内容；《新乡市一中赋》、校歌、校史呈现在校园建筑的突出位置，渗透了学校近百年的办学历史；校史博物馆、数理探索馆以及遍布校园的文化石、文化园等，处处都是教育元素，时时都是教育时空。优雅的校园环境，浓郁的文化氛围愉悦了师生的身心，陶冶了师生的情操。

二是高度重视活动，让各具特色的校园活动在教育生活中扮演重要角色。学校在校园活动上，创新形式、丰富内容，努力传递教育正能量。比如，由音美组教师导演的庆祝新中国成立70周年主题MV《我和我的祖国》，在7分钟的时间内融合了我校近80年的历史、发展、教学成果、特色教育等多项内容，全面、立体地向社会展示了我校深厚的文化底蕴、悠久的红色基因和雄厚的办学实力，展示了一中师生对祖国的祝福。而作为学校师生交流的重要平台的"一中大讲堂"，近年来更是由学校严格把关讲台内容，大力提升讲台学术水平，其影响力与日俱增。在教育教学领域，"一中大讲堂"倡导不同学科以核心素养为切入点，从不同角度分析高考命题趋势的变化，发现成长中的问题，引导学生理清思路、激发信心、健康成长。诸如"黑暗中的红星——中共隐蔽战线的斗争"，"在战'疫'中成长——抗击疫情主题作文写作"，数学教学活动中的"一题多变、一题多解"，"守规矩，讲规范"的重要性等一系列主题鲜明的"一中大讲堂"活动，很好地激发了学生的求知欲望，拓展了第二课堂，为广大师生搭建了教学创新、交流学习的成长平台。学

适合教育论

校还大力开展劳动教育，开发基于"幸福农场"的校本劳动课程体系，通过劳动教育实现树德、增智、强体、育美的综合育人价值。开设创新课堂，激发少先队员的创新意识，王一冰等多名同学获国际青少年科技创意大赛一等奖，张佳路等数十名同学获得国家专利。班级文化建设大赛、"美丽一中"手绘校园地图创意大赛、公寓文化节、"中华之星"国学比赛、英语风采展示大赛、文艺汇演、趣味运动会等一系列丰富多彩的活动，为学生搭建了自我展示的平台，而为数众多的学生在这样的活动与赛事之中得到了自我成长。此外，学校还建立了选项教学、模块教学、小班教学三管齐下的"阶梯式"体育教学新模式，培养了大批热爱体育、积极乐观的一中学子。学校还积极开展了校园马拉松、跑操、拔河比赛、篮球联赛、足球联赛等群众体育活动。学校竞技体育也成果卓著，校男排、女排在河南省传统项目学校排球锦标赛中多次蝉联高中组男、女冠军，校男篮、校田径队，以及击剑等项目，都有很好的专业水平和社会知名度。2020年11月20日，全国精神文明建设表彰大会在京举行，新乡市继续保留"全国文明城市"称号，而新乡市一中则被中央文明委评为"全国文明校园"。

在美好事物的汇聚过程中，"适合"的作用极为重要。除了内容的丰富与平衡之外，还需要注意安全防护和家校共建等问题，这些内容将在本书后续讨论学校管理部分加以分析和说明。在此，我还想简要说明的是，"美好事物"不仅包括客观存在的物态文化（物理空间），也应该包括生活于物理空间之中的"人"。校园最美的风景是"人"（师生一体）。美好事物的汇聚，目的是要培育出美好的人，或者说能够感受到生活之美好的"人"。我援引2021届一中毕业生刘恬梦的一段话作结尾。这位孩子回忆了她进入"美好事物汇聚地"的第一天——

那是2018年夏天高中的第一节语文课，老师在黑板上洋洋洒洒写下了三句诗的自我介绍，从中我们不仅读出了老师的名字"侯云燕",更读出了她人如其名的诗意。高中时最爱上的便是语文课，高压生活下语文课更像是一种精神的放松。侯老师爱穿裙子，讲话也总是慢慢地，衣袂飘飘间带我们在唐诗宋词之间穿梭，常常使人如沐春风。优雅是永不过时的美，毫不夸张地说，侯老师是我高中时代最美的一道风景。2021 年临近毕业，侯老师在我的日记本上写下"生活本无色彩，因人而不同，会生活，有阳光，是人生最大的成功"。老师的话就像一盏明灯，照亮着远比高考更长远的人生路。

（三）主体价值：个体的淬炼及其梦想

前文结束在一位学生对其老师的印象之中。这位老师成了她"高中时代最美的一道风景"。而我想说的是，这一对师生，相互需要，相互成就，共同构成了校园里"最美的风景"。校园应该是美好事物的汇聚地，其目的是要淬炼出个体，促使个体成为主体，激发他们的梦想，让他们意识到自己的存在，只有人才是最美好的事物。本节讨论"适合教育"的一个根本问题，即何为教育？

在"适合教育"看来，激发出人的主体价值，使人学会为"适合"其主客观条件去为自己创造生活，为人类去创造未来，就是"教育"。这样的教育观是秉持前文讨论的"人本教育"而来的，也是多元智能理论所认可的。

1. 主体性与教育的定义问题

什么是教育？这个问题说起来是一个学理性的问题。从古至今，无数的哲人给出过答案，可是，不同时代有不同的教育侧重点。这导致了今天重新来梳理"教育"的定义，竟显得如此复杂，几乎每一个人都有

自己关于教育的界定。不
过，值得说明的是，不管
人们怎么界定"教育"，它
与"环保""审判"等社会
行为之间的差异还是很显
豁的。社会对"教育"的
理解是有其共性之处的。
否则，谈论"教育"就成

王伟校长在毕业典礼上致辞

了不可能之事。比如，大家都会认为教育是知识的传授。《说文解字》
说"教"，就是"上所施，下所效也"，居高位者的示范，很容易传递到
下位者身上。而其说"育"，则是"养子使作善也"——这里有两层含义：
一是"育"的基本形态在"养"，这在今天主要由家庭来承担；二是"育"
的内容要"善"，就是本质上"育"要让人能够与人为善，也就是要引导
人进入社会，与他人和谐相处。

这是中国人对"教育"的理解，具有一种很强的平衡感，亦即"适
合性"——"教"要平衡的是"上下关系"，亦即社会上层与下层之间
的对话关系，具体到教育教学的课堂上，就是要注意师生关系；而"育"
则是要平衡个体、家庭与社会之间的关系，"养子使作善"的目的是让
整个家庭都能在社会中存活，获得声望。这种理解，当然是社会学意义
上的理解，符合中国五千年未中断的文化史，其着眼点在于传承和过程。
可是，这样的解释放在西方社会之中则未必可行。根据论者的阐述，英
文的"教育"写作"education"，德文写作"Erziehung"，这两个词都是
从拉丁语"educare"演化而来。在拉丁语中，"e"表示"出"，而"ducare"
则意为"引"，合在一起就是"引出"。[①]这样，西方对"教育"的理解
就更加偏向主体了，它要做的是把学生内在的主体给"引"出来。这种

---

① 参见沈壮海主编：《教育学导论》，武汉：武汉大学出版社 2005 年版，第 2 页。

"引"如果是因人而异地"引"，则就是"适合教育"标举的内容和主张；一旦是强制性地、"满堂灌"式地"引"，那就变成了"适合教育"的反面。在西方教育学的视野中，主体的激活是重要的；而在中国人的传统观念里，主体的激活则是为了融入社会。换句话说，把中西方对"教育"的理解合在一起，就可以得出一种相对适合于"适合教育"的结论，那就是"教育"是一种通过激发主体意识，使主体能够较好地进入社会的过程。这样，"教育"的主体问题就来了。

那就是教育要"引出"或"引导"的主体是一个什么样的主体，以及我们该如何去激发这种主体。援引学生刘恬梦回忆侯云燕老师的描述，我们不妨把这样的主体视为一个美好的"人"。他/她本是一个个体，但经过自我和教育的淬炼，个体升华为主体。这个主体有着十足的自我意识，能够自觉地与社会融为一体，甚至进而与包括了天地万物的自然融为一体。

> 第一条，什么是教育？我相信一切教育都是通过个人参与人类的社会意识而进行的。这个过程几乎是在出生时就在无意识中开始了。它不断地发展个人的能力，熏染他的意识，形成他的习惯，锻炼他的思想，并激发他的感情和情绪。由于这种不知不觉的教育，个人便渐渐分享人类曾经积累下来的智慧和道德的财富。它就成为一个固有文化资本的继承者。世界上最形式的、最专门的教育确是不能离开这个普遍的过程。教育只能按照某种特定的方向，把这个过程组织起来或者区分出来。[①]

这是美国学者杜威在《我的教育信条》开篇中提出的他关于"教育"的理解。这种理解中的"个人"，如果替换成我所说的"个体"，那么，

---

① ［美］杜威：《我的教育信条》，载赵祥麟、王承绪编译：《杜威教育论著选》，上海：华东师范大学出版社 1981 年版，第 1 页。

杜威实用主义的教育观与"适合教育"就有了内在的一致性。值得说明的是，如果我们深入地仔细辨析，就会发现我所言的"个体"与杜威的"个人"略有不同。杜威的"个人"着眼于"个别"属性，指向的是一种不合群的孤独感，与之相对的是"社会"，以及群体。而我说的"个体"，其实更像是一个未经开化或启蒙的"人"，他／她尚未有充分的自觉意识，与之相对的是"主体"。当然，我的"个体"之中也未必没有杜威的"个人"意识，因为主体要应对得也主要是"社会"。但是，我之所以不用"个人"而用"个体"，正是为了凸显"主体"的"主"（自主、主人）意识。只有"主"的存在，"适合"才有意义。

主体是一个内向的哲学术语，它指的是人的内在自我。可是，当代社会之中的"人"无不是存在于同类之中的。这就决定了"主体"之"主"关键不仅在自觉，还在"个人参与人类（群）的社会意识"，意识到这一点，教育就要在"自我／自利"与"社会／利他"两个极端的价值之中寻找到"适合"的平衡点。

正是在这个意义上，"适合教育"有着充分的合理性。它不仅要为自我提供激活的动力，还要为自我进入社会提供多重可能。也正因如此，"适合教育"可以平衡杜威与19世纪的英国教育家斯宾塞之间的分歧。杜威总是强调"教育是生活的过程，而不是将来生活的准备。"[①] 而斯宾塞则认为，教育是"为我们的完满生活做好准备"："如何治身、如何养心；如何处事、如何立家；如何尽公民的义务；如何利用天然的资源，来增进福利；如何善用我们的才能，达到最高效用，以求人己皆利；要言之，如何经营完美的生活"[②]。在"适合教育"看来，教育生活本身是重要的，而未来的生活也是重要的。我们培养学生既要考虑他们当下的感受，也要为他们谋划长远，让他们最终成长为有益于国

① [美]杜威：《我的教育信条》，载赵祥麟、王承绪编译：《杜威教育论著选》，上海：华东师范大学出版社1981年版，第4页。
② [英]斯宾塞：《教育论》，载张焕庭主编：《西方资产阶级教育论著选》，北京：人民教育出版社1979年版，第419页。

家、民族和社会的人。

如果没有办法使二者达到某种和谐，问题就会比较明显。主张杜威教育观的学校很可能会偏重引导学生感受生活，从而忽视知识积累与传承；而主张斯宾塞教育观的学校，则可能会变成应试教育的"工厂"，让学生失去对生活的兴趣。这一百年来，对中国教育而言，杜威的观点影响力明显更大。比如，他认为儿童的生活应该是教育的中心——"学校科目相互联系的真正中心，不是科学，不是文学，不是历史，不是地理，而是儿童本身的社会生活"[①]。这种说法当然有道理，但是，也要容我们反问一句：难道儿童本身的社会生活中就没有科学、文学、历史、地理吗？难道科目本身不是从社会生活之中来的吗？

正是人的主体性使得知识可以转化为生活，而不是转化为更多的知识（书本）。就此，我们可以联系马克思"劳动创造了人本身"的观点加以分析。近年来，学校劳动教育成为社会的热门话题。其实，教育本身就和劳动密切相关，学校教育的核心是为了人的"劳动"——注意，这里说的是"劳动"，而非"工作"。2019年，高考语文全国一卷的作文题比较有争议。这道题全文如下：

> "民生在勤，勤则不匮"，劳动是财富的源泉，也是幸福的源泉。"夙兴夜寐，洒扫庭内"，热爱劳动是中华民族的优秀传统，绵延至今。可是现实生活中，也有一些同学不理解劳动，不愿意劳动。有的说："我们学习这么忙，劳动太占时间了！"有的说："科技进步这么快，劳动的事，以后可以交给人工智能啊！"也有的说："劳动这么苦，这么累，干吗非得自己干？花点钱让别人去做好了！"此外，我们身边也还有着一些不尊重劳动的现象。这引起了人们的深思。

---

① [美]杜威：《我的教育信条》，载赵祥麟、王承绪编译：《杜威教育论著选》，上海：华东师范大学出版社1981年版，第6页。

请结合材料内容，面向本校（统称"复兴中学"）同学写一篇演讲稿，倡议大家"热爱劳动，从我做起"，体现你的认识与思考，并提出希望与建议。

要求：自拟标题，自选角度，确定立意；不要套作，不得抄袭；不得泄露个人信息；不少于800字。

在这道题目中，学生的学习变成了和劳动毫无关系的存在——"我们学习这么忙，劳动太占时间了！"类似说法，本质上否认学生参与了劳动。可是，不劳动者连"人"都算不上，他/她又谈何学习呢？要激发人的主体性，就是要把学习与劳动视为一种存在。学生在校园里生活，本质上就是在劳动，而唯有劳动能够激发人的主体性，思考何去何从的问题，使人在劳动之中走向个体变为主体的道路。还需要指出的是，这种"激发"是双向的，也就是说教育是双向的。

2."师生一体"与"双向激活"

在中国传统教育学中，如《礼记·学记》就言"《兑命》曰：'学学半'"，这句话的意思是说"教别人也是自己学习的一半"。教师在教书的过程中，自己也在得到成长。而教师作为师者的意识，绝不是在备课或者家务等社会行为中得到激活的，它一定是在教师的课堂上，在教师讲课的时候得到激活的。一名普通教师当然也可以有这样的时刻：他/她走在路上，有人在他们身后叫了一句"x老师"，他们误以为是在叫自己，都回了一下头。这句"x老师"确实是对他们自身主体意识的激活，但这种激活显然是名义上的，激活的可能是个体，而未必是主体。而教师真正实际意义上的"主体身份"被激活，只可能发生在课堂之上。教师通过教学手段和行为，让自己为人师者的意识得到觉醒——电视剧《觉醒年代》中的那些革命先烈，也都是在革命行动的过程中，实现觉醒的。

所谓"课堂"，就是教师与学生的劳动场所；所谓"讲课/听课"，就是教师与学生的劳动行为。这两种劳动是相互依存的，只有在成全对方的同时，才能够成全自己。这一过程就可以说是"淬炼"。加拿大学者范梅南曾举例——

> 当我再次聆听时，我听不到任何声音了，没有哭声，没有吵闹。我的儿子显然已经入睡。我还是决定去看看。当我悄悄地将门弄开一点时，我知道他躺在那儿会是什么样儿。安详地蜷缩着睡在小床的一角，我敢打赌。可是，令人惊讶的是，我看到的竟是一张完完全全地仰着的期盼的小脸。
>
> 脸上放射出微笑，手臂舒展开来。就在那儿！没有一句话，没有一点声音。但是，这种沉静当中多么充满召唤啊！当我将孩子从床上抱起时，我意识到了抚养的召唤吗？一位没有激情的保姆她会怎么样走进我孩子的卧室呢？这位保姆会怎么样回应孩子展开的双手呢？[①]

在这个例证中，家长作为教育者感受到的就是一种召唤，是来自孩子的召唤。而家长作为人生教育工作者的角色，就是在这一召唤的过程中显现出来的。范梅南说，婴儿这种对家长的召唤，本质上就是"那种召唤我们聆听孩子需求的召唤"。很多老师都有被"那一双双渴望知识的眼睛"打动的经历，而这种经历就是对教师主体性的激活。有了这种激活，学生作为学习者的主体性也才能够被激活。

新乡市一中 2016 届毕业生，曾在云南大理支教的冯艺洋老师回忆自己的中学生活，尤其是对化学学科的科任教师喻传华老师印象深刻。她说——

---

① [加拿大]范梅南：《教学机智：教育智慧的意蕴》，李树英译，北京：教育科学出版社 2001 年版，第 42-43 页。

我至今记得高一时，语文老师会每周给我们布置几篇随笔日记。有段时间我因为受不了邻居的吵闹，休息不好，心情很差，精神状态堪忧，但是又羞于告诉别人。有一天实在受不了，就写进自己的随笔日记，还是用英语写的。那周的日记本发下来，我惊讶地发现那篇用英文写满了自己发泄心情的涂鸦日记，竟然有喻老师的"回信"。之后，我们也会用这种秘密的"传信方式"交流，无论是有关学习压力，还是生活困难，我都能得到喻老师像知心朋友一样悄悄话一样的回复。

高三我的成绩有下滑，不适应新老师，有时又达不到自己的期待，我经常考完试后心情低落，偷偷流泪。每次压力特别大的时候我就会去找喻老师，她从来没有说教式地讲大道理，有的时候是塞给我一点小零食，有的时候是摸摸我的头，见到我掉眼泪还会给我一个温暖的拥抱。黎明前最黑暗，成功前最渺茫，胜利前最绝望。是喻老师给我的一点一滴的陪伴和温暖，让内心敏感的我坚持过高三压力最大的"黑暗"时刻。现在想起，仍会眼眶湿润。七年过去了，我对喻老师的感激也一直在心中，不曾遗忘，不曾减少。

这样的师生相互打动，是教育生活之中很常见的故事。但这样的故事一旦在师生之间传递，一种主体性的相互激活就出现了。冯艺洋老师去支教之后，她也一定会把这种教育的记忆和理解传递到更远的地方。

很多教育工作者喜欢用雅斯贝尔斯的名言来说"教育"，那是"一棵树摇动另一棵树，一朵云推动另一朵云，一个灵魂唤醒另一个灵魂"[1]。这样的说法很美好，但落实到教育的细节之中，尤其落实到教学实践里，就显得很简单。这种简单是指它在日常的教育生活中只是一种细节，但

---

[1]　[德] 雅斯贝尔斯：《什么是教育》，邹进译，北京：生活·读书·新知三联书店1991年版，第3页。

其内在的教育力量却是不容忽视，甚至极为深刻的。因为一旦被"摇动"、被"推动"、被"唤醒"，其效果用德国教育学家鲍勒诺夫（1903—1991）的话说，就是"使主体的人在灵魂震颤的瞬间感受到一种从未体味过的内在敞亮，他因主体性空间张扬，而获得一次心灵的解放"[①]。我用新乡市一中扶贫老师的一段教育笔记来对这种"灵魂震颤的瞬间"做一点说明。扶贫老师的笔下，写出了一位愿意思考的教师的经历。

早上 6：40，我准时来到教室："小明、小亮，怎么还在打扫卫生，几点了？""出力干活还挨吵，真无语！"我暗暗压制住心中怒火，把他们叫出教室，认真给他们分析劳动教育的重要性。直到上课铃响，疲惫的我回到办公室坐下来开始反思：中途接班以来，6：40已然成了我的噩梦。因为高一没有养成好的习惯，这个班级经常因值日迟到被通报批评。我试过多种方法来解决：召开主题班会、量化积分奖励、严厉的批评和惩罚……但收效甚微。

面对这种情况，我暗下决心，一定要找到解决问题的办法。吞了两口包子，我就开始继续查阅搜罗来的教育论著。读着读着，俄国教育家乌申斯基的话给了我很大的启发，他说：教师个人的范例，对于青年人的心灵，是任何东西都不可能代替的最有用的阳光。晚上回到家，我兴奋地跟妻子说："最近我要有一个'大动作'，请你辛苦一些负责孩子的接送。"

第二天，我 6：20 就来到教室，二话不说拿起卫生工具开始打扫。已到班的值日生一脸诧异："老师您咋来这么早？""我来陪你们一起干。"孩子们立马高兴起来，抓起扫帚就开始干。同学们陆陆续续进了班，有的打着哈欠，有的推推搡搡，但，当他们看到我们之后，先是一脸茫然，询问过门口值日生后便不约而同加

① 转引自邹进：《现代德国文化教育学》，太原：山西教育出版社 1992 年版，第 142 页。

入了进来，很快，卫生便打扫结束。

"叮叮叮"6：40的铃声再次响起，这一次没有拖沓，没有抱怨，没有怒火，有的是迎着朝阳的琅琅读书声和阳光下那一张张可爱的笑脸。从此以后，我坚持提前到班，慢慢地，能提前到班参与值日的学生越来越多，被表扬的次数也越来越多，我知道我们的心越靠越近了。我欣喜于这样的变化，也越来越喜欢这样的6：40。

通过这件事，我深切体会到了"学高为师、身正为范"中"范"字的真正内涵。在班级管理中，老师应该坚持表率性原则，工作中以身作则，用自己的模范行为影响学生、教育学生。这样，我们一定会收获更多的"6：40"的幸福。

显然，这样的一段论述，既是学生的成长，也是教师的自我成长。而这种成长，是通过双方主体性的互动来实现的。或者说，学生愿意在6：40的清晨彰显出充分的自主性（主体性），这是被老师的自主性（主体性）激发的。而老师的自主性又是如何出来的呢？显然，学生在其中也扮演了非常重要的角色。我不是指学生的"偷懒"激活了教师的"勤劳"，而是说这位老师愿意去"查阅搜罗来的教育论著"，以及在最后感受到"'学高为师、身正为范'中'范'字的真正内涵"，愿意收获更多的"6：40"的幸福，乃是在学生的激发之下产生的自主举动。就此，我们也可以说，师生的个体性之淬炼与主体性之激发，乃是在师生交往之中出现的。这里说的"交往"，其实不仅指师生交往，也指生生交往，同时也指学生与社会、教师与社会进行交往等基本类型。论者指出，"20世纪90年代以后，国内外的一些学者明确提出了'教育就是交往'的观点"，使教育理论的研究范式"从生产实践观走向交往实践观"[①]。而在我看来，这一转型正是衬托出了"适合教育"的重要性。"适合"

---

① 张天宝：《走向交往实践的主体性教育》，北京：教育科学出版社2005年版，第71页。

是处于变动之中的，它深受交往的影响。没有哪个人的情感、认知和品位，以及受教育水平会始终不变。而重要的是在变动之中把握"适合"，不断淬炼自己的个体性，激发自己的主体性，同时引导学生进入生活，感受生活，走向他者、尊重他者、理解他者，这就是"适合教育"在师生一体化这一主体论中的表征。关于这一点，下一章讨论师生观时还将谈到。

扶贫老师是作为班主任参与到学生成长过程中去的。他的"课堂"并不一定真实地发生在教室里，也可以发生在卫生值日的特殊场所。也就是说，作为班主任的教师，其主体性的激发更加多元，覆盖面广。我一直都持这样一个观点："班主任强则班级强，班级强则年级强，年级强则学校强。"也就是说，一个学校是否优秀，班主任起了很大的作用。班主任的核心是"班级管理"，怎么样进行班级管理呢？我提出班级管理有"三治"，分别是"人治、法治、自治"，其中，"人治"是核心。所谓班级管理的"人治"，就是要像扶贫老师这样，用心并以自己为"治理工具"，投入到班级的管理之中。在这里，"人治"乃是意味着班级的治理者（班主任）要有"人"的主体性，以强大的主体意识去感染学生，带动班级。正如俄国教育家乌申斯基所言："教师个人的范例，对于青年人的心灵，是任何东西都不可能代替的最有用的阳光。"因为"班主任是离学生最近的老师"，所以班主任是教师的典范，他／她代表了教师所可能遇到的所有境况，只有经过了"班主任"这一教学岗位的历练，教师的主体性才能真正树立起来。

其实，往大了说，班主任就是学生、家长心目中的学校形象；更大了说，班主任就是学生、家长心目中的教育形象。社会对一所名校的印象和认同，往往取决于与家长或社会人士直接打交道的班主任。我以新乡市一中2013届原29班的毕业生王冰川的感受为例，对此略加分析。如今，王冰川也已经是一名中学教师了。2013年4月26日一早，王冰川同学的肚子隐隐作痛，豆大的汗珠从额头上往下淌，班主任张学萍老师用自行车把她送往新乡市中心医院，挂号，缴费，一路狂奔，最终确诊为急性阑尾炎。张老师迅速办理了住院手续，还垫付了一千元钱。

到了胃肠外科，医生简单询问后，就说需要尽快手术，然后就忙他们的事情了。在等待的过程中，老师给我爸爸打了电话，交代了病情。我斜靠在护士站的一把椅子上，搂着肚子，眯着眼睛，满脸通红，汗水下淌，脸部肌肉严重扭曲。张老师找护士要来体温计反复测量体温，眼看体温快速升到了39°多，就跑到医生办公室催问，医生连忙对外边的护士说："赶快备皮，准备手术，手术完再吃饭。"此时已经是中午12点多，张老师扶着我进了手术室。

那时候，距离王冰川参加高考，仅剩一个月多一点的时间了。张老师趁晚上到医院看学生时，还给她带来了复习资料。那时候，张老师的口头禅是："春天就要（已经）到了，冰川要融化了！"后来，王冰川参加高考，正常发挥，以555分（超一本线50分）的成绩考入陕西师范大学数学与应用数学专业，成为一名师范生，2017年通过校园招聘，来到济源市第一中学开始了她的教师生涯。就像歌里唱的："长大后，我就成了你"，只有"成了你"之后，才能感受到教师与学生之间的双向"激活主体性"是何等重要，而这种激活需要的不仅是"爱"，还有对"适合"的理解。王冰川继续写道——

成为一名老师之后，才切实感受到我高中恩师们的不易。因为"老师"这两个字，不单是一个职业称呼，更肩负着一份沉甸甸的责任。站在三尺讲台上的一言一行，都在影响着每一个学生，所以每一节课，我都以最严格的标准规范自己，认真备课，认真上课，关爱学生的发展，尽自己最大的努力帮助每位学生更好地成长，就像我的高中老师们一样。

最开始工作时，我不太能接受的就是对教师成绩的考评。我想着成绩是学生的成绩，他们学习也都是在为自己学习，凭什么要用学生的成绩来考评老师？为什么老师的价值要通过学生的成绩来体现？随着工作时间的推进，与学生相处的时间增多，我开始逐渐意识到我已经在学生身上倾注了大量的精力与情感，我与学生的关系不只是师生，更像是战友，而我的所有付出都是为了他们能不断地进步，更好地成长。学生的每一步提升，也都是我们共同打下的战果。对于学生的每一次进步我都会发自内心地高兴，这种快乐是一种真心希望每一位学生都能有更好未来的美好期盼，这一刻，我便更能明白当初张老师对我们的无私付出与良苦用心，师生本为一体啊！

......

如果我此时问一句："张老师，我算融化了吗？"我想，一向对我寄予厚望的张老师一定会说："加油，冰川！你一定可以更好地融化，掀起惊涛巨浪的！"在此我向老师保证，我一定会更加努力工作，不辜负老师的厚望！

博约亭

第三章　适合教育的师生观

　　前文已经讨论过，在"适合教育"的视野中，应该如何看待"教育"的定义问题。其实，很多人对教育的理解，并不一定出于知识传承与传播，也可能出于教育的具体形式。比如，有人就认定所谓"教育"，就是"教师的教和学生的学共同组成的一种教育活动"[①]。这一定义突出的其实就是师生之间的交往关系。学者认为教师的教和学生的学是一组对立统一的矛盾，这是符合教育教学实际的。

　　本书在上一章讨论"师生"关系的时候，已经用了大量论述来分析这种一体化的"双主体"关系是如何推动教育教学活动走向深入的。但是，还需要指出的是，这一定义与"适合教育"论视野中的"师生观"之不同，那就是这一定义将教师和学生除了"教"和"学"之外的其他交往关系纳入教育学考量的范畴。比如，上一章篇末援引王冰川同学回忆张学萍老师送她去医院的经历，这显然不属于"教"和"学"的交往，难道其中就没有蕴含着"教育"，尤其是"适合教育"的内容吗？这种内容也需要得到"适合教育"论者的重视。因为，谁都知道，教师要履行自己的教育教学职责，就必须与学生交往。这种交往不只是以知识传递为特征的"教"，还包括与学生的情感交往、道德交往。教师要教好书，就必须建立良好的师生关系。其关系的表征形态不只局限在课堂、课程

---

① 王道俊、王汉澜：《教育学》（新编本），北京：人民教育出版社 1989 年版，第 178 页。

之中，还以更为丰富、多样的形态表现在校园生活的方方面面，是教育生活的主体关系。

哈贝马斯的哲学告诉我们，主体间的交往关系具有先在性。人与人之间的关联，即主体间性是这个世界所有问题的核心。教育其实就是一种主体间性。它的一方主体是教师，而另一方主体则是学生，教育是发生在教师与学生之间的主体间性。这种说法既承认了教育教学过程的双重主体，是主客体统一的哲学，又为师生关系的展开提供了理论支撑。事实上，这一问题在 20 世纪 90 年代也曾引发过学界广泛的论争①。可以说，教师与学生的关系是"适合教育"的重要内容。

（一）成长之痛："适合"的切题性

为什么教师和学生的关系会如此重要？"适合教育"论认为，在教育教学的过程中，教师和学生是一体化成长的，其"适合"也是双向的。这种"适合"一旦在教育场域（教育生活）中发生，就能使成长得到体现。前文已经从"激活"与"交往"两个角度，简要论述了师生一体的"适合教育"观。只有师生相互依存的教育生活，才能使二者实现主体的"内在敞亮"。在这一特殊的形态中，教育人的人生境界也得以体现。这种境界就是德国现象学所言的"生成"（becoming）。在"适合教育"论看来，这种主体的生成并不神秘，不是主体"顿悟"的结果。而是教育者与被教育者在某个特殊的时空相遇，形成了一种主体意识。所以，我特意标出"生成"的英文是"becoming"，这一进行时的表示就是要提示"生成"概念的过程性，或称"生成性"。它不是一个纯粹不动的结果，而是一个正在发生的动态过程。在这里，虽然教育的内容是由课程方案给定的，

---

① 参见顾明远：《再论教师的主导作用和学生的主体作用的辩证关系》，《华东师范大学学报（教育科学版）》1991 年第 2 期。

但教育主体的发展过程却是流动的，他们各自不同且变动不居。虽然有既定的教学大纲，但每一个教师、学生的成长都是五彩斑斓的——任何试图将教学完全标准化、模式化的努力，都可能使其沦为"病态"，这就是"适合教育"的师生观之内涵。

1. 教师的成长及其"适合性"

一般说到教育的主体性，往往都会先说学生。而"适合教育"论恰要反其道而行之，提出教师的成长具有"适合性"这一命题。教师专业发展是一个已有相当多研究积累的学术领域，亦即专业实践领域。对于这一领域，"适合教育"论并不予以过多评价。相反，在"适合教育"看来，教师的"非专业发展"（亦即不是课程、教材、教法等内容）同样也值得教师队伍关注。"非专业发展"是教师作为人的主体性的体现，是教师职业安全感、幸福感与获得感的又一来源。

我先讲新乡市一中的一位教师的故事。2023 年 5 月，以新乡市一中教师韩名世烈士命名的"名世大讲堂"开讲。韩老师的学生获悉后，纷纷送来贺匾及贺信。他们在信中写道："韩老师为党的教育事业呕心沥血，奋不顾身，献出了宝贵的生命，他的事迹感染着我们，他的精神激励着我们，他永远是我们学习的榜样。"

1949 年 5 月，新乡和平解放，8 月太行公立新乡中学（新乡市一中前身之一）从林县上庄迁往新乡，并接收了原河南省立新乡中学。解放不久的新乡，国民党的残余势力不甘心失败，化整为零，转入隐匿状态，进行各种破坏活动。在教育战线，这一状况也很常见——看似平静的校园危机四伏。在原河南省立新乡中学的教师队伍中，就发现了隐藏的敌人，有的学校还发生了杀害市级干部子女事件。1949 年 9 月 21 日的《平原日报》，发表了对当时新乡中学教师的采访：

我们新乡中学才从太行山上搬下来，因为多年住在山上，猛一下来，同学们的思想在最初确有一些波动。譬如，（一）对新乡城市想象得太高，以为一下山后一定是住楼房，吃洋面，电灯、电话……总之，一切想象得都很得劲。以至于来了以后缺房子，少教室，吃的也并不比山上好。碰到了这些实际问题，好多同学大感失望，觉得一切还不如山上好。（二）骤然来到这里，和新区的同学在一堆，由于言行和生活习惯不一致，看不惯，产生了一种厌恶情绪。（三）有的觉得自己穿得不好，不如新区同学的好。思想上产生了一种美慕情绪，觉得自己土里土气，忘掉了艰苦的传统。而新区的不少老师，对党的政策，人民政府也缺乏了解，持观望态度，一些老师存在"教书吃饭随他办""此处不养爷，自有养爷处"的思想。

这时候，新乡中学的教导处主任正是韩名世，他没有被眼前的这些困难吓倒，反而是通过在学生中开展各种活动，帮助他们树立正确的认识，特别是要求老区的同学继续保持艰苦奋斗的光荣传统，主动和新区同学交朋友，团结新区同学。他耐心细致地向新区老师宣传党和国家对知识分子的政策，逐一和新区老师谈心，针对性地做好思想工作，帮助老师端正认识。新区老师打消了顾虑，解开了思想疙瘩，焕发了极大的工作热情，他们以主人翁的姿态积极投入新中国的教育工作中。就这样，学校的工作得到当时平原省政府的高度评价。

省政府在《平原省 1950 年中等教育工作总结》中这样表述道："由于教学方法的改进，学生的学习自觉性与积极性也提高了，学习成绩上有了不少进步。如新乡中学高中班毕业学生，全部升入了大学。"而1952 年印发的《平原省三年来工作基本总结》中则提到以新乡中学为例，说明"我省中等学校教职员思想改造已获得了很大成绩，绝大部分的教职员都已站在人民方面来，能够接受党及人民政府的领导，安心教育工作，执行教育方针，完成教育计划。教学质量比较高，学校风气好，培养、教育出来的学生也比较好"。事实上，这些成绩的取得和教导处主任韩名世的辛勤工作密不可分，这些成绩凝结着他的心血。

可是，连续长时间的繁重工作使他的病情不断加重。他开始大口大口地吐血，整夜整夜地咳喘，无法躺下，更无法入睡，痛苦不堪。组织上安排他住院治疗，他说："我的病是没有办法彻底治愈了，就不要浪费国家的钱了，吃点药减少一些病痛就可以了。"而在医院之外，他以惊人的毅力与病魔作斗争，忍着病痛坚持工作。作为同事的侯德功老师在1956年的思想总结中写道：

> 1952年，学校安排我照顾韩名世领导的工作和生活。他的病一天比一天严重，后来基本上卧床不起了。这一来，我就产生了怕脏，怕累，特别是没面子的想法。领导看他病成这个样子，不让他工作了。他含着泪说："新中国建设急需知识分子，我真恨自己这不争气的身体，你们就让我为党、为新中国多做点工作吧！"他知道留给自己的时间不多了，更是拼了命地工作，不分白天黑夜，坐或躺在床上学习新民主主义的教育思想，钻研新的教材，审核教案，研讨教学方法。他的言行感动了我、教育了我。我没有再提出换工作，一直照顾他到去世。

1954年4月，韩名世怀着对新中国教育事业的无限眷恋永远离开了我们。他为了新中国的教育事业，献出了宝贵的生命，年仅39岁。去世之后，韩老师被河南省人民委员会追认为革命烈士。他在工作日志中写道"人生是为了实现崇高理想，崇高理想就是共产主义社会"，还写道"每一个人必有一死，但自己的死，换来了大家生，则重于泰山"。应该说，韩名世老师用他短暂的人生历程，实现了对党、对人民的誓言。正如当年追悼会上长达二点五米的巨幅挽幛所书"为革命事业献出了宝贵的生命，给教育工作留下了辉煌的典型"。七十年过去了，韩名世老师的精神始终激励着一中一代又一代教师，躬耕教坛，以强国有我为志，为党育人；始终激励着一中一代又一代学子发奋学习，立志报国。新乡市一中为自己校史上有这样的先贤和典范，倍感骄傲。

从韩名世烈士的事迹出发，我们可以看到"适合教育"论在新乡市一中发展史上的地位和意义。从山上搬迁到山下，将老区融入新区，本身就是一种"适合教育"的显现。可以说，韩名世老师身处国家变革的重大历史时期，能够顺应时代发展的趋势，尽自己所能，推动时代教育的洪流滚滚向前，可谓是当时中学教师之中的标杆。而七十年过去，教师的成长始终也是新乡市一中发展的基石。

今天，人才强校的战略已经融进新乡市一中发展的血液之中，奠定了学校的发展之基。毫无疑问，一流的师资是立校之本、发展之基、力量之源，打造一支"师德高尚、结构合理、业务精湛、作风优良"的教师队伍，是学校发展的根本保障。目前，新乡市一中有中原名师3人，特级教师8人，还有一批国家级、省级骨干教师、省管专家、省级学科带头人、省教育厅学术技术带头人、市级拔尖人才等。学校坚持"以人为本、和谐发展"的办学思想，用赵继学老校长、韩名世烈士的典型事迹来激励教师队伍，坚定师德是教师的立身之本。学校在抓教师队伍建设过程中，始终把师德建设作为重中之重来抓，克服在教师管理过程中"一手硬，一手软"（即抓业务硬，抓师德软）的现象。注重师德建设的针对性，突出实效性，依据新乡市教育局的《师德考核方案》，学校制定了《新乡市一中师德考核实施暂行办法》，使学校在师德建设"制度保证"方面迈出了重大一步，对学校师德建设起到积极的促进作用。一大批热爱教育、无私奉献的先进教师不断涌现。此外，学校更通过"三大"工程，打造高素质的教师队伍，促进教师队伍的"非专业发展"与"专业发展"同步并进。

首先是"暖心工程"，这其实是教师队伍的"非专业发展"之基。新乡市一中每年定期为教职工进行体检，每年节假日为不回家的青年教

适合教育论

师提供舒适的生活条件，特别是通过基层党组织和教学组织，关切教师队伍的思想动态、心理健康，以及配偶和子女等家庭问题，为他们排忧解难，解除他们的后顾之忧。通过"暖心工程"，学校较好地稳定了教职工队伍，调动了广大教职工教书育人的积极性。

其次是"青蓝工程"，这是青年教师"专业发展"的重要内容。随着学校规模的不断扩大，青年教师不断增多，如何让他们尽快"成长、成熟、成才"，是摆在学校面前迫切需要解决的问题。对年轻教师的培养，学校采取多种措施，可以统称为"五子登科"：（1）"结对子"，由骨干教师，中、高级教师担任指导教师，使青年教师的成长有了引路人；（2）"定靶子"，明确奋斗目标，制定专业发展规划；（3）"压担子"，青年教师和其他教师肩负一样的责任，从事同样的工作；（4）"搭台子"，每年举行青年教师汇报课，开展青年教师优质课竞赛活动，为青年教师的成长搭建平台；（5）"量尺子"，制定青年教师考核制度，并纳入年终考核的范围。通过这一标举"五子登科"的"青蓝工程"，在新乡市一中，一大批青年教师得到迅速成长，他们不仅站稳了讲台，而且成为教学骨干。尤其是一批脱颖而出的青年才俊还担任了实验班老师和班主任。

最后是"名师工程"，这是资深教师"专业发展"的保障。早在2006年，学校就制定了《新乡市一中"名师工程"实施方案》，在全校范围内，开展了第一届"首席教师"的评选活动。这是唤醒教师主体性和职业崇高感的重要举措。根据"方案"，首席教师每学期至少讲授一节示范课，至少指导一名青年教师；每学年至少为全体教师做一次学术报告，至少为全校或本年级学生做一次专题讲座；在任期内，应参与市级以上的课题研究；等等。

我特别想提出的是新乡市一中拥有一支高水平的教师队伍，他们是"适合教育"得以实施的根本保障。通过上述"三大工程"，新乡市一中涌现出了一大批家长称颂、学生欢迎、同行称赞的优秀教师。他们之中有被学生赞誉为"遇见的最好班主任"的王平老师，全国人大代表赵鸿涛老师，中原名师郝爱荣、牛风荣、宁长兴老师，学生问不倒的"刚哥"李刚老师，送出清北学生最多的杨会兰老师，最具智慧力的班主任娄武卫老师，让学生痴迷化学回家建实验室的赵冰老师，儒雅绅士的魏兴毅老师，"妈妈式"好老师刘银平，"李芳"式老师于永新，科技达人柴俊强老师，聪慧幽默的王鹏程老师，高考数学备考青年才俊马亮老师……而正是这样一支高水平的师资队伍，给新乡市一中的发展提供了"适合性"。

就我个人来说，教师首先是我的自我认同，而非"校长"。我总是把激励学生的自我意识和主体性作为为师者的第一要务，而非所谓"学校管理"。2020届一中毕业生王嘉诚曾经回忆过一个我几乎已经忘却了的故事——

2019年底，插班学习已经两个月的我，在"书山有路勤为径"的"寂寞小道"上弓身攀爬，觉得十分吃力。我气喘吁吁地向上伸了一下手，神奇的王伟校长就轻轻地握了一下。以普通学生的身份，竟有与时任三个校区的校长平等对话的机会，是我所不敢奢望的。就是那次谈话，王校长和我口头达成了一个"君子协定"，使我看到了从文科普通班转入博闻班的可能。不久后我就用自己的努力成果把这个可能变成了现实，这也成为我在冲刺道路上超越自己的一个重要的转折。

凭借自己的努力，大学入学后我又考到了武汉大学跨专业多学科教育的荣誉学院弘毅学堂，就读人文科学试验班。三年来我保持专业成绩前茅，积极参加各种社会活动，2022年度作为武汉大学十佳团支书受到了表彰。

在我的印象中，那是2019年的秋季，在高三新学期已经开学两个月的时候，这位学生才从学了三年理科的焦急心态中，下决心投奔文科，成了我校高三年级插班生。入学后，第一次模拟考试，他的考分我印象深刻——三百七十分。其中，数学成绩更是只有七十二分。而在与我交谈和约定之后的七个多月时间里，他的目标更加坚定，学习更加自觉，2020 年高考竟以六百四十八分的好成绩，被武汉大学新闻与传播学院录取。经历了这件事，我更加深刻地认识到"期待"之于学生成长的重要性，教师的（非专业）成长，那简简单单的"一握手"，对于一位学生来说，是何等关键。无论学生，还是教师，都有可能遭遇"成长之痛"，这需要"适合教育"来予以激励，予以化解，特别是予以激活。

自我担任校长以来，自以为首要的任务是激发教师们的主体性。激发了教师的主体性，教师们便会以"适合"的方式，持续激发学生的主体性，从而实现师生一体的"相互激活"。因此，立足高品位，创新学校的教师文化就显得尤为重要。除了上文提到的"非专业发展"，教师专业发展和学校精神传承两方面，是学校提倡尊重文化、丰富创新教师文化的制度化体现。在教师专业发展方面，除常规研修之外，新乡市一中与大学合作，通过定制培训和各种校内自办的沙龙、工作坊等来提升教师的专业能力。而在学校精神传承方面，本着"以人为本，和谐发展"的理念，学校除了实施上述暖心、青蓝和名师工程之外，还通过举办文化论坛、讲一中故事，以及党员先锋、师德标兵、最美教师等评选活动，淬炼出一支师德高尚、业务精湛的教师队伍。

2. 学生的成长及其"适合性"

教师的成长很重要，学生的成长同样重要。二者其实是不能割裂开来看待的，教师是在学生的成长中得到成长的，而学生的成长也必须有教师的成长作为前提条件。学生是教育的主打"产品"，而优秀教师是教育的"副产品"。既然是"产品"，就有一个质量问题。新乡市一中始终认为，质量是名片，质量是形象，质量是软实力。因此，立足高质量，创新学校的学生培养乃是"适合教育"的要旨。

2023年5月29日，习近平总书记在中共中央政治局第五次集体学习时强调："要坚持把高质量发展作为各级各类教育的生命线，加快建设高质量教育体系。"高质量发展是新时代教育的一个新命题。新乡市一中多年遵循学校教育教学规律，传承"常规固本、教研创新、突出主体、课堂第一"的教学指导方针，在实际工作中强化课堂教学，抓实教学研究与反思，以学生为主体，突出课堂教学的极端重要性。通过实施严密的绩效评价、过程管理，保证了学校教育质量始终保持高位并持续攀升。

　　这里也存在一个"适合"的问题。前文已经对新乡市一中的超常教育实验略加讨论。少儿班是经河南省教育厅批准成立的教学实验班。基于"因能开发、因材施教"的理念，我们在甄别和选拔、学制和课程、教学方法与评价等方面进行了探索，并取得成功的经验。少儿班实行"五年一贯制"，形成了"自主探究—合作学习—精练展示—测评反馈"的高效智慧课堂。

　　在少儿班之外，学校还提出了深化思想道德建设，涵养学子之美的学生成长观念，坚持以习近平新时代中国特色社会主义思想为指导，用社会主义核心价值观引领青少年，着力培养具有"山品水德"的"绅士淑女型"一中学生。所谓"绅士淑女型学子"的培养，在校园规范上主要落实"八礼四仪"，即注重学生平时的餐饮之礼、行走之礼、言谈之礼、待人之礼、游览之礼等文明习惯的养成，而学校则组织好开学仪式、毕业典礼仪式、成人仪式等。

　　通过师生一体的发展，来使学生的成长具有"适当"特征。比如，在素质教育为学生"立德"之外，高度重视文化课成绩为考生"添翼"，两者相辅相成，在"育人"的同时促进了教育质量的提高，使教育教学达到"适当"的效果。目前，新乡市一中已列入四十多所"双一流大学"的优质生源基地，连续多年荣获北大博雅人才计划和清华领军人才计划学校的荣誉，显现出学生成长的充分性。

　　那么，学生的成长究竟是如何体现的呢？具体来说，新乡市一中有六项举措,使学生从不同维度上体会到自己的主体意识,进而产生对"适合"的主动探寻。一是以理想信念教育为主线,点亮学生信仰。学校坚持以"红色德育"为核心,通过理想信念宣讲、"政治老师讲时事,历史老师讲党史"等活动,学习习近平新时代中国特色社会主义思想和党的十九大、二十大精神;将青年业余党校、少年团校作为红色教育阵地,进行党史、新中国史、改革开放史、社会主义发展史及团史、校史的学习教育;通过德育微课堂,国旗下的讲话,建队、入团仪式,推进理想信念落地生根,引导学生做有理想、有本领、有担当的新时代一中学子。

二是以社会主义核心价值观教育为抓手,培育德智体美劳全面发展的社会主义建设者和接班人。除了开设社会主义核心价值观大讲堂,组织开展"我为核心价值观代言"等活动之外,还连续多年开展"致敬逆行者""颂中国力量绘美好梦想"系列绘画比赛,以及"模拟法庭""线上辩论赛""五四精神,传承有我""你好,少代会"等形式丰富、多样的校园活动,通过活动进行生命教育、科学教育、道德教育、公民教育、感恩教育、法治教育,引领学生和时代同频共振,培养师生坚忍不拔、从容不迫的奋斗精神和赤诚仁爱、胸怀天下的家国情怀。

三是以仪式教育为契机,强化学生责任担当。学校在重要节点举行入学仪式(9月1日)、十四岁青春仪式(5月14日)、十八岁成人仪式(5月18日)、毕业仪式(6月中旬),深入开展"八礼四仪"教育,着力培养"绅士淑女型"一中学生。此外,还如期、合规举行少先队建队仪式、离队入团仪式,引导学生热爱少先队,向往共青团,树立早日加入中国共产党的

为学生庆祝十八岁成人礼

理想。

四是以争做"绅士淑女型"一中学生为引领，选树成长榜样。通过演讲比赛、事迹报告会、主题班会等喜闻乐见的形式，规范同学们的日常行为，号召大家争做当代"绅士淑女"，共创"文明一中"。开设学生大讲堂，主讲嘉宾均为学有专长、在某学科或领域有着深入钻研和独到见解的一中学子。其中，有被评为全国"最美中学生"的朱琳萧、闫俊桦，有14岁的诗词达人游宗骁，以及全省"学雷锋标兵"田继梵等，让身边的人、身边的事发挥教育学生、影响学生的作用。

五是以中华优秀传统文化教育为载体，增强文化自觉和文化自信。积极打造"书香校园"，开展以"经典伴我行"为主题的校园读书节，举办文学读书社团，开设阅读课，编印《采撷》杂志。开展"戏曲进校园"活动，让学生们在学习和实践中领略传统文化的魅力，感受戏曲之美。组织学生参观平原博物院、新乡市史志馆，了解新乡历史，感悟传统文化的魅力。邀请著名箜篌演奏家鲁璐老师到学校讲学，并创建了全国首家中学生百人箜篌乐团、全国首家中学箜篌美育基地，积极推进传统文化教育进课堂，努力将一中打造成全国中小学特色美育的一面旗帜。

六是以河南省心理健康示范校为依托，引导学生变得阳光自信、自立、自强。通过我校特色"七个一"心理健康教育，培养学生良好的心理素质，促进其身心全面和谐发展。根据学生阶段性的心理问题，制定并落实了《新乡市一中校园心理危机预警干预机制实施方案》。心理剧的排演、同伴心理辅导模式的开启、每年一次的"5·25心理健康宣传周"、毕业年级的心理调适讲座，为学生的学习成长保驾护航，获得了学生和家长的广泛好评。

在"适合教育"看来，学生的成长还是需要有更为"适合"的特征。除了少儿班，新乡市一中还高度重视英才学生的培养，试图通过扎实有效的普通高中教育，让更多孩子走进国内外知名大学。对于英才学生的选拔，要有高远的站位，实施科学选材。随着中国特色社会主义进入新时代，中小学教育也进入了由教育普及、教育公平、教育均衡向追求教育品质发展的新阶段。在这一阶段中，学生的成长要高度重视英才培养，这是办好适应新时代需求人民满意学校、形成更高水平的人才培养体系的客观需要，承载着科教兴国和人才强国的历史重任。

新乡市一中的英才学生选拔主要从三个方面考查：一是学生各学科学习水平的全面均衡发展；二是学生的智力水平；三是学生的非智力因素。同时，选拔工作要做好"抓中间，促尖子，平衡后进"，解决好普及与提高的关系，解决好英才与一般学生的矛盾。根据平时的考试和观察，不断发现英才学生，逐渐形成英才学生团队，形成"百花怒放满庭芳"的局面，形成一个动态的循环。此外，还要提高英才学生团队的竞争意识，以免出现"几枝竞秀一树残"的现象。

在选拔之后，更重要的是遵循规律对英才学生予以培优磨尖。新乡市一中的英才教育强调品质优先，长期培养，始终把培养英才学生良好的个人和学习品质放在培优的首要地位。其中，良好的个人品质包括：思想品德良好，能遵守纪律，尊重老师；有远大的社会理想或健康的个人目标作精神支柱；有很强的自尊心、自信心、好奇心和好胜心；热爱科学、追求进步等。而良好的学习品质则包括喜爱学习，有强烈求知欲，注重课外知识的积累，能始终把学习放在最重要的位置；深入思考问题，注意挖掘事物的本质和规律，有一定的钻研精神；上课认真专注，课堂效率高；悟性好，理解能力强，能触类旁通、举一反三；思维活跃，反应敏捷；联想和想象能力强；富于灵感，有超前意识和创新意识；善于对知识分类整理，能建构知识框架，提纲挈领，抓住重点等。这些良好的个人和学习品格，是"适合教育"的体现，能够为英才进一步补短扬长，巩固基础，发展特长，为其取得优异的成绩提供了源源不断的能量，成为他们超越常人的有力保障。

对英才学生的教育，要强调"适合"，绝非以"题海战术"取胜，而是要注重学习指导与心理辅导的同步协调。如果英才学生对同步进行的教学内容学有余力，学校的"适合教育"要及时引导他们扩大视野，拓展知识，积极了解古今中外的文化成果，如文学名著、科技常识、学术动态等。注重方法指导和思想引领。此外，还需要强调的是良好的学习成绩来自良好的心理素质。长期处于激烈竞争中的英才学生，要承受比普通学生更大的心理压力。学校会定期安排对英才学生的团体和个体心理进行疏导，邀请心理教育专家到学校开展讲座，帮助学生克服紧张、恐惧、自傲、自卑、妒忌等不良情绪，树立良好的竞争心态，以期实现"适合"性。

当然，对于心理素质的负担，除了具体课程之外，更有教师的引领与多元手段的介入，使学生的"成长之痛"得到某种缓解。我以新乡市一中东校区2016届28班毕业生司韵茹的回忆为例，略加讨论。

我们是一中东校区的第一届学生，刚报到时东校区还没完全建好，基础设施有待改进。那时的我们，有幸在这里遇到了赵鸿涛老师，高中三年由她担任我们28班的班主任。除了跟随老师学习数学，我们也从赵老师身上学到了很多做人的道理，这对我们之后的成长和思想观念的形成都起着非常重要的作用。

课余时间，最快乐的时光当属全班一起观看《士兵突击》的日子。《士兵突击》是唯一一部赵老师推荐给我们并会在大课间时播放的电视剧，是我们起哄时最爱让老师播放的电视剧，也是对我们影响较大的一部电视剧。看这部剧时，我们总是充满着欢声笑语与感动的眼泪。剧中的许三多从最初的单纯木讷甚至有些胆小懦弱的普通士兵经过不懈努力最终成长为一名出色的特种兵，许三多的成长经历打动了我们所有人，许三多的精神也激励着我们不断前行。印象最深的就是许三多最常说的两句话：第一句是"好好活，就是做有意义的事；做有意义的事，就是好好活"。之后，在我们遇到困难时，我们首先想到不管怎么样，都要好好活着，

适合教育论

只有好好活着，才能做有意义的事情。另一句就是"不抛弃，不放弃"，这句话还曾作为我们班课前大声诵读的口号。于我们而言，"不抛弃，不放弃"意味着不管在学习还是生活中经历多大的困难，都不可以轻易放弃，同时要坚信努力是一定会有结果的。于老师而言，感谢赵老师一直以来以不抛弃不放弃的教学态度对待我们班，即便我们是她教过的入学成绩垫底的班级，她也从未否定过我们，也没有放弃我们班去教尖子生聚集的"燕清班"，这也让我们班的成绩实现了从入校成绩垫底到最终高考成绩优异的重大突破。除此之外，老师在班会总结考试成绩时，也并不聚焦于称赞前几名，而是重点表扬我们班非常努力的同学，这种行为不仅表达了对这些同学的肯定，也在告诉大家持之以恒的心态对于任何事情都尤为重要。

可见，心理素质的教育在"适合教育"理念中有多重表现形态，除了具体的课程之外，教师还要创设环境，鼓励英才学生能够放飞个性。当然，学校也努力创造宽松而紧张、紧张而和谐的人文环境，创造优秀的班级文化。通过各种制度设计，给英才学生提供锻炼的舞台，使他们积极参与到班级管理和学习提升中去；通过组织学生积极参加各类活动，特别是学术和学习交流活动，适当、适时、适量地让他们在学习过程中讲一讲、说一说，锻炼和提升学生的表达和思辨能力。

对于英才学生的教育教学，新乡市一中的"适合教育"也有一整套特殊方法，以实现整体规划，循序渐进。整体看，就是针对英才学生的高中阶段教育要有"适合"意识，做出整体布局，形成"适合"的规划。其中，高一要学生学会"走路"，建立自己的行为规范，培养良好的学习习惯，属"积累"阶段；高二则要学生学会"奔跑"，追求学习的深度、发展的速度，属"深化"阶段；到了高三，则要学生学会"领跑"，做一个追求卓越的人，属"升华"阶段。特别是在高三的三轮复习中，针对英才学生的"适合教育"要提高科学定位能力，明确任务。高三的三轮复习都要有"适合"英才学生的策略与方式，具体如下：

首先，高三一轮复习阶段夯实基础，查找学生的知识漏洞。在平常练习的基础上要让英才学生"吃饱"，既要质量，还要保证数量，使他们对基础知识能够做到理解掌握、熟练应用。而课余时间则要充分利用起来，建立"第二课堂"，给英才学生进行集中辅导，让他能够扩大知识面，增加知识深度，在抓好基础知识的同时，使他们获得熟练的做题技能，养成良好的学习习惯与学术好奇心。在这一时段，也要充分利用专家讲座、学科培训等方式，拓宽英才学生的视野，尤其瞄准清华大学、北京大学自主招生的学生，要参加数学或物理奥赛中的某一科，提前"解锁"大学入门的相关学科知识。这是由自主招生的试题难度决定的。

其次，高三二轮复习阶段抓能力培养。在英才学生对基础知识熟练掌握和应用的前提下，通过各科的专题复习，提高他们的总结、归纳能力。老师们要积极帮助学生对课堂上的知识和方法进行归纳梳理。对于英才学生来说，结构化的知识、系统化的复习和综合化的训练是最为重要的。既要引导他们学会把零散知识变成结构知识，关注知识之间的相互联系，分辨、归类并总结同类知识的特点和内在规律，更要让他们学会将考点知识变成题型知识。

最后，高三三轮复习阶段通过考前模拟，培养学生的应试能力。"适合教育"也强调教育要适合当前国家和社会的选拔机制，要让学生形成最优的应试技巧，主要包括：（1）掌握答题的方式方法，"短、平、快"兼"稳、准、狠"；（2）认真答题，不丢失能拿的每一分；（3）提高书写质量，规范答题。

对于教师来说，与英才学生的共同成长，也是一个彼此进行主体性激活的过程。新乡市一中对此有着相当系统性的经验，概括来说即是"完善细节、全面支持"。这八个字，可以细化为以下八点具体的举措，以"适合"高三阶段的英才学生。

（一）在适合的时候召开高三教师座谈会，邀请上两届英才教育班主任参加，讲经验、谈得失。老师们无私奉献、倾心相助，做好经验的传承。

（二）坚持长期、定期开展"一课一研"教研活动。凝聚集体智慧，聚焦核心素养，深化教学改革，打造高效课堂，精准备课，为质量持续攀升奠定基础。

（三）以"适合"每一位英才学生的发展为旨归，建立《英才学生成长记录》等成长跟踪档案。通过每周例会，使得老师们对每一位英才学生都能够全方位、深入地了解，进而能够让每一位老师都"适合"地对每一位学生进行辅导。

（四）以"适合"为原则，建立英才学生导师制度。借鉴大学研究生教育的导师制，在自愿选择的基础上为优秀学子配备导师，"一人一计划"，对学生进行心理疏导、学法指导、励志教育等，为学校英才学生脱颖而出建立制度依托。

（五）定期召开英才班任课教师的碰头会，加强学生的思想、学习等情况的交流，便于班主任和任课教师随时随地掌握英才学生的情况。在此基础上，教师们以"适合"为原则，调整自己的教学进度，增加教学中的"适合"性与针对性。

（六）通过各种"适合"的方式加强对英才学生的思想教育。例如通过开班会、师生谈话、名校生经验介绍、家校合作等方式，对学生进行思想教育。帮助学生树立信心、增加士气，对学生的成绩和点滴进步充分肯定、充分激励。

（七）任课教师要实现角色的"适合"转换。任课教师要从单纯的知识传授者变为学生学习的引导者、促进者和合作者，给学生足够的自主学习的空间。发挥教师的定向作用和点拨作用，抓住典型内容和典型习题讲解，留出让学生充分总结、训练、思考、疑惑、反刍、感悟的时间。使英才学生成为会学习、会反思、会探究、会总结的具有充分主体性的

"人"，养成良好的自主学习习惯。同时，积极走进学生的心灵，感受其心理变化；适时鼓励和鞭策，及时提出阶段性目标，让学生体会到老师的爱，心存感激，从而愿意与老师密切配合，极尽所能，绽放自我。

（八）试卷重点批改，面批面改。要求英才学生试卷批改时，批注错误原因。以"适合"为原则，根据学科差异，给英才教育班级的学生提供不同学科老师的指导，让各类考试试卷都做到面批面改，并组织相关学科老师根据学生情况定期谈话。

经过这些有序的环节和有针对性的"适合教育"，新乡市一中在近年来涌现出一大批品学兼优的优秀学子：高考前勇斗歹徒被清华大学破格录取的张亚超；深夜勇闯火场救火，保护人民生命财产安全的谢潇文；拾金不昧、品德高尚的新时代好少年李世炜、吕若凡；主动搀扶摔倒路人，做好事不留名的何森林……他们用实际行动践行着社会主义核心价值观，弘扬了社会正能量，显现出"适合教育"在中原大地的生动成效。我且以一位普通学生的成长案例，来说明"适合教育"之于学生成长的关切与重要性。

李欣然同学，2017 年以分配生身份进入新乡市一中老校区的普通班就学。入校后，他学习刻苦，成绩优异，在文理分班时进入直升班，在高二下学期又顺利进入了"燕清班"，并于 2020 年顺利被北京大学录取，成功实现三级跳。这位同学最大的特点是刻苦努力，专心致志，除了完成老师布置的作业，他还会做很多自己买的卷子，对老师讲的东西、布置的任务总能够超标准完成。高三时，学校特意请了北京的专家来给学生讲高考中的难点突破。那位专家给学生们印发了讲义，不过，那份讲义题目多，难度大，大部分学生听讲座前把会写的题目做了，然后听专家讲完就结束了这一学习过程，很少有学生在讲座结束之后还保留讲义，认真对待。而李欣然就是其中之一。那次的讲座结束后，他重新将每一道题都认真做了一遍，有的还用多种方法来解决。他的认真感动并带动着班里的其他同学，很多人都在他的激励下，也开始重视那份讲义。

适合教育论

李欣然来自农村，生活简朴，衣着不讲究，平时住校，很少回家。高三上学期的秋天，天气突然变化，气温骤降，他还穿着夏天的半截裤。班主任看到了，主动了解情况才知道，他的厚衣服还在家里。于是，班主任把自己儿子的衣服拿给他穿。这种师生一体的相互激发，就显现出"适合教育"的重要特征。还值得一提的是，李欣然积极乐观，刻苦努力，情绪稳定，是一个很让老师省心的孩子。所以，班主任和学校对他的关心多是默默地观察，及时鼓励和包容。这样的学生，在"适合教育"的激励下，很容易就显现出其英才的特殊性。

其实，每一位学生都有其"特殊性"，"适合教育"就是要让每一位学生的特殊性都有机会得到珍视。在"适合教育"看来，一所好学校就是让每一个人，无论是学生还是老师都能施展才学、增益能力的"境场"，每个人都能得其时位、有其坐标。新乡市一中的追求愿景就是办这样的"好学校"。同时，让"适合教育"的理念能够通过一所好学校向外传递，实现所有"好学校"在适合之中的联合。

在本节的篇末，请允许我援引一篇比较长的文字，来说明一下新乡市一中倡导的"适合教育"是如何在学生成长过程中发挥出迷人的魅力，并将这一魅力持续、稳定地向外、向下传递的。这是新乡市一中2022届毕业生姜莱的一篇名为《夏日的回想》的文章，她是一位普通的新乡市一中校友，又是"适合教育"的见证人。

高高的铁栅栏两边，一边是我现在所在的学校，另一边是一所高中。

那所高中正在举行高考百日誓师大会。我从铁栅栏经过，望向那边的高三学生们。一年前，我也是这样站在操场上听着慷慨激昂的演讲，梦想着激动人心的未来——百日誓师大会意味着我们只剩下一百天的时间，但也意味着我们还有一百天的机会和一百天的希望。我们挤挤攘攘地乘着大公交车，去往南校区进行成人礼暨百日誓师大会。车里的座位有限，但并无争抢，男生都将座位让给了女生。一辆辆满载学生的车接连驶出校园，吸引来正在入校的其他年级学生的目光，他们似是羡慕，但又不明所以，互相窃窃私语；亦有性格大胆的，扯着嗓子问："你们干什么去呀？""高考百日誓师大会！顺便补一个成人礼！"

一路上，车里唧唧喳喳，嘻嘻哈哈。有人在南校区待过，分享自己在南校区的经历，介绍在那里认识的朋友；有人聊着家中哥哥姐姐曾经参加誓师大会的情景；也有人看着车窗外的光影，发着呆，和身旁人有一搭没一搭地聊天说话；还有人靠着窗，看街上人来人往，车水马龙，东南西北各自向着自己的方向前行，男人女人，老人小孩，都在与自己即将去往的地方不断接近。

我的思绪很乱，我初中的老师告诉我们，永远把今天当作上学的第一天，永远把明天当作中考的那一天。那么现在高考也一样，要永远保持第一天上学时的精神劲儿，永远保持高考前一天的紧张感。可是现在，我的成绩平平。自我反思，我确实没有做到全身心地投入学习。我让自己的穿着打扮朴素，不炫耀不攀比，可每当看见那些打扮得漂漂亮亮的姑娘还是忍不住遐想一番，十分羡慕，十分喜欢；我的圈子很小，从不在社交上浪费时间，但看见别人能有一堆朋友相随，也会有些渴望，幸好我身边的朋友虽少，但她们都很珍惜我；我不会故意迟到早退旷课，不会不写作业，不会和老师赌气争吵，一切的一切都是中规中矩，普普通通，几无波澜，平淡如水。没有那股激情，实在是有些失望。爸爸曾经对我说，优秀的人很多，但这个世界上更多的还是普普通通的人，失望是因为对自己期望太高。如果自己能够接受自己的平庸，这辈子照样能好好过，只要自己甘心。

怎么会甘心呢？

到南校区了，车停下，我们陆续下车，排队到达操场班级指定区域。此时操场上热闹非凡，不少人看到了自己许久不见的朋友激动地互相招手。在会上，每一个人都认真地听着台上的演讲，像是一朵朵即将绽放的太阳花。每一位老师像是园丁，为了我们这些太阳花的绽放浇水施肥。当讲话和节目表演结束后，各个班依次举着班旗和横幅，走过成功门和成人门。高考前的最后一段冲刺随着同学们的一声声口号正式开始。

接下来的每一天，几乎都是处在考试，讲卷子，整理错题，再考试的循环当中。可分数大都不太尽如人意，总觉着下次考试会升高一些，可成绩却是稳定得出奇。还要继续挣扎吗？当然！不到最后一刻，就不会成为定局，一切的一切都还有可能。"最后的一百天将是你们度过的最快的一百天。"生物老师这句话实在是真实。考试的日子渐渐临近，我们也越来越焦虑。小小的瞌睡虫总是不识时务地缠着我们，似铅块沉重的脑袋你一低我一沉。风油精更多不是用来涂抹蚊子叮咬的红包，而是用来驱赶我们的瞌睡虫。教室里充斥着的风油精的气味，在空气中凝结成无形的四个大字——打起精神。老师们尽心尽力，他们不放弃任何一个同学，无论成绩如何，都不遗余力地给予帮助，毫不吝啬地给予鼓励。师生团结一心，共同度过这段辛苦而又充实的奋斗时光。

6月的太阳已经开始逐渐毒辣起来，学校周围的路旁有很多临时的小棚子为高考生服务。几乎是全社会的人都在为我们提供便利，即使是素不相识的人，在得知学生要高考时，都会由衷地送上祝福。考场里我们奋笔疾书，家长们在校外焦急地等待。尽管他们看不见自己的孩子，但他们还是望着那个方向，默默为孩子们祈祷着。一声尖锐的哨响，考试结束了，三年的高中生活也随之闭幕。学生们一个个奔出考场，像是凯旋的战士，挥舞着胜利的旗帜。不论最后的分数如何，我们终于能够好好休息一下，看一下外面的风光。

高考出分那天，一直等到半夜12点。爸爸抱着电脑去里屋查分，我就待在客厅，尽量让自己保持平静，我已经感觉不出来是害怕，还是紧张，抑或二者都有。我只能趴在沙发上，把脸藏在手臂里。在这之前，我秉持着严谨的态度估分，估出的分数过不了本科线。我不敢往高了估，怕分数出来落差太大叫人失望。我把头埋在沙发里哭，直到爸爸在里屋里喊："好消息！好消息啊！过线了，过了二本线了！"我猛吸了好几口气，勉强抬起头，心中五味杂陈。没想到我竟然过了二本线！激动让我无法入眠，躺在床上想着高考前的每一天。虽不是轰轰烈烈，但我在认真学习，认真生活。志之所趋，无远弗届，穷山距海，不能限也。我坚持到了最后，我没有因为各种不如意而放弃；我坚持到了最后，写过的每一道题，做过的每一张卷子，熬过的每一个夜，都化为闪闪的勋章，在我的生命里熠熠生辉。

我扭头望向铁栏杆的那边，这所高中的誓师大会已经结束了，操场的广播里放起了《剩下的盛夏》，歌声回荡在他们的校园里，回荡在他们正在奋斗的日子里，也回荡在去年那个夏天，那段流金岁月。

（二）潜能之实："适合"的科学性

"适合教育"本质上是重视学生潜能的教育。前文在讨论多元智能理论时，已经提出教育要关切人的潜能，而这种潜能本质上乃是教育的科学性之显现。新乡市一中倡导和坚持的超常教育实验，就是这种科学性的证明。说到超常教育，社会上有不少误解。《光明日报》曾以"超常教育，出了什么问题？"为题，对重视潜能培养的超常教育做了比较深入的报道。在这篇报道的开篇写道：

超常教育在萎缩。30 年来，我国超常教育从热炒变成了"民间游击队"，大学少年班从高峰时的 13 所下降到目前的中国科技大学和西安交通大学 2 所，而中学少儿班坚持下来的也很少，目前仅剩 10 所左右。

而另一方面，国家对拔尖创新人才的需求却求贤若渴。据统计，我国科技人才资源总量已超过 4200 万人，居全球第一，但高端科技人才全国仅 1 万人，能进入国际前沿的世界级大师更是凤毛麟角。[①]

应该说，这位记者的视角是敏锐的，观察是深刻的。很多人以为超常教育是"拔苗助长"，是对人才的"毁灭"。他们并没有看到，在科学的教育规律和理论指引下，中国的超常教育培养出了一大批优秀人才，为人类社会发展作出了积极的贡献。新乡市一中重视"适合教育"，而超常教育本身就是"适合教育"的题中之义。对于超常人才（英才），就应该有适合他们的教育。除此之外，新乡市一中更是一向重视学生的综合素质培养，为学生的终身发展负责。作为有着八十多年历史的老校，它走出一条属于自身特色的"适合教育"之路，也有着与"适合教育"相匹配的文化底蕴和规章制度。孔子像、老校门、开放式的校史馆赋予了新乡市一中独特的"适合"文化内涵。这是一种基于科学，又强调人文的独特"适合文化"。置身一中诺贝尔广场，可坐在爱因斯坦旁边，亦可与钱学森为伴。新乡市一中的校园文化体现着"文化传承与思想引领的统一""氛围熏陶与内涵滋养的统一"。

凡此种种，都与"适合教育"有着密切的关系，也与学校试图发掘学生的潜能，激发学生的主体性与能动性有着密切的关系。

---

① 王庆环：《超常教育，出了什么问题？》，《光明日报》2011 年 10 月 26 日第 7 版。

1. 新乡市一中的"潜能"发挥及其历史

一个人有其"潜能",一所学校的发展也有其"潜能"。在我看来,新乡市一中的潜能得以发挥的原因之一就是创建了超常教育实验的"少儿班"。

创办"少儿班"是新乡市一中发展史上的一件大事。孟子说:"君子有三乐,而王天下不与存焉。父母俱在,兄弟无故,一乐也;仰不愧于天,俯不怍于人,二乐也;得天下英才而教育之,三乐也。"(《孟子·尽心上》)这位两千三百多年前的亚圣,把培育英才,视为人生的三大乐事之一。

培育英才是每一位教育者应尽之责,特别是在社会急需英才的环境中,更要有迅速培育英才、高质量培育英才的意愿、能力和勇气。在刘玉敬校长五十多年的教育实践中,如何培养英才,始终是推动他不断求索的动力,萦绕心头的梦想。

20世纪70年代末,我国开始改革开放。当时正值"文革"刚刚结束,百业待兴,人才奇缺。在这一背景下,邓小平同志提出要"早出人才,快出人才,出好人才"。随后,中国科技大学开设了少年实验班;全国不少高中也开设了少儿实验班,为有天赋、有潜能、智力超常的孩子修建一条超常发展的快速通道。

其实,早在1968年,毛泽东同志就提出"学制要缩短,教育要革命"的理念,但是,在那一特殊时期,这一理念并没有得到制度上的落实。时至今日,全国基础教育仍然实行的是传统的整齐划一的教学模式。

整齐划一模式,千人一面标准,"一二一"齐步走的教学机制,其实是诞生于工业时代的所谓"现代学校制度"。而进入后工业时代,这种教育模式的弊端就出现了——优异学生"吃不饱",困难学生"消化不了"。如果不许优异学生跳级、走班、低学段学高学段、弹性学习、提前毕业,就不是我们所认为的"适合教育",就是"压苗阻长"。

所谓"压苗阻长"是与"揠苗助长"相对的，它无视优异学生的天赋，扼杀优异学生的灵性。而对于教育来说，"适合教育"就是要兼顾基本学制下的公平均衡教育与创新学制下的分段培养英才优质教育，二者缺一不可。

真正好的教育应该既反对"拔苗助长"，也反对"压苗阻长"，倡导自然成长。所谓"自然"，就是人在"适合"的教育环境中与人文语境中，得到充分从容的成长。因此，十分有必要为优异学生铺就一条成才高速路，这既符合优异学生的自然成长规律，也符合当时国家对杰出拔尖人才培养战略的需要。新乡市一中作为一所普通高中，基于以上理念，在 1989 年率先尝试对超常儿童的英才教育实验，迄今已有三十四年。

回忆当时的场景，刘玉敬校长说："世上很多事情，都是想起来容易，做起来困难。要把校长一个人的想法，变成全校的工作决策，需要走一段很长的路。"据说，第一次研究建立少儿实验班的校长办公会上，刘校长说了自己的个人想法之后，在座的校领导纷纷提出了一系列问题：有没有现成的教材？高中的老师能不能适应小学生的教学？教育局允许不允许一中直接从小学招生？如何把真正超常的小学生选拔出来？如何对少儿班进行有效的管理？少儿班的学生如何与中招和高招衔接？如果有学生跟不上少儿班的正常进度如何分流？……

面对这一大堆的问题和困难，到底该怎么办？刘校长说："要么就此作罢，知难而退；要么知难而进，迎接挑战。我选择了后者，因为，我坚信天下无难事，只怕有心人。"其实，在新乡市一中创办少儿班之前，北京八中就已经在 1985 年创建了超常教育实验班。刘玉敬校长和其他校领导商定，决定前往北京八中参观学习。没想到，北京八中不仅毫无保留地介绍了他们创办少儿班的经验，还表示对新乡市一中创建少儿班的工作给予全方位的指导和支持，这大大提振了新乡市一中创建少儿实验班的信心。于是，参照北京八中的做法，新乡市一中向新乡市教育局提出书面申请。面对这样一个涉及面很广的教育实验项目，新乡市教育局研究后，没有给出确定意见，而是要求新乡市一中向当时的河南省教委（即今河南省教育厅）汇报。按照市教育局的要求，新乡市一中对申请书做了修改以后，呈报给了河南省教委。省教委在回复中只是指出申请书中的一些环节不清晰，但并未给出明确答复。

面对这种情况，是继续向前推进，还是就此善罢甘休？刘玉敬校长又带领着学校同仁，毅然选择了前者。经过向河南省教委请示，学校决定就这一项目召开专家论证会。省教委同意之后，新乡市一中邀请省内外的知名教育专家，在当时的豫北宾馆召开了长达五天的专家论证会，这足以看出当时省市教育部门领导以及新乡市一中领导班子，乃至社会各界对这一新生事物的重视。在论证会上，专家们对申请书涉及的 20 多个环节中的具体问题，一一进行了深入细致的讨论。时任省教委基础教育的分管领导汤瑞祯副主任、基础教育处的马振海处长等都亲临会场，认真听取了与会专家们全面而详细的汇报。最后，专家们一致认为：该项目从理论上看站得住脚；从人才培养上看，非常需要；从实际操作上看，挑战性与可行性并存。

在听取了专家论证的意见以后，河南省教委明确表达了将河南省少儿实验班放在新乡市一中，由新乡市一中予以建设的支持性意见。当时的批文明确写道："经研究，请示省教委，同意一中开办一个班的少儿班。"那一天是 1989 年 3 月 25 日，对新乡市一中来说是一个具有历史纪念意义的日子。

新乡市一中的少儿班，就这样开起来了。由于少儿班的学生来自小学四、五、六年级，与高一的学生年龄相差少者三岁，多者五岁，同班同学在教育教学、活动安排、生活管理等各个方面都存在比较大的差异。这就为学生管理和教育教学带来了很大的困难。为了把河南省教委对全省唯一的少儿实验班的工作要求落到实处，新乡市一中特意抽调了有开拓进取精神、有丰富管理经验、有较强业务水准的学校中层干部组成了少儿部，建立了对实验项目全权负责的管理部门。

在少儿班教师的选择上，主要考虑以下几点：一是优先选在高中教学中已经具有两轮"大循环"经历的老师；二是优先选做过初中教学工作的老师；三是优先选在学生心理辅导方面具有一定经验的老师；四是优先选比较重视学生兴趣、习惯培养的老师；五是优先选性格外向，风趣幽默，适合与小学生沟通交流的老师。按照这一选师思路，学校很快选出了几位可以胜任少儿班教学的老师。但是，到了真正要确定人选时，出了问题，老师们都不愿到少儿班教学。事后了解，当时部分老师想的是，到了少儿班之后，失败的风险与教学的压力同步剧增。此外，还有不少老师认为自己对教小学生丝毫没有经验，不如教高中学生驾轻就熟。在这种情况下，学校征得市教育局的同意后，从外地及外校调入一批老师，专门用来充实少儿班师资库。

解决了师资问题，真正难的是少儿班的招生。这是一个十分令人头痛的问题：如何把成绩好、智商高、有天赋、有灵性的孩子选拔出来？这光靠眼光或感受，是不靠谱的，必须找到一条可行的路径，使人才不至于被埋没。为此，新乡市一中新成立的少儿班师资团队再次走访了北京八中，并多次到北京师范大学心理学研究所咨询，确定了三方面的选才考查重点：知识类测试、智商类测试、情商类测试。据此，当时的校领导确定了招生分三步走的方案：

（1）初试：知识类测试。相对来说较为简单，考查孩子对知识的掌握及解决问题的能力水平，基本上用的是传统的考试方法。（2）复试：智商类测试。对通过了初试的孩子，进行团体测试。测验一共由60题组成，分为5组，每组12题，由易到难排列，全部是图形填充题目。（3）试读：情商类测试。通过试听课，观察孩子的专注力，视听能力，记忆能力，想象及思维能力水平，并由观察员老师，做出详细记录。此外，还用韦氏测试工具，对每个孩子进行一对一的包括常识、填图、类同、图片排列、算数、积木、词汇、拼图、理解、译码、背数、迷津等

· 113 ·

12 项能力综合测试。

通过三次筛选，学校第一批选拔出了 36 个孩子。其中，9 岁的 3 人，10 岁的 9 人，11 岁的 24 人；来自小学四年级的 8 人，五年级的 10 人，六年级的 18 人；智商在 109 以下的 4 人，110 至 119 的 10 人，120 至 129 的 17 人，130 至 136 的 5 人。这 36 名学生组成了新乡市一中"1989 级超常教育少儿班"，新乡市一中就此开启了河南省超常教育项目实验。而首届少儿班孩子入学后，用了两个月的时间将小学的课程补齐，用了两年时间学完了初中三年的课程。 1991 年，他们参加了全市统一中招考试，全部达到省、市重点高中录取分数线，其中 7 人达到省重点高中录取分数线。在 1991 年的初中数学，物理，化学，计算机全国及省、市级的竞赛中，共有 20 位同学取得全国、省级一、二等奖。以上数据说明，新乡市一中探索高效育人途径的实践，开局不错，取得了显著的阶段性成果。

在进行教育教学大胆探索的同时，新乡市一中对每个孩子，进行了认真详细的个案分析与研究，得到了一些具有启示作用的结论。比如，一般认为智商高的孩子必然学习成绩好。但在跟踪过程中，我们发现孩子在入学前测出来的智商高低，与入学后的学习成绩并不具有正相关性，而是呈现出复杂相关性。入学时智商高的孩子，入学后学习成绩有下降的；入学时智商低的孩子，入学后学习成绩有明显提升的。进一步研究还发现，孩子智商高低与学科的关联度也不相同。相比较而言，智商高的孩子，理科成绩相对较好，而智商的高低与体育学科成绩几乎无关。进一步跟踪观察，又发现，与孩子学习成绩直接相关的因素，是孩子的学习能力，具体来说就是直接参与学习过程的注意力、视听能力、记忆力、想象力、思维能力这五种能力，其综合水平不仅决定了孩子的学习层次、学习方式、学习效率，还决定了孩子的学习成绩。但是，随着跟踪观察的延续，发现学习能力相近的孩子，学习成绩仍然存在较大差距。原因在哪里？实验发现了影响孩子学习成绩更深层次的因素，即情绪、兴趣、习惯。可以说，这些因素对孩子学习潜能的发挥，起着重要的调控作用。愉悦的情绪、浓厚的兴趣、良好的习惯，对学习能力起着倍增作用。反之，则会大幅度衰减。

上述跟踪、观察、记录、调查、研究的过程，使我们加深了智力因素与非智力因素对孩子学习效果的影响及作用规律的认识——学习能力比学习成绩重要；学习情绪、兴趣、习惯比能力重要；非智力因素比智力因素重要。这就提示我们一般教育工作者在注重教学，关注知识传授的同时，要更加关注对学生学习能力的培养，以及学习情绪的疏导，学习兴趣的激发，良好习惯的训练。

此外，个案跟踪了解孩子成长轨迹，向前追溯到了小学及学前。实验发现少儿班特别优秀的孩子，他们的学习能力、心理素质、行为习惯的基础，都是在六七岁之前就奠定的。正如近代著名教育家陶行知先生所说："凡人生所需要的重要习惯、倾向、态度，多半可以在六岁以前培养成功。换句话说，六岁以前是人格陶冶最重要的时期，这个时期培养得好，以后顺势培养下去，自然成为社会优秀分子；倘是培养不好，那么，习惯成了不易改，倾向定了不易移，态度决了不易变。这些儿童升到学校里来，教师需费九牛二虎之力去纠正他们已成的坏习惯，坏倾向，坏态度，真是事倍功半。"显然，从近处说，优异学生的培养需要从娃娃抓起；而从远处讲，杰出、创新、拔尖人才的培养，依然需要从娃娃抓起。

在20世纪新乡市一中进行的超常教育实验中，有两位学生的个案值得分析。一是首届少儿班里的付华。她小学四年级时被选拔进入新乡市一中的少儿班，经过四年的学习，于1993年参加全国理工类高等学校统一招生考试，取得了语文单科成绩新乡市第1名，总分第12名的优异成绩。她在少儿班的四年时间里，学习了小学两年、初高中六年的课程，相当于连续四次跳级。最终，付华在不足15岁的年龄，以骄人的成绩，考入浙江大学深造，这是常人望尘莫及的。经过了解她的成长轨迹发现，入学前她就受到了优越的早期教育，奠定了良好的学习品质和人格品质基础。她不仅具有积极的心态、愉悦的情绪、坚忍的意志，而且还有超强的自学能力、理解能力、思考能力、记忆能力。课堂上，她能将注意力的专注、分配、转移恰到好处地支配，自学进度往往比老师的教学进度快一倍多。这是她能在四年时间里完成八年的学业，而且能取得优异成绩的秘密所在。

另外，1996级少儿班学生何碧玉更是创造了河南省高考的奇迹。当年，10岁8个月的她，进入少儿班学习。2000年参加高考，便以标准分九百分的满分成绩，荣获河南省高考理科状元，被清华大学生物科学与技术专业录取。高考以后，在接受媒体采访时，她说："我和别人相比，就是自学能力比较强，上小学的时候，因为学校没有英语课，所以让父母买了一套北京的小学英语教材，课余时间我就会记单词，听磁带。上了少儿班以后，我依然坚持自学，初中开始学高中的课，高一就学完了高中阶段必修课的知识。"何碧玉同样是用四年时间学完了八年的功课，还创造了河南省高考的神话，其秘密就是从小奠定了良好的学习品质基础。

经过多年研究，新乡市一中的超常教育实验生动地说明了无论是培养优异学生，还是培养杰出创新拔尖人才，都需要从娃娃抓起，都需要在入学前受到良好的早期教育，奠定良好的品质基础。如果没有这些从小奠定的学习品质及人格品质基础，孩子也就失去了超常发展的根本内因；当然，如果没有少儿实验班的实验，孩子也就失去了超常发展的外在条件。实践证明，只有把二者很好地结合起来，以"适合教育"的方式展开有针对性的"教育"，才能够为有天赋、有潜质、智力超常的孩子铺设一条缩短学制，快速成才，超常发展的高速路。

上述文字主要是刘玉敬校长的回忆。他是我敬重的老领导，也是一位教育专家。从一中退休后，他始终关注教育，心系一中，为一中高位持续发展、建设全国一流名校建言献策、献计出力。2020年，在新乡市一中建校 80 周年到来之际，刘玉敬老校长出资 2.7 万元，为新乡市一中捐建一座孔子雕像。他说："捐建这座孔子雕像，是我对一中 80 岁生日的深切祝福，同时，也更希望一中全体教职员工立德树人，争做当代教书育人的'圣人'。"目前，这座孔子雕像就矗立在老校区图书馆大楼南门，主体像高 2.2 米，底座高 0.8 米，雕像和底座均采用汉白玉雕刻而成，通体上下洁白无瑕。孔子雕像面南而立，与学校图书馆、田径场前后呼应，相得益彰，成为一中校园文化的又一重要景观和精神文明教育的重要场所，激励师生学习先贤圣哲，传承中华优秀传统文化。其实，刘玉敬老校长不只是捐建一座象征了"万世师表"的孔子像，自 2014 年以来，他每年均会捐资 1 万元，用于奖励一中品学兼优的学子。2019 年，新乡市一中少儿部成立 30 周年，刘玉敬老校长曾捐赠工艺品一件，以示庆贺。在刘校长身上，我分明看到了一种与学生共同成长的教育家情怀。他不仅是"适合教育"的先行者，也是启发者。有了刘玉敬校长这样的教育专家作为新乡市一中发展的"潜能"，我们更能看到学校教育早期培养拔尖创新人才之希望。

2. 新乡市一中的"潜能"现状及其科学性

前述新乡市一中少儿班（即河南省超常教育实验班）的历史，自 1989 年创办，至今已走过 30 余载。三十而立，超常教育正芳华。伴随中国超常儿童教育的发展，新乡市一中超常教育一直没有停止探索的步伐，始终坚守为培养杰出人才做准备的初心，逐步走出一条有扎实根基、有特色内涵、有创新实践的中学超常教育之路。回顾其发展历程，可以看到新乡市一中的"潜能"就在这一过程中得以发挥，虽然历经曲折起伏，面临困难与挑战，但是始终致稳前行，有艰辛也有荣耀，有付出更有收获。梳理 30 余年的发展历程，大致可归纳为三个阶段：一是创设探索阶段（1989—2000 年），这个阶段面向全省招收小学 4—6 年级学生，共七届 7 个班（每届一个班）264 名学生，前五届为四年学制（初中两年，高中两年），第六、第七届为4—5年弹性学制。二是发展创新阶段（2001—2011年），这个阶段面向全省适时扩招，以六年级学生为主体，也有少数五年级优秀学生入选，共招收十届，前三届每届2个班，之后七届为4个班（其中，2005年6个班），学制五年。三是完善规范阶段（2012年至今），每届稳定在120人左右，4个班，每班30人左右，小班化教学。受招生政策影响，2012—2015年实行推荐式报名，2016年起实行开放式网络报名，学制五年，面向全市招收六年级毕业生。

新乡市一中的少儿班是"适合教育"的样板与典范。其中，真正的难点是"适合"之初，应该如何对超常儿童进行鉴别与选拔。"潜能"的发挥，需要程序化、标准化、科学化。可以说，无论任何地方的中学超常教育，鉴别与选拔都是难点，也是重中之重，是必须首先面对和解决的问题。创办初期，新乡市一中学习北京八中的做法，注重学生两方面的素质评价：一是多元智能中学生超常的学科认知和学习能力；二是非智力因素，注重考查学生的兴趣、动机、合作等非智力因素。那时候，采取的三步走招生选拔办法，在前文刘玉敬校长的回忆中已有说明。

而随着报名人数的增加，当时新乡市一中超常教育的选拔以笔试筛选为主：将以前考查手段能使用试题形式呈现的，就融进试卷中，同时加强试读环节，重点考查学生的综合素质、思想品质和接受新知识的学习能力。通过课堂学习、独立实验、课后作业的完成过程和质量、文娱和体育活动、自由活动等的观察，由老师"一生一案"做好记录，全面客观评价学生的状态。

从2016年开始，我们利用互联网技术，采取开放式报名方式，在自荐的基础上，通过审核、面试，择优确定对600名学生进行考查。最终录取了适合超常教育的120名学生。初步形成了"自荐＋电脑量表评价＋多维互动面试＋展示与考查"的选拔模式。通过由各方专家与学校超常教育一线经验丰富的教师，结合国内超常教育成果，共同设计的局域网机选评测和专家多元智能面试，初步筛选出准资优学生，然后通过集中封闭性展示与考查环节对初选学生进行智力水平、学习能力、体能、心理素质及艺术修养等方面的综合考查。从近几年的实践看，这样选拔出来的学生入学后表现优异，社会和家长反映良好。这也证明了这种方式公平公正、科学精准，达到了程序化、标准化、科学化的目的，有利于选拔出真正适合进行超常教育的儿童，也使超常教育的实验有了最为基础的"适合"根基。

对上述选拔方式进行研究，可以看到科学的选拔机制为鉴别超常儿童提供了有力保障。简单说，这一选拔机制背后有着深刻的"适合教育"指导思想，即要在多指标中、动态中、实践中、全面平衡之中考查，归纳如下：

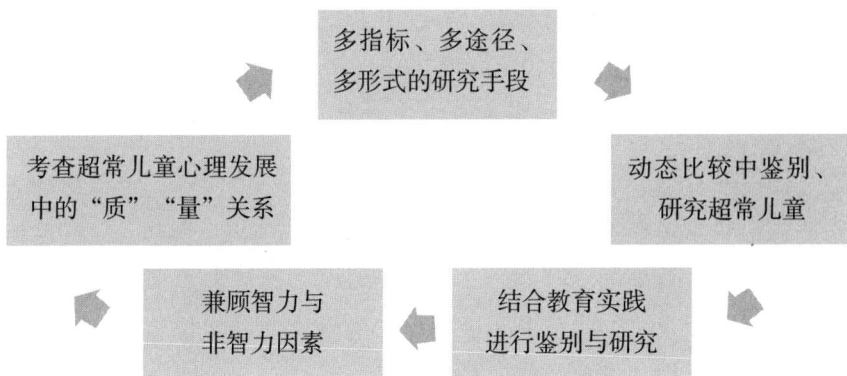

多指标、多途径、多形式的研究手段

动态比较中鉴别、研究超常儿童

结合教育实践进行鉴别与研究

兼顾智力与非智力因素

考查超常儿童心理发展中的"质""量"关系

值得说明的是，这一指导思想的基础，仍然是多元智能理论。根据这一理论，儿童的智能发展是多元的，才能主要有八种：语言、数理逻辑、空间、运动、音乐艺术、人际交往、内省和自然。而超常儿童的某些智能特征表现更为突出，因此，也至少有8种类型的超常儿童，需要在鉴别中予以特别注意。

1	语言能力超常的儿童	5	音乐艺术能力超常的儿童
2	数理逻辑能力超常的儿童	6	人际交往能力超常的儿童
3	空间能力超常的儿童	7	自我反思能力超常的儿童
4	运动能力超常的儿童	8	对自然界的领悟能力超常的儿童

选拔入校之后，对超常儿童的培养还需要有"适合"他们的超常规措施和方法。国际上针对智力超常儿童的培养措施主要包括"加速式教育"和"丰富式教育"两种方式。科学家对分别处于"加速式教育"和"丰富式教育"条件下的1700多名以色列智力超常儿童进行了研究，发现后者表现出更积极的自我概念、更高的主观幸福感和更低程度的测验焦虑。这一研究结果表明，"丰富式教育"更有利于促进智力超常儿童情感和社会性的发展。学校对上述两种教育模式进行了深入论证，决定扬长避短将二者进行融合，在少儿班"加速式教育"过程中融入"丰富式教育"。经过数十年的发展，新乡市一中的少儿班逐步建立了以"智育领衔、多元融合"为目标的课程体系，形成了学科课与实践课、综合课与分科课、必修课与选修课、理工课与艺术课的"四个交融"。在课程设置上，新乡市一中的少儿班始终做到两个"坚持"：一是坚持文理融合。科学与人文的结合对学生思维的发展至关重要，科学创新不仅靠逻辑思维，也依赖形象思维、大跨度的联想与想象。同时培养学生独立思考、逻辑推理、信息加工、学会学习、语言表达和文字写作能力。二是坚持智、体结合。智是建立在健康的体魄上的，体是物理存在，没有体健何谈智优。因此，我们在多年的超常教育实践中，始终重视和强化体育教学，开展体育选项教学，做好体质达标，培养学生终身锻炼的习惯。

除了开足国家规定的普通初、高中应开设的必修和选修课之外，学校有计划地针对少儿班开设了一些校本课程以拓宽加深学生所学知识，培养他们独立思考的能力、自主学习的能力和创新能力。少儿班以丰富的德育课程为根基，培养学生家国情怀；以丰富多样的社会实践课程为拓展，培养学生的综合素养；以知识产权教育和《设计思维》课程为载体，培养学生创造力。这些课程可分三个维度：

第一维度是德育。德育为先，要通过课程充分挖掘学生非智力因素潜能。学界研究发现，在教育过程中，非智力因素的培养和智力因素的培养同等重要，教育既要"解惑"更要"授道"，注重的应是学生的综合素质的培养。根据非智力因素对心理活动的调节范围以及对学习活动直接作用的程度，可将非智力因素划分为三个不同层次。第一层次主要是指学生的理想、信念、世界观。这属于高层次水平，对学习活动具有广泛的制约作用及持久的影响。第二层次主要是指心理品质，如需要、兴趣、动机、意志、情绪情感、性格与气质等。这些属于中间层次。它们对学习活动有着直接的影响。第三层次主要是指学生的自制力、顽强性、荣誉感、学习热情、求知欲望等。它们是与学习活动有直接联系的非智力因素，对学习产生具体的影响。这些因素充满活力，对学习的作用十分明显。

注重非智力因素在超常教育中的重要价值，德育为先，成人成才并重，先做人后做学问是少儿班一直坚守的育人理念。少儿班以培育和践行社会主义核心价值观为引领，坚持立德树人，建立健全少儿班德育工作室，强化对学生一日常规的习惯教育，推进少儿班"学生思想道德发展系列教育"，帮助学生树立崇高的人生信仰、坚定的成才志向，形成强大内驱力。坚持开展传统文化教育，开设国学经典课程，开设少儿班大讲堂，对学生进行人伦教育、修身教育、人格教育。同时，开设扎实的心理教育课程。针对超常儿童大多数年龄小，学习任务重，抗挫能力弱，心理压力大等情况，学校专职心理老师联合相关专家为学生做心理测试，对学生个性特征、情绪倾向进行量化和评估；每周开设心理课并设立心理疏导室，及时对学生进行心理疏导干预；召开主题班会，心理课教师经常与学生沟通交流，对学生提出恰当的期望和科学的指导，及时解决学生思想问题，教会学生疏导情绪，保持健康的心态。

第二维度是综合素质。综合素质培养为重，少儿班要拓展出丰富多彩，与时俱进的社会实践课程。目前少儿班开设的各种社会实践课程，都尽可能凸显校内校外相结合、研学与体魄锻炼相结合、励志与深度体验相结合的特点。学校为少儿班发展完善了校外教育基地的设置，让活动的开展课程化、常态化、制度化：进企业，下农村，驻部队，入高校，30公里远足拉练，博物馆、科技馆等都留下了少儿班孩子的身影。开放性的教育模式磨炼了学生的意志，开阔了学生的视野，激发了学生探索自然、社会奥秘的兴趣，培养了学生的动手能力、合作意识、团队精神。这些社会实践活动为不同年龄阶段少儿班学生的心智成熟提供了很好的帮助，为他们观察自然、了解社会提供了最丰富的学习实践资源和机会。

第三维度是好奇心。好奇心是主动学习的起点，"适合教育"必须高度关注学生的好奇心，以好奇心培养为切入点，深入开发创新课程。早有研究指出，好奇心是创造型人才的重要特征。呵护少儿班孩子的好奇心、求知欲是培养创造力的关键。学校自2014年成为河南省知识产权普及教育实践基地，并在少儿班开设知识产权教育课程，鼓励单科突出的学生或者有兴趣特长的学生可以在老师指导下自修，学校创新实验室、机器人室可以专门为学生提供实验操作机会。在此基础上，学校鼓励学生积极申报国家发明专利，迄今已有数十人次获得国家专利证书。少儿班学生代表队在国际青少年科技创意大赛、机器人大赛等赛事中多次获得特等奖或一等奖的好成绩。2017年，学校还引进了斯坦福大学的设计思维课程(Design Thinking)，它分5个步骤引导孩子以"人的需求"为中心，通过团队合作解决问题，获得创新。少儿班聘请硅谷零一社的专业老师授课，课程的核心是教会学生设计思维的步骤并将设计思维运用于解决问题中。设计思维所倡导的是一种基于态度、思维，和与人沟通方法上的思考，贯穿在 5 个步骤中，通过小挑战，去改变学生的思维方式，让孩子们更懂得如何在团队中与人合作。

新乡市一中超常教育探索迄今已经取得了丰硕的成果。在许多国家都把培养拔尖创新人才作为提升国际竞争力战略选择的今天，超常教育体现了人才的特殊性和对特殊人才培养的针对性，是"适合教育"的重要样本。"科学选拔、因能开发、多元智能培养"的"适合教育"思路，以及"智育德育并举、核心素养突出、善思创新并进"的培养目标，是新乡市一中数十年奋进，逐步走出的一条有扎实根基，有特色内涵，有创新发展的超常教育与"适合教育"相融合之路。新乡市一中的少儿班在鉴别与选拔、三维立体课程设置、智慧课堂等方面进行了一系列有益探索，是"适合教育"的代表。

超常教育是对一个国家人才资源的特殊保护与开发，它符合教育规律，体现因材施教的原则，也体现着针对超常儿童受教育机会公平的原则。在"适合教育"的视野中，对于智力超常的学生，他们需要超常规的教育和实践。早在 20 世纪 80 年代，创办少儿班就是当时基础教育界追求科学的一个缩影，目的是在中国尽快培养出一支少而精的基础科学工作队伍。今天，我们中学超常教育仍然在培养未来社会各领域的领军人物，为培养拔尖创新人才做准备。党的十九大报告指出，要"加快建设创新型国家。培养造就一大批具有国际水平的战略科技人才、科技领军人才、青年科技人才和高水平创新团队"；二十大报告中，更明确提出，要"着力造就拔尖创新人才"，仅"创新"一词就出现了 55 次。清华大学钱颖一教授直截了当地提出："中国要成为创新型国家，不缺创新的意志、创新的热情，也不缺创新的市场、创新的资金，最缺的，是大量的具有创新力的人才。"人才从哪里来？从适合教育中来。

我国在推进中华民族伟大复兴的征程中，拔尖创新人才的培养问题成为一项艰巨而紧迫的课题。创新人才如何培养？人的创造性和创造力从哪里来？这是新时代对教育工作者提出的新课题，更是对我们每一位超常教育工作者提出的新使命。中学阶段是超常儿童成长的关键阶段，超常教育工作者要给孩子心里埋下创造的种子，通过对学生中学阶段科学精神和科学素养的培养，激发学生的创新意识和创造潜能，让学生从小崇尚科学、崇尚真理，为成为未来科学领域的领军人物奠定基础，更要以"功成不必在我，功成必定有我"的定力和担当，接续奋斗，去追寻教育的本真，实现为国培育拔尖创新人才的目标。这番话是说给自己的，也是说给所有教育工作者的。

每当校歌在校园里响起，新乡市一中的师生心中总会升起一种难以言表的校园情怀。这种情怀的内核，就是"适合"在一所学校所能得到的体现。新乡市一中的文化是一种开放的、现代的、融合的"适合"文化，其学生、教师以及学校的"潜能"都在因材施教、多元开发的过程中，得到"适合"的彰显。比如，学校注重以学生社团为主体，以学生活动为载体的"适合"氛围营造。目前，学校有各种社团40余个，其中校长助理团、模拟联合国、心灵使者社团等，都受到学生的追捧，拥有众多的粉丝；校园吉尼斯挑战赛、跳蚤市场参与人数众多。异彩纷呈的社团活动，拓展了学生学习成长的空间，使学生能够更加快乐地学习，更加健康地成长，更加全面地发展，更加适合而从容地学会创新。这些都不得不说与超常教育的"潜能"观有着深刻的关联。回顾过去，几代一中人苦心孤诣、用心经营取得了辉煌成就；直面现在，承前启后、继往开来的历史责任又将展开。从超常教育走向"适合教育"，新乡市一中正在迈向更加卓越的"适合"之途。

在这节的篇末，我也援引一篇卓越的少儿班代表的文章，来作为结尾。这篇文章的作者是前文已经提到过的青年作家辛晓阳。她是新乡市一中少儿班2012届毕业生，在校期间曾先后荣获第十二届、第十四届全国新概念作文大赛一等奖，第十一届、第十二届中国少年作家杯征文一等奖，在《意林》《青年文摘》《萌芽》等杂志发表文章300余万字。现在，她已是国内较为知名的影视剧编剧、作家。

作家的文笔肯定比我好，我对她的文字一字不改，移录如下，以此作为新乡市一中"适合教育"从"潜能"迈向"卓越"的一个例证与转折。

很幸运，曾是一中人

辛晓阳

> 昨晚工作完毕后在家撸猫，突然收到多个老友发来的微信，分享师弟获得新概念作文大赛一等奖的好消息。我很开心母校人才辈出，但也不免感慨，从我参加比赛时的第十二届到师弟满载而归的第二十一届，恍惚间竟已经过去九年。这9年里，我高考，毕业，进入大学，大学毕业，读研，工作，从未意识到时间的流逝如此仓促，甚至没有给人留下任何缅怀过去的空间。正好一位老师找到我，要我回忆一下在一中读书的时光，我便得以借着师弟的好消息和好运气，落笔纪念一下和一中有关的日子。
>
> ——题记

2006年入学，2012年毕业，我在一中度过了整整6年。初入学时，我适应得很快，偌大的操场，崭新的教室，年轻又有活力的老师，都是想象中青春得当的样子。那时候年龄小，许多记忆都模糊了，但还是有些碎片值得掂出来拼上一拼。

我上初二那年，成绩惨不忍睹。早在入学之前，母亲就经常念叨，初二和高二是两个关键的学年，若是学得好了，高考时就很有希望；若是跌下去了，那就很容易一蹶不振，再难考上理想的大学。当时我压力爆棚，看着自己不及格的物理成绩，简直一个头两个大。

不及格，不及格，回回都是不及格。物理差就算了，数学也跟着往下掉，先是班级倒数，后来是年级倒数，两科加在一起，把总成绩拖得没眼看。除了学业危机，我的性格也出现了问题。正值叛逆期的我，因为顶撞班主任被叫了家长。我觉得我完了，一个成绩差还被老师讨厌的人，有什么未来可言。

可后面的剧情莫名偏离了我想象中的剧本。班主任和我妈详细沟通了我的情况，之后每天中午都留下给我补数学。我领悟能力不够，但脸皮还是厚的，他要给我补课，我就闷着脑袋补。中午在餐厅吃饭时，我总能碰到他，吃完便跟在他身后，穿过五月时空无一人的操场，到班里认命地拿出课本来补课、做题。

一两个月过去，我的数学成绩慢慢提了上来，期末考试遇到简单的卷子，竟然还考了满分。可能是理科思维有所提升，我的物理成绩也提高了一些，虽然还是挺差劲的，但好歹能及格了。我的成绩就这么从班级的倒数十来名，变成前十，前五，前三，年级排名也噌噌往上涨，让当初拿着两科不及格成绩的我做梦都想不到自己有朝一日竟然能考进年级前十。

有时候我想，该是怎样的幸运，让我遇到了天使一样的老师。他们从来没有放弃过我，即使在我最落魄的时候，也始终给予我学习上的帮助和情绪上的疏导，保护了我敏感脆弱的自尊，帮我从自我厌弃的泥淖中爬了出来。14岁对我而言，已经太过久远了，可是这段挣扎着往上爬的日子，在我浅薄的生命里从未褪色过。

对于老师，我永远感恩；对于母校，我也怀揣着一颗赤诚之心，感激她带给我的幸运，让我在歧道上及时回头，没有变成另外一番样子。

上了高中之后，记忆渐渐丰富了起来。上高一时，我心血来潮去参加了新概念作文大赛，得了奖，经常挪用晚自习的时间应付各个杂志社的约稿。因为提早接触了所谓的"社会"，我更加眷恋纯粹的校园生活，也更珍惜象牙塔里无忧无虑的时光。大课间时，我总和朋友一起到食堂买晚餐吃。什么棒棒鸡、月亮饼、蛋炒饭、麻辣烫，一个星期不重样。如果遇上运动会、合唱比赛还有广播操比赛，大家就要早早集合排练，但也没人抱怨什么——反正对于高中生来说，什么活动都比学习有意思。这些经历最能淬炼友情，为了共同的集体荣誉征战过的感情，能够陪伴我们走上很久很久。

高中不比初中，终归要直面高考。高三的上半年，我过得浑浑噩噩，总觉得高考还早，不知该怎么操心。寒假参赛回来之后，眼看着就剩一百多天了，我如梦初醒，突然开始着急。冰冻三尺非一日之寒，有些生涩的知识点想要啃下来，也不是一天两天就能搞定的。幸运的是，我结识了一位挚友。他叫张进鑫，是竞赛班的学生，是个很优秀但也很容易给自己压力的人。当时为了锻炼身体，我每天走路上下学，总在晚自习后放学回家的路上碰到他。温暖明媚的三月，我们一边吃着烤豆腐，一边漫无目的地谈天说地，偶尔也为不甚理想的模拟考成绩叹气哀伤。我们逐渐变得无话不谈。

那时学校安排一周三考，常常上一轮考试刚刚落定，下一场考试已在路上。考试密集，排名变幻莫测，整体的复习节奏极快，让人喘不过气来。唯一放松的时刻，就是每晚回到家后和张进鑫的短信交流。被老师责怪啦，名次退步啦，压力大啦，这些情绪统统丢给对方，互相鼓励，互相支撑着走下去。那时的我们心无旁骛，却也陪伴着彼此走过最充实也艰难有趣的一段日子。他让我相信男女之间真的有纯洁的友情，来自彼此认同的惺惺相惜，而非少不更事的懵懂心动。

后来我们毕业，又在北京一同度过了大学 4 年时光，依旧情同手足、无话不谈。再后来他出国读博，我们也会隔着时空分享彼此工作和生活中的一些经历和感悟。他是我一辈子的朋友，是不知多幸运才能在青葱的校园中遇到的知己。一中是我们友情开始的地方，是我们永恒的共同话题，即使已经离开了校园，我们依然总会提到那些日子，那段光阴，那个校园，那些往事。

事实上，时至今日，我最要好的几个朋友，依旧是中学时期的那些人。他们是我早自习下课一起啃包子的同桌，是我晚自习放学后一起到操场练800米的伙伴，是会考时一点一点帮我细抠物理的姐妹，是毕业后一起坐绿皮车咣当咣当去毕业旅行的挚友。数年过去，我们流散到了不同的城市，但是每每打趣起当年在校时的奇葩经历，还是欢声笑语不断，只要母校还在，我们之间永远有维系的纽带，永远不会散伙，永远怀念那段共同走过的青春之路。

絮絮叨叨到此，便也不多赘述了。在一中的6年，是我青春中最精彩、最美好的6年，我永远感激，永远难忘；感激每一个曾经教导陪伴过我、给予我帮助的师长和同窗，难忘那段为了高考和未来努力打拼、简单又快乐的少年岁月。感谢一中塑造了我，让我拥有了更多的机会，见识到了更广阔的天地，获得了冲向未来的动力和勇气，让我相信这个世界上除了物理，没有什么是我不能战胜的。

弹指间八十华年。一中记录着大家的青春时代，记录着一代又一代师生的朝气和梦想。这个纯粹宁静的象牙塔，是无数人梦开始的地方。

身为一中人，我感到很幸运。很感谢这次机会，能够让我回味起当年在校的温情光阴。

再次恭喜师弟取得佳绩，愿师弟师妹们前程似锦，母校桃李满天下。

（三）卓越之要："适合"的激励性

挖掘"潜能"是超常教育的实践，而追求"卓越"则是"适合教育"的目标。从"潜能"到"卓越"，这是"适合教育"发挥作用的全过程。

在这一过程中，教师、同学，乃至由行政人员、校工、宿管等共同构成的"校园"都是学生发展的语境要素，他们各自以自己的方式激励着人才的成长。这一过程就是"适合教育"以适合的方式逐步生发的过程，也就是"潜能"如何逐渐发展为"卓越"的过程。

这一过程是神秘的。熟悉教育的人都听说过一个著名的比喻："教育是农业，而不是工业。"这个比喻是语言学家吕叔湘先生提出来的。根据叶圣陶先生在《吕叔湘先生说的比喻》一文中的论述，得知原话为："教育的性质类似农业，而绝对不像工业。工业是把原料按照规定的工序，制造成为符合设计的产品。农业可不是这样。农业是把种子种到地里，给它充分的合适的条件，如水、阳光、空气、肥料等等，让它自己发芽生长，自己开花结果，来满足人们的需要。"[①] 其实，从种子到果实，没有人知道全程究竟发生了什么样的细微质变，因为每一颗种子都是不一样的。它需要适合自己的独特"条件"。我们可以把整个条件做一点分析、梳理和说明，凸显出人才成长的"适合性"是何等重要。

1. 用教师全面发展激励"适合教育"

"适合教育"的激励性表现在学校文化生态的建构上。如果援引植物生长的外在环境，阳光、水、空气三要素的滋润，可以分别对应教师、同学与环境。先从教师发展来看，优秀教师就如同太阳一般，始终以"学为人师，行为世范"的榜样作用，激励着学生的成长。就此而言，引领教师全面发展作用重大。

一个人遇到好老师是人生的幸运，一个学校拥有好老师是学校的光荣，一个民族源源不断涌现出一批又一批好老师则是民族的希望。党的十八大以来，习近平总书记站在党和国家事业发展薪火相传、后继有人的战略高度，为新时代教师队伍建设指明前进方向，对教师工作提出明

---

① 很多文献都认为这是叶圣陶先生的话，其实不然，这句话是叶圣陶转述吕叔湘的话，可参见陈平原：《作为一种"农活儿"的文学教育》，载《文汇报》2013 年 11 月 15 日。

确要求，也显现出国家对教师工作的重视。兴校需先强师，育人首重育师——这一认知是深刻的。

大多数人都知道北京大学的前身是京师大学堂。作为戊戌变法的新政之一，这所学校创办于1898年7月，是中国近代第一所国立大学。但是，很多人不知道的是，这所学校创办之后不到4年，作为其二级学院的京师大学堂师范馆就出现了。其实，早在戊戌变法前夕，梁启超在其起草的《京师大学堂章程》中就提出了设立"师范斋"的设想，并疾呼："欲革旧习，兴智学，必以立师范学堂为第一义。"戊戌变法失败后，围绕京师大学堂，清政府内部新旧势力斗争非常激烈。1902年，管学大臣张百熙受命筹建京师大学堂，他勇敢地继承和发展了梁启超的师范教育思想，强调"办理学堂，首重师范"，创设了京师大学堂师范馆，推动中国师范教育迈出了历史性的第一步。

"办理学堂，首重师范"，这八个字深刻地说明了教师是教育的基础，就如张之洞所说："师范教育，是为一切教育发源处。"京师大学堂师范馆在1908年改称京师优级师范学堂，独立设校；又在1912年改名北京高等师范学校，1923年更名为北京师范大学。独立设校的京师优级师范学堂在北京厂甸五城学堂，其校址即北京师范大学1952年前在和平门外的校址。而五城学堂则在原校址的东面另建校舍，校名改称五城中学，是北京师范大学第一附属中学的前身。我之所以要简单阐述一下中国现代高等师范教育的起点，是为了说明教师之重要，以及高等教育与中学之间的关联。

"适合教育"要着眼于人的成长，关键就要把教师看作学校发展的第一资源。近年来，作为全国文明校园的新乡市一中，以构建学校文化生态为牵引，铸师魂，立师德，强师能，润师心，打造"四有"教师队伍，促进教师全面发展，取得了较为显著的成效。简单说，新乡市一中的做法可以分为以下几个方面。

一是筑牢信仰根基，理想信念铸师魂。习近平总书记多次强调，让有信仰的人讲信仰。学校紧紧围绕习近平总书记提出的争做"四有"好教师的要求，以"红色文化"为主线，用"四个意识"导航、"四个自信"强基、"两个维护"铸魂。具体来说，可以分为三个维度：

（1）在组织制度上，学校以"党建双覆盖"为抓手，将支部建在年级，将党小组建在教研组，找准党建与教育教学的结合点，将党建与业务工作同研究、同部署、同落实、同考核，切实增强党组织的向心力，逐步形成业务促思想、思想带业务的工作格局。

（2）在日常工作中，以红色基因为切入点，通过"政治教师讲时事，历史老师讲党史，领导干部讲校史"活动，深入引导教师守初心担使命，用习近平新时代中国特色社会主义思想武装头脑、指导实践、推动工作。同时，发掘师德先进典型，讲好师德故事，开发、编辑校本课程《一中故事》，讲述一中红色校史和革命文化，传承优良传统，形成强大正能量。

（3）在思政教育上，以"红色德育"为核心，打造特色思政课堂。学校坚持结合近年来思政课堂的课改实践，逐渐形成了"两维四度"（两维是指理论学习和实践学习维度并重；四度是指课堂有尺度、课堂有深度、课堂有宽度、课堂有温度）立体思政课堂，首创了学生"自备、自讲、自评"的"焦点时空"课程，并将其列为思政课堂的特色环节，使其成为培养学生核心学科素养的校内实践平台，推进理想信念落地生根，引导学生做有理想、有本领、有担当的时代新人。

二是培养炽热情怀，道德情操立师德。2016年12月，习近平总书记在全国高校思想政治工作会议上强调，"教师不能只做传授书本知识的教书匠，而要成为塑造学生品格、品行、品位的'大先生'"。"大先生"是"适合教育"的典范性代表，为此，学校把师德师风作为教师素质评价的第一标准，以"廉文化"和"德文化"为依托，培养炽热情怀，引导教师明大德、遵公德、严私德、守师德，将"勤奋质朴、敬业爱生、至善至美"的一中教师形象植根于心。这可以分三种做法：

（1）选树榜样。学校党委高度重视师德典型的培育和选树工作，注重引导全校教师以德立身、以德立学、以德施教、以德育德。学校涌现出了以中原名师郝爱荣，省级名班主任娄武卫、王三朝，新乡市年度教师赵鸿涛、李岩，最美教师杨会兰等为代表的一大批先进师德典型，在榜样的辐射和引领下，全校形成了人人"仰慕名师、学习名师、争当名师"的浓厚氛围。

（2）强化责任。组织教师认真学习《中小学教师职业道德规范》和《新时代中小学教师职业行为十项准则》，实行"师德师风一票否决"，签订《党风廉政建设责任书》《拒绝有偿补课承诺书》；定期召开党支部书记例会，与党支部纪检委员签订《工作目标责任书》，强化监督责任。

（3）文化熏陶。校党委主动争取将新乡市教育系统廉政教育基地建在我校，并将学校党员学习中心建在其中，既能全面汲取经验，又能增强廉洁自律意识。同时，通过开设师德新语和廉政文化长廊，开展以案促改和"微腐败"整治，举办廉洁书画比赛，组织师德师风演讲比赛，发送修身短信提醒，使大家心有所畏、言有所戒、行有所止。

三是坚持校本研修，扎实学识强师能。教学质量是教育的生命线。教师在专业成长的道路上一定要做到下苦功夫、求真学问，以扎实的学识支撑高水平教学。学校始终坚持"常规固本、教研创新、学生主体、课堂第一"的教学指导方针，以严实文化为抓手，强化落实管理、较真管理、细节管理、坚持管理、人本管理，力促教师专业发展。这也可以分为三种做法：

（1）落实常规固本。推动常规管理重心由检查评比向数据分析转变，从现象纠正向本质提升转变，促进常规落实，抓好各个环节管理，对教师的备课、上课、作业布置和批改、辅优补差和质量测试等工作采取跟踪检查制度。完善了《新乡市一中课堂教学常规16条》，规范教师课堂教学行为，引领教师为人师表、教书育人、身正为范。

新乡市一中课堂教学常规 16 条

为了进一步使全体教师在课堂教学过程中做到为人师表，教书育人，严格管理，促进课堂教学质量和效益提高，推进依法治校，在我校原有课堂教学有关规定的基础上，结合新课程教育特点，经广大教师充分讨论，特做如下规定。

1. 着装应大方得体，符合职业特色。

2. 课前认真备课（注重突出学科核心素养），杜绝无教案上课。

3. 提前 2—3 分钟候课，做好上课前相关准备，维持好秩序，酝酿情绪。

4. 上、下课铃声落，学生全体起立，师生互相行礼致意。

5. 使用普通话。语言表达亲切清晰，生动有趣，简明准确，音量适当，无特殊情况不使用扩音器。

6. 板书设计科学合理，书写端正，字体大小适中；课件制作文字简洁清楚，图文布局合理清晰。

7. 注重教法灵活，引导学生独立思考和主动探究，原则上不讲满堂。

8. 教态自然，举止大方。不坐不靠，不把手放在口袋内。

9. 不带通信工具进入课堂或将通信工具设置成静音。

10. 讲课时不要只停留在讲台上，要走到学生中去，关注到每一个学生。

11. 学生参与课堂活动时，教师目光注视对方，坦然亲切，活动后及时点评，予以鼓励。

12. 提问时给学生留有思考时间，原则上不提问第一个抢先举手发言的学生，让尽可能多的学生有机会参与课堂活动。

13. 关注学生的写字、站立、听课姿势以及回答问题的礼仪。

14. 加强课堂管理，精心组织教学，对违反课堂纪律的学生及时教育。

15. 讲究语言艺术，教育学生要严格，但不讽刺挖苦学生，不当众训斥学生，不以任何形式体罚或变相体罚，不剥夺学生受教育的权利（如擅自停课、让学生在教室外罚站等）。

16. 要把握好教学节奏，不提前下课，不拖堂，不中途随意离开。

（2）坚持教研创新。鼓励教师开展教学"微创新"，激励教师大胆进行教改尝试。鼓励各教研室进行教改，结合学科特点，培养学科素养，了解学科发展动向，切实培养学生的学科核心素养和解决实际问题的能力。坚持"问题即课题、教学即研究、成长即成果"的教研理念，我的问题我面对，建立小课题研究长效教研机制。小课题研究开展7年来，取得了上千项研究成果，学校择优编辑了小课题成果集《榴实集》，并印发全体教师学习。

（3）启动"一课一研"，完善教研公约。通过每课精研和间周教研两种形式，进行畅所欲言式的集中研讨，凝聚集体智慧、激发教师思维、解决教学困惑、达成教育共识，最终促进教师个人的自主发展和专业提升，进而提升教育教学质量。"一课一研"成为老师真正走向高效课堂的必经之路，也是学校持续高位发展的基石。学校注重塑造教研文化，规范教师教研行为，在广泛征求教师意见的基础上，进一步完善了《新乡市一中教研公约》。

四是落实立德树人，播撒仁爱润师心。2020年8月，习近平总书记发表于《求是》杂志的重要文章《思政课是落实立德树人根本任务的关键课程》中指出："青少年阶段是人生的'拔节孕穗期'，这一时期心智逐渐健全，思维进入最活跃状态，最需要精心引导和栽培。"学校以"爱心文化"为指针，通过用爱培育爱、激发爱、传播爱的方式，培养教师的仁爱之心，帮助学生扣好人生的第一粒扣子，落实立德树人根本任务。学校主要做好以下三项工作：

（1）构筑"暖心工程"。一方面，关心教师生活。学校设立"茶歇室""洗车台"，改善就餐及教师公寓住宿条件，解决教师子女入学入园问题，举办"魅力一中，幸福人生"文艺会演，每月开展一次文体活动，每学期进行一次读书分享。另一方面，关爱教师子女。体育俱乐部暑期为教师子女免费提供游泳培训，实现了全体教职工子女都会游泳的目标。同时，组织教师子女夏令营，开展走进校园认识绿植，参观校史博物馆、育田数理探索馆，学习书法、绘画等活动，助力教师子女成人成才，为教师解决后顾之忧。

（2）做好"志愿服务"。学校成立了"红石榴"志愿服务队，教职工全员参与，在"扶贫""创文""无主庭院帮扶""交通疏导""扮美新乡"等方面积极开展志愿服务。老师们根据自身特长及兴趣自愿加入，为社会提供志愿服务，无私奉献，用言行感染影响身边的人。

（3）落实"导师帮扶"。学校每个级部都会根据学生情况，为学习、生活、心理等方面需要帮助的学生建立成长档案，并结合个性特点为他们指定成长导师。导师每周落实"三个一"（一次心灵关怀，一次爱心辅导，一次家校沟通），力求让每一个学生都能健康成长、茁壮成才，让每一个学生都感受到成功的喜悦、生活的美好。这种源自高等教育的"导师制"在中学实践，也是"适合教育"的体现。

近年来，在新乡市一中，一大批专业过硬、师德高尚的老师不断涌现。赵鸿涛、李岩两位老师被评为新乡市年度教师后，还把市政府奖励她们每人的10万元奖金捐赠给了学校，建立了教师教育科研基金。2020年以来，每年获得新乡市市长质量奖的老师，都无私地将自己的奖金捐给了学校。老师们兢兢业业、以校为家、无私奉献的高尚情怀，为学校连续多年的高位发展注入了活力，增添了动力。毫无疑问，教师承载着传播知识、传播思想、传播真理的历史使命，肩负着塑造灵魂、塑造生命、塑造新人的时代重任。全面加强教师队伍建设是学校的重大政治任务和根本性工作，从一定意义上讲，教师怎么样学校就怎么样，教师的高度决定学校发展的高度。

不过，教师队伍建设始终是一个难题。根据我的观察，以"适合教育"为评价尺度，学校的教育教学总是普遍存在一些问题。各校均有比较明显而集中的问题，如集体备课有效性有待提高，需要加强集体备课，思考规范集体备课程序。我提出改进集体备课，要让集体备课的中心发言人准备好发言稿，交年级备案；提出集体备课不仅备教法、备教材，还要备试题、备试卷，以教研组为单位整合试题、整合试卷，避免滥发试卷现象，以达到高效。再比如，学生课业负担重，作业多一直为社会所诟病。这就需要教师队伍认真思考，对作业进行严格要求，科学、精准、有效地布置作业。新乡市一中的教育教学绩效增设了"过程奖"，以总分作为评价依据，在绩效奖励中增加总分所占的比例，通过这些措施会慢慢改变老师"孤军奋战"的思想，从而从根子上减少"作业多"的现象。学校还要求教师对作业批改要做到有发必收、有收必批、有批必评。

在我听课的过程中，还发现有的老师上课讲得过多，点评不够；批评过多，鼓励不够；甚至有老师在讲台上讲得自我陶醉，而学生在下面昏昏欲睡。这种现象就需要强化制度保障。一是要加强学情分析。学校提出每月以班为单位至少召开一次学情分析会，真正做到"备学生"，让教师在授课时能够真正了解学生的基本情况，做到因材施教，对平行班要降低重心，做到能把学生学会的知识教给学生。二是要做好学生沟通。定期召开学生座谈会，将学生的真正需求反馈给任课教师。三是要加强学习。学校组织教研组长、备课组长走出去学习，开阔视野、提升业务水平，让老师真正明白"知识是教师教会的，更是学生学会的"，教师要起到的是引领指导作用。此外，针对特殊时期的特殊状况，要求每个年级实行上课时间值班检查，对上课情况进行通报。这些都是对教师队伍建设的"激励"。而教师队伍本身的发展也在这种激励中得到自律和自觉。比如，新乡市一中的教师主动制定的《教研公约》，包括以下8条内容：（1）每个人都发言且内容不重复；（2）以学习的态度观课；（3）发言有案例支撑，少说空话；（4）每人每次发言不超过3分钟；

（5）每次活动轮换做主持人、记录人；（6）每次发言结束，听众以掌声致谢；（7）要善于借助观察工具观课；（8）活动结束前，每人发表一句话感受。这8条公约言简意赅，兼具激励性、引导性与规范性，深得大家的认可与好评。

2. 用校园全面发展激励"适合教育"

在"适合教育"的指导下，以教师队伍建设为示范、带动与龙头，学校本身具有的校园文化就能够发挥全面激励的作用。教师也是校园文化的组成部分，而真正的育人是要以"文化"为抓手的。

"文化"一词源于《周易·贲卦》的象辞，其曰："观乎人文，以化成天下。"这其实是"文化"一词的广义用法，是要使天下化成为人文／文明的世界，让一切野蛮的行为都消失——本质上说，这就是对教育的属望，唯有教育能够做到让未开化的开化，让野蛮成为文明。

狭义的"文化"概念，由西汉学者刘向最早使用。刘向在《说苑·指武》中指出："凡武之兴为不服也；文化不改，然后加诛。"这里的"文化"之"文"，是与"武"相对的，也就是一种精神性的、非暴力的、潜移默化的过程，简单说，就是运用某种精神力量来收服人心，使天下归顺。可见，今天国际社会经常使用的文化软实力概念，虽然其直接来源是美国学者约瑟夫·奈，但在中国文明发展史上，这种认识早已有了根源。一种经过了文明化的社会，只有在运用精神力量尚不足以使天下归顺的情况下，才动用军事力量（暴力）来对待不归顺者，以便震慑人心，最终达到天下归顺之目的。这就是刘向所谓"凡武之兴为不服也；文化不改，然后加诛"的意思。

而用在教育领域，"文化"一词更倾向于"化成天下"之意，是通过阳光、空气、水的滋润，通过整个教育气场的调节，使人（树苗）逐渐成长为"菁英"的过程。"十年树木，百年树人"便是此意。"孤木难成林"，一棵大树的成长需要周围环境的配合。育人更是如此，没有一个人才是脱离开社会、群体，自己成长起来的。今天，湖南省立第一师范学校旧址中，毛泽东同志当年所在的第八班教室的墙壁正中央，还悬挂着他的老师杨昌济亲笔书写的一副对联——"强避桃源作太古，欲栽大木拄长天"，以此抒发他决心以教书育人为天职，培养经国济世之才的激越情怀。这副对联自然大气，仿佛有一种与世隔绝的勇气和决绝。环境、语境、周遭、境况，这些关键词是构成"适合教育"的重要元素。教师是其中之一，但更重要的是学校的激励性文化何以存在。

> 高中有四位闪闪发光的男老师，都姓李，我们私下开玩笑称他们为"李家四兄弟"。他们分别是班主任老师李光毅、政治老师李建军，语文老师李来明，地理老师李永闯。他们风格迥异，或是才华横溢出口成章，或是幽默风趣紧跟潮流，或是私下认为自己玉树临风，或是上课会穿露脐装（肚子把扣子撑开了），或是爱分享各种奇异见闻，或是爱讲冷笑话……但他们都爱岗敬业，一片教书育人的赤子之心，会在生病时坚持上岗，会在学生成绩倒退时耐心分析，会看到学生高考逼近时还贪玩恨铁不成钢地批评，会在学生取得进步时热情鼓励。
>
> 当然，高中的回忆，不只是老师们对我们的教育、表扬、批评、鼓励，也有我们私下偷偷调侃老师们的画面。现在每每回忆起"李家四兄弟"，还是会会心一笑，感慨同学们当时的创意。
>
> "李家四兄弟"陪我们走过的青春，笑中带泪，严肃和欢乐同在。

这是新乡市一中2015届毕业生刘重阳的回忆。这段回忆里，教师的形象是丰富的、生动的，是学生能够记住其青春的重要纽带。可是，仅仅依靠教师是不够的。更多的校园文化有待于更多教育主体的参与。前文我们讨论过教育的"双主体"性。其实，真正的教育不只是"双主体"（教师＋学生），而是"多元主体"或"混同主体"，其主体性并不十分明确，它需要教育工作者在整体校园环境的建构中，彰显出"适合"的效果来。

　　高一，来自县区的我初次离开父母家人选择住校，总是有些敏感和自卑，迟迟难以融入新的集体中。在入学军训时，正在进行队列练习的我发现军训服裤子突然裂开了，那一瞬间大脑一片空白，也不知道是怎么请假回到了宿舍。只记得我敲开兰芳楼值班室的门，红着脸跟宿管老师讲述了事情的原委，想要借点针线。值班老师迅速拉开了抽屉拿出了针线盒递给我，并问道："同学，你自己可以吗？"我点点头，拿着针线悄悄回到了宿舍。但当拿着换下来的"开了口"的军训裤时却开始发愁：为了面子我居然谎称自己会针线活儿，实际上我长这么大连扣子都不会逢，更不要说缝裤子了。

　　正当我坐在椅子上发愁不知该怎么办时，宿舍门被敲响了，值班的宿管老师带着一脸和蔼的笑容进来了。她看到我手上的裤子依旧裂着大口子，顺手拿过去："我帮你吧，这个缝起来就是麻烦。"她娴熟地穿好针线，边缝补裤子边跟我拉家常，当得知我是从县区考到一中的，目光里多了几分赞赏。"那你很棒呀！以后在学校有什么需要帮助的，都可以来找我，我就在一楼122宿舍。"说完把缝好的裤子递给我，并轻轻拍了拍我的肩膀离开了。看着她的背影，摸着手上密密实实的针脚，我眼眶一热流下了泪水，在这里终于找到了一份归属感。

　　这便是我与王瑚老师的初识，这之后的三年里，王老师不知道帮我缝了多少次衣服，又在台灯下陪我聊过多少次天。我们已然成为忘年交，我会跟她分享从家里带来的特色小吃，她也会耐心倾听我在学习生活中遇到的困惑，甚至在我毕业后陪妹妹来到一中考试时，王老师还让我带着妹妹到她的宿舍午休，这份像母亲般的温暖一直陪伴我至今。

这是新乡市一中 2015 届毕业生张雨的回忆。显然，在这段回忆里，宿管阿姨也是教育的主体，而且是相当具有感染力和亲和力的主体。她不仅让学生感受到了学校的温暖，感受到人与人之间应该如何相互帮助、彼此助力，更让这位同学"眼眶一热流下了泪水，在这里终于找到了一份归属感"。

当然，"适合教育"的激励性不能只表现在"大人"（包括学校里的行政管理人员、教师、宿管、校工）身上。真正的"适合"应该是学生自洽的"适合"，其激励核心要表现为自我激励。后来考入武汉大学，又以专业第一的成绩保研到中国人民大学的新乡市一中 2016 届毕业生王晓晗这样回忆道——

我在去年终于结束了长长的求学生涯，来深圳工作也将满一年了。

这五年时光到底深刻地流过，照例我应该谈谈收获。这个话题我也常和同学们聊起，每次的结论不出意外，全都有"朋友"两个字。是的，在一中的五年里，我们收获了能够相互守护一辈子的朋友。

从同学到朋友，你总得做点什么才会让友谊更深一步。可是，当时的我们朝夕相处，认真去想，倒不记得归功于具体的哪件事。是去森林公园拉练那次，一起步行 28 公里，谁帮我装了瓶水？是高一运动会那次，开幕式上我和谁默契地甩着同一根跳绳？是市二模那次，谁看着我面对成绩的一脸难过，轻声给我讲了道题？类似的事一件件，密密麻麻地叠满回忆，我细看了看，它们总共拼凑出了两个词，一个是"相助"，另一个是"一起"。

高二的时候，某天郭新澳同学在体育课上身体不适，一旁的赵志捷见此二话不说，背起她便往医务室送。用不宽的肩膀承担起朋友的体重，赵志捷后来也被我们推选为年度淑女之星。我们的相助便是这样，话可能不说太多，但伸出的手必定真情实意。

表面看，这样的回忆还只是停留在彼此互助的层面，但其实在内核之中，一种情感共同体早已通过"同窗"的经历，以"同学"的认知，植入这群孩子的内心深处，甚至可以深化为集体的荣誉感和精神的共通性。新乡市一中 2019 届毕业生王筠毅是从 2014 年就选入新乡市一中少儿部的，在她的记忆里——

> 专属于少儿部学子共度的五年使得我们具有更加深厚的友谊。我至今仍能回想起高考前百日誓师那天的热血沸腾，作为 1403 班班长的我，怀抱着班旗在教学楼里奔跑，找寻分散于不同教室里的同学们，在那面旗帜上签下属于彼此的雄心壮志。

我相信，那面班旗会始终镌刻于王筠毅同学的记忆之中，成为"适合"她的青春的独特印记。同样，这段话也会镌刻在我的记忆里——"怀抱着班旗在教学楼里奔跑，找寻分散于不同教室里的同学们，在那面旗帜上签下属于彼此的雄心壮志"。旗是很特殊的，它一旦高举便具有某种象征性，精神上的认同会让"同路者"向着旗帜的方面汇聚。而这种"汇聚"不但具有激励性，还具有功能感，是"适合教育"的重要符号。且容我再讲一个关于旗帜的故事，它来自新乡市一中 2017 届毕业生、当年以新乡市理科第一名考入清华大学的孙鸿斌。这位学生如是说：

> 2011 年，我考入了一中少儿部。从小学时的优等生到班里面的普通一员，曾经以为的聪明与资质好像不值一提了，再加上缺乏了升学的压力，那时自己像大多数的学生一样做一个中等生，高不成低不就随波逐流。

当时，我的班主任是王子昕老师，像绝大多数的语文老师一样，严厉得似乎不近人情。而在一次少儿部组织的拉练活动中，子昕老师找到我，让我去前面扛旗。瘦小的身板，平庸的成绩，为什么选择的是我？我的眼里流露出了诧异。王老师说："你挺聪明的，老师看好你，努努力。"这句话让我备受鼓舞，重拾信心。作为班中为数不多没有被老师拎出来批评过的学生，我感受到了老师的认可，自己并不是"沙砾"，也是会发光的。从扛起那面旗帜的那天开始，我就更接纳学习，更加自强自立。我想，即使资质与周围相比沦为中庸，努力依然能让你脱颖而出。

这段回忆中有两个闪光的激励点，显现出"文化"的育人属性：一是王子昕老师的教学策略，这是很多教育界同行一眼就能看出来的；二是那面旗帜。"旗帜"的激励作用是无穷的，如果不是旗帜与教师的策略近乎完美地在"适合"的时候出现，孙鸿斌的成长未必会得到某种激励性的转折。这种转折的出现可以很刻意，当然也可以很自然、很随机。激励可以来自教师、宿管，更可以来自同龄人，甚至来自自我。在本节的篇末，我还是想援引一篇新乡市一中在读学生的作文，来为整个校园"文化"的适合感与适合度做一点案例式说明。这一说明生动而深刻地诠释了一个人的成长与自我激励的重要性，而"适合教育"就是要尊重这种重要性，让激励与校园文化同时构成"教育"的核心要素。这篇文章出自目前在新乡市一中高一（8）班就读的邵雅婧同学的手笔，洋溢着青春的气息。

如果可以，我想让你听我说。说说流金岁月，说说温暖世界，说说"一中人"熠熠闪烁的青春，也想和你说说平凡生活中不平凡的故事。且看岁月冗长，在人世间点亮了多少梦想，以及点点微光。当梦想到达彼岸，当点点微光洒落人间，当你听到我的声音，我就会知道，这是热烈又疯狂的结局。

听我说，念初逢

那是个蝉鸣不停的盛夏，好像夏天总会伴随着一点离别的伤感、毕业的欣喜，还有对未来的憧憬。"啊！669！我考上啦！"那叫喊，惊得树上的鸟儿四处飞窜。我像一个即将要去往新的目的地的旅人一样，怀揣着初心，出发了。只不过我的目的地不是青山绿水，是新乡市一中老区。回想起第一次进入校园的时候，还依稀能记起诚信路上斑驳的阳光，透过叶片的间隙，照在我身上。好奇、迷茫、害怕、无措。好在不算太孤单，唯一的朋友就是小庄。我应该怎样形容她呢？乐观，鲜活，勤奋，善良。

我第一次遇见她，是在社团活动中。当时内向的我独自坐在角落。"我可以坐在这里吗？"我愣了愣，点点头。她主动跟我搭话，一问一答中，我们逐渐熟络起来。她形容自己是误入理科歧途的大文豪，和我一样喜欢看书，喜欢写一些不痛不痒的文字，在物理的海洋中，痛并享受着。她向我吐槽电学抽象的概念，又向我开玩笑地说"终于懂得为什么物理学家头发都这么少的原因了"。她带我逛校园，告诉我体育课可以偷偷去"黑市"买冰棍，大课间可以去图书馆待着。她好像一位经验十足的"一中导游"，作为一位游客，我会给她打五星好评！

除了导游以外，她还有个身份——故事收藏家。她最常说的一句话是"人生在世，谁还没有点故事"，我想让你听听她的故事。

听我说，言青春

除了她那大胆且疯狂的中考经历，就不得不提她轰轰烈烈的逆袭了。"这个社会好像对学理科的女生恶意特别大，他们都觉得女生脑子笨，理科肯定跟不上。可我偏要证明：女生！什么都能做到！"我依稀记得当时她说这句话时的神采。当时窗外最后一缕余晖散尽，暮色渐浓，微风燥人，我好像一瞬间就被拉入她的记忆中了……

她在高一下学期十分坚决地选择了理科，尽管周围人反对声一片："女孩子学什么理呢，学文好，文文气气的。"她谁的话也没听，最后只问了问爸爸的意见。"我听你的，选自己喜欢的。"这就是答案——不仅是选科这一件事的答案，也是以后人生路上她爸爸给出的所有答案。学理难度真的很高，她的年级排名一直在五六百徘徊，怎么也提不上去。"你知道吗？我每次看到我的成绩，依旧平平淡淡没有起伏的时候，还挺崩溃的，就像在本来有光的小巷越走越黑，逐渐看不到希望一样。"她灰心丧气，崩溃大哭，屡战屡败，却又屡败屡战。她像童话故事里的英雄，手屠恶龙，斩断荆棘，即使身上遍布伤痕，也要举起最锋利的宝剑，大声告诉世界"我才是自己的主宰者"！因此，即使在最崩溃的时候，她也没说过放弃。"如果这么难的话，我们可以休息一下。"父母一眼看穿她的坚强，告诉她——家也是避风港。自此以后，她更加奋进，咬牙坚持下别人所做不到的，她起得越来越早，睡得越来越晚，跑得越来越快。苦尽甘来终有时，一路向阳待花期。她最终考入了燕清班，追上了那个轻狂的自己。

她的故事，就像《去有风的地方》里说的那样"坚持走，就会有花路吗？""一草一木皆是也。"

你问我再后来呢？她越来越忙，我们的联络越来越少，只是偶尔在操场遇见后，微笑挥手。在我也踏上理科大道的时候，她送给了我一段话："祝你们的脚步踏遍人类智识的所有角落，在结构性限制与压迫彻底消除之前，不要轻易相信天赋的倒果为因。祝你们在男性霸占的领域夺回自己应有的成就。祝你们无论在大众文化中，还是亲密关系里，不被物化、矮化、庸俗化、宠物化，能够得到真正平等的爱与尊重。我希望你有响天彻地的自由。"这是她从某本杂志上抄来的一段话，却永远烙在了我的心尖。

我从不认为人在成长过程就是越走越孤独的，我反而觉得身边人带给我的力量能够支撑我一辈子。也许有一天，我们会很陌生，但是见到你，我就会记起你带给我快乐，教会我什么是真正的友谊，展现给我"一中人"求真求知的品质，告诉我"女生，什么都可以做到！"，这才是相遇的意义。是任何人都无法替代的你。故事易写，岁月难唱。永远期待下一次见面，别来无恙，小故事家。

（四）终身之梦："适合"的未来性

教育都是要指向未来的，而"适合教育"尤甚。所谓"适合"，固然是适合于当下的发展，但更重要的是，"适合"的元素、条件是动态的，教育主体要以指向未来的眼光，看待教育对象的成长。作为教师，我们的眼光总是在孩子身上寻找"潜能"，希望"三岁看大，七岁看老"，从孩子的眼睛里看到未来的人类社会有着怎样的美好图景。这需要教师以终身教育自许，努力自我成长，也需要他们用"适合"的眼光多瞩目于学生，看到学生身上或潜在，或显现的光芒。

"适合教育"的未来性，有两种表达形态：一是精神上的"未来"，它主要关切学生的精神世界和自我认知，希望在基础教育阶段就能够为学生的人格完善奠定基础；二是物态上的"未来"，它重视的是科学教育，强调要以科学精神面对未来世界，引导学生树立正确的科学观。

1. 寻找适合自己的精神之"未来"

我认为教育，充满了未来属性。这种未来属性不是科幻电影里的"未来"，而是学校发展总是要瞩目于学生之未来。从教 30 多年，不论是在教育局从事教育管理工作，还是在学校从事一线教学工作，在我的眼里，学校就应该是一个充满魅力、奋发向上的生命体。而新乡市一中便是"适合教育"的生命共同体。

80 多年来，数以万计的新乡市一中学子，从地图上的一个肉眼无法分辨的小点，分赴全球，在祖国的山山水水与世界的角角落落，为人类文明、社会进步努力工作。他们无论贡献大小、职位高低，都心系母校，以母校为心灵故土，从那里出发，抵达自己想象之中的精神之乡。新乡市一中 1980 级校友解力家，这位遍访世界五大洲的旅行家，曾率法国师生游学团来母校访问。他说："无论在世界的任何地方，我的心灵深处总有浓浓的一中情结。"我想，新乡市一中究竟有着什么样的魅力，让学生对学校、对老师充满着如此真挚的感恩与眷恋呢？

桃李不言，下自成蹊，答案在于"未来"。而这一未来，维系于过去，维系于教师，正是无数教师、校工的奉献，构成了一届届毕业生奔赴未来的信心与勇气。正如校友范俊毅所说的那样，一中教师的共同特点是为自己的班级、为自己的学生尽心尽责。那一辈又一辈敬业爱岗的优秀教师、校工，才是新乡市一中发展的中流砥柱。他们的精神品质和人格魅力，温暖、点燃了一批又一批莘莘学子。已故老校长郜济川、赵继学、刘玉敬——都是真正的"师者"，堪称学生为学、为事、为人的"大先生"；退休的老领导、老教师李修国、陈维、孙克勤、郭豫辉、张彩霞、李纯路、边世洲、范思忠、边德义、王崇善、谭纪宁、陈国军、康晓燕、孙彩莲、余丽昌、杨友慧、李玉萍、李仲等，现在还不辞辛劳，以各种形式支持学校的发展。此外，有一大批优秀的在职教师……他们中有省特级教师，有育人楷模，有省市名师、优秀班主任，更有一大批有教育情怀、有理想信念的青年才俊。他们在一中的沃土上，默默耕耘，甘洒青春和热血，为孩子的未来提供着人格上的榜样与梦想之中的希望。毫无疑问，这就是新乡市一中的魅力所在。进入一中校门，品学兼优为本；迈出校门一步，身系母校荣辱。无论是做学生还是当老师，只要踏进一中，就会师生相携，在潜移默化的校园文化熏陶下，不由自主地给自己的思维方式和行为注入一中元素和色彩，让自己变得更加自信和宽容。

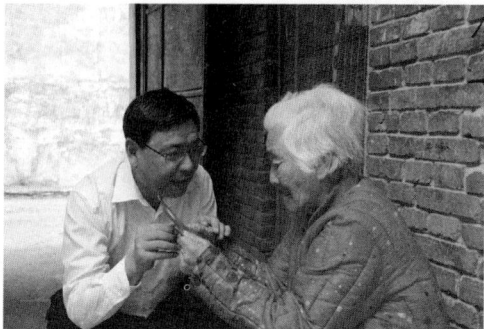

到新乡市原阳县柳园村驻村帮扶点看望帮扶对象

未来，对于一所有着80余年建校史的学校来说，就是其过去。学校培养的学生，各行各业的杰出校友，就代表了其未来。因为，一所学校的社会形象，很大程度上依赖于它所培养的学生。而新乡市一中的校友中，有中国工程院院士，有社会知名作家，有大学校长，有经济学家，有部队将领……他们严于修身，严于律己，勇于创新，追求卓越，是一中学生敬重并效仿的楷模，成为在校学生的未来榜样。

而真正预示了"未来"的新一代校友，更是后生可畏。他们浸润着积淀深厚的一中文化，践行着新时代教育理念，厚积薄发，在各个领域崭露头角；他们代表着一中新一代学子的风貌，素质全面，极具内涵，又个性张扬；脚踏实地，诚朴忠恳，又充满自信。他们怀揣梦想，有责任心，有领导力，有担当意识，有报国情怀，他们必将成为未来实现中国梦的重要力量。

在基础教育界，有一个很实在的说法——看一所学校好不好，就看它的人才能不能进得来，留得住，发展得好不好。近年来，新乡市一中规模得以发展，质量继续保持稳定，其原因在于我们探索出"适合教育"这一把办学视为"人之为人"教育智慧生成、积聚和升华的过程的独特教育理念，提出要为每一个学生提供适合自己发展的教育，力图在遵循教育规律和学生成长规律的基础上，传承"求知、求真、求健、求美"

第三章　适合教育的师生观

的校训，践行"求真务实、艰苦奋斗、志存高远、争创一流"的一中精神，积极改善教育生态，提高育人质量，促进教育改革和发展。这些工作不只是为了"留人"，更是为了人才指向未来的发展，以及学校指向未来的进步，乃至中国基础教育如何面对未来复杂多变的局面和新的技术挑战。

面对世界多极化、文化多样化、价值多元化的发展趋势，作为办学者，新乡市一中人始终告诫自己要保持清醒的认识，时时检视和反省学校教育必须沿着科学的轨道健康发展。公民教育、礼仪教育、感恩教育、法治教育、核心价值观教育……各项活动的开展都旨在倡导教育要回归到"育人"的本源上来，要循乎学生的本性、顺乎教育的规律，以"适合"的理念、"适合"的手段帮助学生实现全面发展与个性发展，帮助学生成才的同时教育他们成人，真正做到"立德树人"。

高中是通往远方的桥。在新乡市一中的这些年，无疑是人生最关键的几年，学习生活是艰难的，也是刻骨铭心的；是充实的，也是收获满满的。而在指向未来的历程中，这些中学时光将与同学情、师生缘联系在一起，终将维系每一个人的一生。新乡市一中的学子都将带着一中人的印记，仗剑走天涯。每年毕业，学校都会为学生准备"人生心愿卡"，而阅读同学们写在心愿卡上的那一个个充满激情和梦想的人生愿望，是我理解"未来"的重要依据。在我的印象中，有这么几句话特别深刻：

德不孤，必有邻；愿读万卷书，行万里路。

不忘初心，永葆善良之心；不惧艰险，常怀对美的向往。

纵岁月流逝，仍心有猛虎；愿走出半生，归来仍是少年。

愿为农村老年人健康管理体系服务。

愿为扫除儿童心理健康障碍而奋斗。

愿为绿色生活服务，愿为绿水青山建设而奋斗。

愿伫立三尺讲台，传道授业解惑，勿论得失，勿论悲喜，沿途会有更美的风景和更优秀的自己。

愿为一个媒体人，做党和人民的喉舌，为人民发声。

愿努力钻研设计，为中国的航母能比肩世界一流而努力。

携吴钩巡万里关山，仗越剑守锦绣山川，一腔热血献身国防，跃马横刀驰骋疆场，此方慰平生之志也。

希望二十年后实现自己的梦想，或者依然在为我的梦想而奋斗，不忘初心，砥砺前行。

二十年后，希望能够成为梦想中的自己，过上梦想中的生活，父母家人及所有我爱的和爱我的人都在身边。

生活也许富有，也许贫穷，人生也许一帆风顺，也许不尽如人意，我坚信，我那坚定不移的迈向理想的脚步，始终不变。

青年学子对未来的梦想，或朴实，或浪漫，或淡泊，或勇武，无一不体现出追逐梦想的迫切心情。而在他们的心愿中，既有对未来美好生活的追求，又有乐于奉献的人间大爱；既有敢于担当的社会责任，也有报效祖国的家国情怀。

这充分地展示了新时代新乡市一中学子的精神风貌。这些"人生心愿卡"，都将收入学校档案馆，由母校为他们珍藏，既永久保存，也作为未来的印证。这种印证需要有更多的精神资源，以为动力，以为保障，使青年的目标更加坚毅，行稳致远。

在毕业典礼上，我愿意跟学生分享的"指向未来"的精神资源都是"适合教育"要引领学生行走"江湖"与人生在世的重要法则。它们是：一要做一个懂感恩的人。"羊羔有跪乳之情，乌鸦有反哺之义"，这个世界上只有付出、从不索取的，就是父母。而父母之恩，如水一般亲切温柔，如山一般伟岸厚重。他们的付出，是我们一辈子也还不清的。还有一批没有血缘，但亲如父母的人，包括中小学时期的班主任和老师们。他们曾经表扬、鼓励，也曾生气、批评，而这些行为都是为了保障青年学子能飞得更高、走得更远。此外，构成校园生活的每一分子，食堂师傅、宿管老师、保安大叔、校园清洁工、水电工、绿化工……每一个帮助过你的人，都是你人生值得感恩的对象，甚至是你安全幸福的保障。2015届少儿班毕业生赵平广（当年考入清华大学）在回忆中写道：

在2015年的毕业典礼上，有一个压轴的温情环节，是班级学生代表向班主任老师献花。那时是高三，学校选拔成立了新的燕清班，我和一部分同学从少儿班1001班被选拔进入新班级。那时，燕清班的班主任是杨友慧老师，王平老师还担任少儿班1001班班主任。在毕业典礼中，班主任老师站在台上，学生代表们为老师献花。那一刻，杨友慧老师和王平老师接过鲜花，深深拥抱住同学，情不自禁落下眼泪。那一刻，许多在场的同学也抑制不住激动的心情，顾不上队列要求，一拥而上，与老师相拥。那一刻，也正是感恩之心的充分流露，正是难以忘怀的感恩时刻。如此种种，不胜枚举。可以说，一中的感恩教育贯穿始终，感恩之心是一中赋予我们的首要的精神内核。

2002届毕业生杨占军和他的同学们至今记忆尤深的一件趣事——

我们同学之间私下里流传的另外一件趣事，可以说过了二十年仍然是经久不衰。当时，高中的学习生活紧张而艰巨，有大量的自习时间让同学们根据自己的学习情况查漏补缺。于是，自习课上的各种开小差就不可避免，有偷偷聊天的，有看漫画书的，有睡觉的……每当这个时候，大家心里最担心、最敬畏的就是教室最后的那扇窗户，因为当你开小差不亦乐乎的时候，蓦然回首竟然发现班主任郝爱荣老师在面容慈祥地凝望着自己。因为没有人能发现班主任是什么时候站在了窗外，没有人能听到任何脚步声，大家私下里给郝老师起了个外号，叫"幽灵班主任"。毕业多年以后，同学在一起聚会时，还经常会大笑着说起来当时被郝老师凝望过的故事。笑声里既有年轻时候的顽皮，也有对这位可亲可敬的班主任老师的思念和感激！

二要做一个有梦想的人。在高考百日冲刺大会上，我曾给同学们说，我们新乡市一中有很多极聪明、极勤奋的同学，我们学校每一届都会有很多同学走进国内外名校。其实，毋庸置疑，每一届的新乡市一中学子间，都会诞生出一批未来的科学家、医学家、心理学家、社会学家，优秀的设计师、工程师、艺术大师、音乐达人、名师……心中有梦想，才会目标明确，不至于面对挫折与困难时茫然无措。未必要求闻达于诸侯，有时候躬耕于大野更能体现人生的价值。这些年来，我参加过北京大学、清华大学、南开大学、西安交通大学等不少大学召开的座谈会，而让我印象特别深刻的是西北农林科技大学组织的中学校长论坛。那是我第一次感受到这所地处僻远，不再繁华喧嚣之间的"双一流"建设高校之质朴与厚重。在这所校园里，无数科研人员一生献身农业、林业的科学研究，取得了丰硕的成果。虽然未必声名显赫，但他们在追求梦想中都实现了自己人生价值的最大化。所谓"无问西东"，关键就是要坚守自己的梦想和初心，只求奋斗与问心无愧，实现人生的出彩。

三要做一个有家国情怀的人。对于成年人来说，网上有句名言十分精准："生活不只是眼前的苟且，还有诗和远方。"但是，对于未谙世事的青少年而言，重要的是"生活中不仅有诗和远方，也有家和故乡，更有国家和民族"。2018年，习近平总书记在北京大学师生座谈会上讲道："爱国，是人世间最深层、最持久的情感，是一个人立德之源，立功之本。"无论指向何种未来，当代青年学生都应该记住：我们不是生在一个和平的年代，只是生在一个和平的国度。我们能有稳定安全的生活学习环境，能专注于实现自己的梦想，都与国家的强大密不可分。有国才有家，只有国泰，才有民安，才有民族的复兴。我们的国家和民族正在强势崛起，但也时刻遭受到诸多阻力、各种围堵，真正的大国崛起、民族复兴，离不开青年人的努力。新乡市一中也有不少学子游学海外，有的定居其他国家，取得丰硕成就。这些属于全人类的成就是值得骄傲的。我总是告诫他们无论你走到哪里，都要永葆家国情怀，心系国家兴亡、民族荣辱。

四要做一个勤奋的人。中学毕业真的只是人生的起点，是个人奋斗的号角。我总是告诫学生：不要太相信聪明，更要相信勤奋。这几年，新乡市一中走出来的学生保研率、考研率、拿到各级奖学金的比率都很高，学校每年都能接到各个知名高校的喜报。我认为，这与新乡市一中倡导"适合教育"，让学生在基础教育阶段就保持良好的学习习惯和较高的自我约束能力有关。他们在大学的自主学习中，往往体现出很大的优势。特别是能够保持勤勉的学习精神、端正学习态度的同时，又主动参与社会工作，自觉地锻炼提高自己各方面的能力。

2. 夯实适合当下的物态之"未来"

除了精神上的"指向未来"，"适合教育"同样高度重视的还有物态上的"未来"。这种"未来"以技术为支撑，通过科学教育的种种形态，显现出"适合"之于青年学子的学科素养与动手能力。新乡市一中历来重视学生科技素养的提升。依托于建构主义和多元智能的教学理论，采取"学中做，做中学"的手段，引导学生在学科学的过程中探索研究，追求卓越，最终实现指向未来的科学教育。

2020年9月，习近平总书记在科学家座谈会上指出："好奇心是人的天性，对科学兴趣的引导和培养要从娃娃抓起，使他们更多了解科学知识，掌握科学方法，形成一大批具备科学家潜质的青少年群体。"如果把科学家比作"温润如玉"的人才，那么，普通高中就是"璞玉"的发现者和开发者，为国家培养拔尖创新人才是普通高中，乃至整个基础教育肩负的历史使命。新乡市一中是一所有着 80 多年历史的省级示范性普通高中，也是河南省首批综合创新高中，为国家培养了大批科技人才和行业精英。近年来，学校党委积极谋划学校特色办学方案，结合学校实情，确立了以"科学教育"为主线的办学思路，让学校成为引导和培养未来科学家的"孵化器"，通过氛围营造、课程设置、师资培养等一系列措施，凸显学校科学教育的特色和亮点，为拔尖创新人才做好基础培养。

第一，建设物态科技环境，启蒙学生科学意识。校园是学生科学启蒙的重要场所。学校在建设校园物态文化环境的过程中，注重嵌入科学元素，打造"全域"科学教育文化，使师生置身于科教文化的"海洋"，初步建成了以"三馆一廊一厅"为主的校园科普阵地，在一定程度上实现了"未来"教育的在地化。

"三馆"即育田数理探索馆、教具馆、少儿部发展馆。2019 年，校友李玉田（1967 届校友、济源钢铁董事长）捐款 300 万元，为学校建设了全国首家数理探索馆，馆内配置数学、物理模型和展品 251 件。数学类分兴趣拓展、拓扑、曲线三区，物理类分声光、电和磁、力和运动三区。育田数理探索馆建成后，接待了校内外的师生数万人次。北京大学、清华大学、中国科技大学、北京师范大学、西安交通大学、云南大学、广东以色列理工学院、香港资优教育学苑等高校、研究机构的专家教授到馆指导，北京八中、山东历城二中、安徽明光中学、衡水中学、无锡天一中学、南昌十中、河北邢台、海南澄迈县等教育同行以及省内数百名高中校长先后前来参观。同时，育田数理探索馆还主动承担服务社会的职能，对新乡市中小学生预约开放、为小学生开办暑期托管服务，给更多孩子心中播下了科学启蒙的种子。目前，育田数理探索馆已成为学生课余时间最喜爱的"打卡地"。教具馆是学校创意设计建设、别具特色的教学仪器展示馆，由学校物理特级教师罗新民和赵其亮共同整理、归类，并加注标签建馆陈列，收藏了从建校初期至今的 1000 余件物理、化学、生物、地理等学科的教学仪器，也有不同年代老师自制的教具。教具馆面向师生开放，配有专职的讲解员，对学生进行科普教育。少儿部发展馆展现的是新乡市一中超常儿童教育实验的成果，该馆建在少儿部大楼一层，让学生近距离感受科学意识和素养的教育。

此外，"一廊"即科学普及长廊，呈现了中国近现代著名科学家的主要成就和近年我国"大国重器"的图文资料，激励孩子从小树立科学报国的远大志向；而"一厅"则是科学报告厅，定期邀请著名高校、科研院所的院士、专家、教授给学生授课，报告科技前沿知识，鼓励孩子献身科技事业。学校还建有先进的理化生实验室、创客教室、人工智能机器人室、小平科技创新实验室等功能性教室。

2021年，新乡市一中成功创建了小平科技创新实验室和小小科学家科技创新操作室，同时以河南省中小学知识产权普及教育示范基地为依托，学校开设了知识产权校本课程。目前，学校拥有的专门科技创新操作室，占地约80平方米，是向学生传递科学知识、教授科学方法、传播科学思想的重要教学场所。每年，学校都会投入数十万元进行相关器材设备的升级和场地的改造，为实验室配备了乐高机器人组件、VEX IQ相关设备等——简易机器人→拼装机器人→程序机器人，这三代机器人见证了我校机器人教学的发展历程。同时，学校还配备了小盖茨机器人相关组件，培养学生动手能力和编程能力。在设计和制作机器人的过程中，学生获得有关数学、工程机械、电子、计算机和物理等方面的知识，沟通表达能力、自我学习能力、创新实践能力、机械设计能力、程序设计水平、信息技术素养也得到显著提高。

学生定期在科技创新操作实验室参加活动，了解机器人的构造，编写程序，设计并控制机器人完成特定的任务，了解科技前沿动态。这些活动既培养了学生科技创新思维，又提升了其实践动手能力。为了进一步提升孩子们的实战能力，学校积极组织学生参加各类科技创新类竞赛，先后参加第二、三届全国青少年科技创意大赛，拿到了特等奖和一等奖的好成绩；此外，在全国中小学信息技术创新与实践大赛（NOC 大赛），以及由国家、省、市科协举办的各级各类机器人竞赛中，高中组创意赛每年都有学生获奖。比如在河南省电教馆组织的全国中学生信息素养提升实践活动中，新乡市一中在高中组任务挑战赛里就取得了一、二等奖的好成绩。

在校园环境的建构中，学校积极弘扬科学家精神，在学生每日必经之地设立了钱学森、爱因斯坦、赵振业（校友院士）三处科学家雕像。在图书馆南门外设置了中国古代四大发明雕塑。通过打造"全域"科技文化，使学生在潜移默化中接受科学浸润，培养学生崇尚科学、探索未知的兴趣，学习科学家精神，树立"强国有我"的崇高意识和科学认知。

第二，学校专门开设科学课程，激发学生探究热情。课堂是滋润科学精神的沃土。学校除开足开全国家规定的课程外，加强校本科技课程设计和开发，定期开设创意搭建、3D 打印、电脑编程等科技实践课，引入方法论、新学科（交叉学科）等课程。2017 年又引入斯坦福大学的设计思维课，注重培养学生的"简洁思维""不同思维""反直觉思维"等思维品质和思维方式。在抓好课堂教学主渠道的同时，学校致力于学生科技社团的建设，让科技教育融入青少年的日常生活。目前，学校已建立有天文社、创意社、机器人社、建模社、求真数学社、教具制作社、无人机社、生物爱好者研习社等 10 余个科技社团。社团定期开展活动，组织学生参观大学实验室和科研院所，到野外考察、举办爱鸟周活动、普查校园植物、创意设计、教具制作等，激发了学生的科学意识和创新精神。同时，学校作为河南省中小学知识产权普及教育示范基地，每学期安排 10 次左右的知识产权专利课程，课程时间固定，形式灵活多样。学校培养专门的科技指导教师，也邀请外来的专家前来讲座，传授以"尊重知识，崇尚创新，诚信守法"为核心理念的知识产权文化，引导学生学习知识产权理论，加强学生对知识产权重要性的认识，培养学生尊重知识、尊重劳动的社会责任感，激发学生创新和创造的热情。学校还高度重视向学生普及专利申请的相关知识，让学生不但想发明，而且会发明、懂发明、能发明。通过课程引领，学生们创造发明的积极性非常高，已成功申请近百项国家专利，拿到了国家专利或实用新型专利证书。

第三，打造专兼职教师队伍，保障科学教育开展。实现科技课程最优化、科学教育高效化需要具有较高科学素养的优秀教师。根据学校科学教育的规划和需要，我们采取"两步走"的办法，加大培训培养和聘请力度，打造专兼职结合的科学教师队伍，保证了科学教育的顺利实施。具体来说，第一步是挖掘潜力，培养校内的科学教育教师队伍。学校选拔科学教育教师的标准主要是理科业务突出，具有创新思维和能力的优秀中青年教师。近年来，先后选派多名教师参加数理化、生物、计算机等学科竞赛培训，聘请10余名教师作为校内科技社团的指导教师。目前，学校已成长起以王鹏程、钱宇、柴俊强、游乃宁等为代表的一批优秀科学指导教师。第二步是借力社会师资，提升科学教育高度。学校在打造专职教师的同时，积极引入社会资源，引进方法论、思维和自控力训练教师。利用新乡高校多、科研院所多和校友资源丰富的优势，聘请高校教师、有专业特长的家长、社会人士和优秀校友为学生开设科学教育课程。近年来，先后邀请了龚新高、赵振业、周丛照、娄辛丑、郭传杰等知名院士和科学家走进校园，给学生分享相关领域最新科学研究成果，邀请葛绥青、张克俊等"两弹一星"和航空航天专家给学生讲述科学家的故事，激发学生科学探究兴趣和科学报国的情怀。

新乡市一中建校80余年，科技教育硕果累累。从学校跟踪调查校友的职业发展看，从事科技工作占比较大，既有基础科学前沿理论研究者、航空航天专家、国防科技工作者，也有医学专家、大学教授……在国家战略和重大科技专项攻关上，总有新乡市一中学子的身影，涌现出了以赵振业、时裕谦、娄辛丑、苗磊、吴涛、何碧玉、李欣、董锴等为代表的院士、科学家和科技精英，实现了科学教育的"未来指向"。而这种指向深深根植于学校的日常教育教学一线中。

第四章　适合教育的课程观

　　适合教育是从人才培养目标角度提出的，既包含了教育的目的性，又包含了教育的规律性。普通高中的课程建设必须与国家需要和个人成长相适合，在构建支持国家育人目标的课程结构的同时，还要开发满足学生个性发展的选择性课程，为不同禀赋、不同发展倾向的学生提供均等的学习内容和选择机会。这既是普通高中教育追求的"差异"公平，也是新时代普通高中教育发展的新方向。

　　近年来，新乡市一中秉持"求知、求真、求健、求美"的校训，不断学习和探索，不断积淀自己的文化自信，不断凝聚全校师生的价值追求，形成了自己的办学理念——"为学生提供适合自己发展的教育"。而在教育教学中，学校基于"校以师为本，师以生为本"的教育愿景，从课程体系、教师文化、学生培养三个维度进行拓展创新，为师生发展搭建平台，促进学校的内涵发展。而课程与课堂的相加，是学校立足高标准，创新学校的课程体系与教学实践体系的基础。

　　课程是落实学校办学思想的载体，是学校特色发展和文化变革的核心元素。新乡市一中以培育学生核心素养为目的，以课程建设为抓手，整体规划学校的课程体系。在开足开齐国家规定的课程外，自主开发了内涵丰富、特色鲜明、符合学校实际的校本课程。新乡市一中的校本课程由四大模块构成，即人文、科学、健康和艺术。这四大模块包括50多门课程，满足了不同学生的成长需求，在校本特色课程建设中实现师生共同成长。

课程是教育的抓手，是中小学教育的核心和基本依据。而课堂则是课程的载体，这种载体需要有多重调节保障。课堂是教育展开的主要场域，它并不局限于有形的教室，而是一定的教育发生的场所，是知识传递、情感流动与价值确证的活动领域。虽然在概念层面，我们可以把课堂安放在任何所在，但无论何种课程，都需要有"适合"的观念。一堂好课，要适合当时的环境，特别是要适合师生的状况，它是师生共同创造的、激荡着知识回响的，又能够使知识具有较高回应性、流传性的课。而这样的一堂课，一方面需要教师的不断成长，另一方面也有赖于学生的自我提升。20世纪40年代时任新乡市一中校长的赵霖说："治学之道，一在于勤，要勤学博览，读万卷书，还要勤于摘记，重在举要；二在于思，存其心也，究其原委。"这里的"治学之道"，是同时说给老师和同学们听的。在学校里，他们都是学习者。

本章计划将课程与课堂综而论之。我一贯认为对于教师来说，"课比天大"。树立"课比天大"的意识，就是要激活教师的主体性，让他们把"课"（课程＋课堂）看作自己职业专业性的根本显现，是其职业荣誉感的核心来源，真正做到"把课备好、把课研好、把课上好"。在这一领域，我提出"教学是精妙而又千变万化的艺术"的主张，倡导全校教师"每课先研，每课必研"，更直接指明"好的教学就是先把要讲的知识弄明白，再清楚地讲出来"。

随着"双减"政策逐步落实，特别是2023年10月教育部发布的《校外培训行政处罚暂行办法》的推行，学校教育的课程与课堂改革变得愈发引人关注。事实上，从我和同事做的校外培训效果调研结果看，校外补课和学业成绩关联不大，甚至出现"补课使人退步"的现象。究其原因，大量的补课会让学生产生依赖心理，校内课堂听课注意力不集中，校外补习又占大量时间，学生疲于应付，学习事倍功半。学校能做的工作，就是让学生回归课堂，跟着老师的节奏学习，既减轻了家长的经济负担，又减轻了学生的课业负担。

"教育是良心活儿，教育是技术活儿，教育是功夫活儿，教育是团队活儿。"一所名校的教师，必须上好课，做好教研。新乡市一中既要出成绩、出优生，又要出经验、出名师，教师自觉主动把课备好、把课上好，使"适合教育"的观念能够在教学过程中显现出来。对于课堂教学来说，"适合教育"的关键是要让教师唱主角，使课堂能够适合于学生发展。这就要求教师深刻认识到自己"教的书是课程，教师本人更是课程"。他们在上课前要深入备课，明确"上课如同打仗，不打无准备之仗，准备不好不打仗"；而在日常专业成长过程中则要强调对"常小微"（常规管理、小课题研究、教学微创新）的兴奋点，使自己在教研与教学的过程中能做到儒家所言的"毋意、毋必、毋固、毋我"，做到从善如流。与此同时，自然要求教学管理和教学督导人员要"用欣赏的眼光和学习的态度去听课"，善于发现教师教学中的亮点，给教师以鼓励，使教师的主体性能够得到全面而自由的发挥。

仰望星空追寻理想，脚踏实地创新发展。学校的教学发展既要靠教师的优化与教改的推进，又要靠全校师生都能树立"课比天大"的观念并落实于日常教学之中，使教师和学生双重主体都能在课程与课堂相互关联的语境中，实现成长。本章计划从"适合"的主体表现、"适合"的课程形态、"适合"的教学内涵、"适合"的持续拓展几个方面展开论述。

（一）自控力："适合"的主体表现

无论课堂还是课程，教师与学生的主体显现都需要有适合的表达。而这种适合的表达，首先表现为师生对课堂与自我的自控力。可以说，自控力是"适合"得以显现的核心。本书在开篇部分已经援引哲学家李泽厚的观点说明"适合"与"度本体"之间有着密切的关联，而"度"的出现主要依靠的是主体的自控力。没有把握好度，往往是因为主体的自控力不足。这在课堂与课程上也一样。因此，教学主体必须对自我的自控力有充分认知，才能让适合教育落到实处。

1. 自控力

自控力是一个人的自我把控能力，它直接表现为个体能够自觉地控制自己的情绪和行为。那种既善于激励自己勇敢地去执行决定，又善于抑制那些不符合既定目的的愿望、动机、行为和情绪，就是自控力。狭义地说，自控力是指个体按照社会标准或自己的意愿，对自己的行为情绪和认知活动等进行约束管理的能力；而广义地说，自控力指对自己的周围事件、对自己生活和事业的控制感。进入教育领域，自控力之于个体的作用主要表现在两个方面：一是使自己在实际工作、学习中努力克服不利于自己的恐惧、犹豫、懒惰等；二是善于在实际行动中抑制冲动行为。应该说，自控力对人走向成功起着十分重要的作用。不少哲学家都曾指出："美好的人生建立在自我控制的基础上。"

诗人但丁曾说过："测量一个人的力量的大小，应看他的自制力如何。"人区别于动物的根本点之一，就在于人是有思想的，可以按照一定的目的，理智地控制自己的感情和行动。而对于中学生来说，他们的中枢神经系统尚未发育完整，神经纤维尚未全部髓鞘化，传递的神经容易泛化，因此其自控能力往往比较弱，在日常学习生活中会表现出一些不良的行为习惯和学习习惯，如随意性较强、言而无信、做事虎头蛇尾、自觉性差、自我管理意识弱等。而有些学生的自控力还会因自身性格懒惰、外界诱惑、同学干扰、父母教育缺失等外界环境恶化。而学校可以通过课堂管理、班级管理，让学生在集体的影响下，于课程与课堂之中逐步培养自控力，从而使他们的身心得到健康成长。

国内外学者都对自控力，尤其是青少年学生的自控力情况做过相关研究。如国外学者 Pieschl 和 Stahl 通过对具不同认识论信念的生物学科学生和人文学科学生进行的分层超文本学习比较研究，发现自控与认识论信念、事先领域知识存在关系；Alex 和 Oliver 研究发现学生的自我控制能力是和他们的认知需求的动机正相关，认识论信念可以直接影响自控力。国内学者安慧经过研究也认为，环境改变，缺乏自我判断的能力；思辨能力差，缺乏自我判断的客观性；惧怕艰苦，抗挫折能力差，是导致中学生自控力普遍缺失的原因。心理学专家张灵聪指出，影响学生学习自控力的因素是多方面的：从外部环境来看，与家长教养方式、课堂管理有密切关系；从学生自身的内部条件来看，与学生的学习动机、学业自我概念、自控的愿望、自控的方法和自控效能感等因素有着密切的关系。

苏霍姆林斯基说："只有能够激发学生去进行自我教育的教育，才是真正的教育。"自控力训练就是通过提高学生的自控力，提高学生的自我管理能力和自我教育能力，让他们能够用适合的方式与情绪，同外部世界（如教师、同学，乃至知识、书本等）产生积极的互动。

从整体看，对学生成长来说，自控力具有相当重要的作用。首先，良好的自控力是自我管理的基础和前提，而严格的自我管理则是个体不断成长的关键。当今社会，每个人都生活在错综复杂的环境之中，面对爆炸式的信息、来自各方面的压力以及各种各样的诱惑。当面对人生不得不面对的一些现象的时候，每一个生命个体都需要有一种毅力、有一种耐性、有一种韧劲，这种毅力、耐性、韧劲从本质上来讲就是一种严格的自我管理。我们需要这种严格的自我管理，管理目标、管理身体、管理时间、管理情绪、管理学习等。而这一切的管理，都需要我们有良好的自控力，根据自己的目标和需求选择信息，排除干扰，控制自己，在既定轨道上朝着目标不断前进。"总之，自控是人完成各项任务，协调他人关系的必要条件，是人完成社会化、实现个性充分发展的必要组成部分。"[1]

其次，良好的自控力能让个体最大限度地获得自我效能感。自我效能感是著名社会心理学家班杜拉（Albert Bandura）提出的社会认知理论中的核心概念，是指"人们对自己实现特定领域行为目标所需能力的信心或信念"。[2] 班杜拉认为自我效能感是通过选择、思维、动机和心身反应等中介过程而实现其主体作用机制的。其中，一个人的成败经验或绩效经历对其自我效能影响最大，不断成功的经验往往能提高个体的自信心，并使其逐步稳定，还会泛化到类似的情景中去。良好的自控力恰是我们不断获得成功的基础和保证，它能够让我们获得更好的绩效经历和自我效能感，继而也让我们有更强大的自控力。这样的良性循环与"适合"的重复在这个瞬息万变、终身学习的时代能够让个体受用一生。

因此，在教育教学实践中，教师需要着重以班级建设和课堂管理为抓手来提升学生的自控力。以初中学生的成长为例，相应的思考包括以下几方面。

第一，自控力的提升是一种社会养成的结果和不断发展变化的过程，初中生人格和价值观发展尚未成熟，具有较强的可塑性，而班级和教室恰恰是学生平时待的时间最久的地方，以班级建设、课堂管理目标为抓手来提升学生自控力具有较大的可行性和可操作性。同时，自控力属于由个体主动实施的自我心理控制，它受多个因素的影响——从外部环境看，与家长教养方式、课堂管理有密切关系；从学生自身的内部条件看，与学生的学习动机、学业自我概念、自控的愿望、自控的方法和自控效能感等因素有着密切的关系。这些都可以在课堂得到体现。

第二，初中阶段在学生个体生命成长的过程中占据着十分重要的地位，它既是学生的成长过渡期，也是学生人格发展的关键期。这个阶段

---

① 张叶云：《高中生学习自控力与学业自我概念的相关研究》，福建师范大学，硕士论文，2006年。

② 转引自张鼎昆、方俐洛、凌文辁：《自我效能感的理论及研究现状》，《心理学动态》1999年第1期。

的孩子陆续进入青春期，由于他们急剧发展变化的生理基础以及思想上的半独立状态，他们的心理水平呈现半成熟、半幼稚性。同时，在当今这种信息媒介极其丰富的社会中，对于初中生的不良诱惑随之而增多，学生们难以形成自我约束管理能力。那么，在这个关乎孩子未来发展的重要阶段，我们该如何去引导、帮助孩子，使其在成长过程中少走弯路，不入歧途呢？培养孩子的自控力是一个关键而正确的选择。

第三，在学生人生观、价值观、世界观形成的最佳时期，强化自控力的培养能让他们科学理性地把握人与自然、人与社会、人与自身的相互关系，把准自己的人生追求、行为准则和思想高度。这也正是解决"为谁培养人"和"怎样培养人"这两个时代问题的重要路径。自控力训练不仅对学生关键人格的形成和长远发展有重要作用，对落实立德树人根本任务，为党育人、为国育才也有很强的现实意义。

其实，自控力是可以通过有序的培养，而得到逐步提高的。比如通过目标设置，引导学生认识到目标的重要性，进而自定目标并在班上公布；自我监控，以自己记录每天的行为表现的方式展开课堂和班级管理；自控策略，以自我提醒、自我鼓励等多种心理辅导方法来提升自控力等等，都是行之有效的途径。而一个人的作用是有限的，可以整个学校有意识、系统化地展开。基于以上认识，我和我的同事在初中部开展了自控力培养与班级建设有效结合的实践研究，通过丰富班级管理策略、提高教室氛围感，根据学生身心发展特点，从纵横两个维度入手，整合教育资源，让学生在集体的影响下逐步形成自控力，进而促进学生核心素养的发展。

首先，在横向维度，要坚持自控力训练常抓不懈。班级与教室是学生在学校最重要的成长环境和生长空间。通过班级活动和课堂教学，学生可以在班集体的影响和带动下，在个体之间的相互激励和约束中，逐步提高自控力，进而促进他们的身心全面健康发展，为成为合格的社会主义建设者和接班人打下坚实基础。

一是将目标引导与责任教育并举，激发内驱成长。有学者指出："自我控制的第一步就是设置目标。"[①]人要成长，首先要有方向感。虽然本节讨论自控力，主要的分析对象是班级管理与课堂管理问题，但其根本还是在于学生的志向何在。新乡市一中每学期开学都会组织以"我走进一中的初心"为主题的征文比赛和演讲比赛，让学生在思索和比较之中明确学以成才、学以报国的思想。此外，学校还会定期召开"我有几个我"角色转换系列班会，让学生认识到自己的不同身份，以及每一个身份应该承担的责任，以此来增强他们的责任感、使命感。

二是以"体验式德育"为措施，强化集体约束。所谓"体验式德育"，是现代德育理念的一个教育方法。它注重学生的主体地位，注重教育的过程从学生入校开始。新乡市一中每学期都会以班级为单位举办自控力体验式德育系列活动，如"领袖风采""珍惜时光""聚焦当下""无敌风火轮"等，增强学生对集体和他人的认同，也同时提升了自我控制能力；而"旗帜班""卓越班""领航班""追梦班"等"一班一品"特色班级文化建设，则加速了学生个体在集体中的有效融入，以集体的荣誉感约束个体的行为，帮助学生提升自我管理的能力。

三是以"成长日志"为抓手，落实时间管理。自控力培养是通过目标设置、自我监控、自控策略多种心理辅导方法来提升自控力的一种方式。在班级管理中，新乡市一中以"成长日志"为抓手，着力培养学生的目标管理、过程管理及时间管理能力。通过班级组织学生一起制订班级及个体的奋斗目标，学生对自己每学期、每个月、每周，乃至每一门功课都有目标、有规划，让学生不仅会学习，更会生活，增强自我管理的能力。

四是以"冥想、锻炼"为驱动，注重修身养性。针对初中生容易急躁、冲动的特点，我们通过让学生学习中华民族优秀的传统文化磨炼心

---

① [美]罗伊·鲍迈斯特、约翰·蒂尔尼:《意志力》，丁丹译，北京:中信出版社2017年版，第33页。

性，躬省自察；通过冥想训练，让学生心神自明，告别负面情绪，提高掌控生活的能力。每天晚自习上课前为固定的冥想时间。一开始冥想时，我们会放一些轻音乐，让学生睁开眼睛，围绕一个主题展开冥想。另外，学校将每天下午第四节课定为体育活动课程，开设体育选项教学，结合中考过程，培养了学生勇敢顽强、超越自我的精神，引导他们在体育锻炼中淬炼品格、迎接挑战和承担风险，为学生终身发展奠基。

其次，在纵向维度上，要坚持自控力训练的分层推进。在充分调研的基础上，新乡市一中依据学生生理、心理和道德发展水平，认知能力，社会经验，对学生自控力的培养目标按年级、主题进行设置，分阶段、分层次逐步实施，力求达到环环相扣、一以贯之的教育效果，具体措施在不同年级有不同体现。

在七年级时，注重学生自控力的规范性培养。规范与习惯是学生成长的第一步。七年级的学生情绪不稳定、易冲动，规则意识不强，自控能力较差，缺乏抗诱惑的能力，较易沾染不良习气。规范性培养可以提高学生的规范意识和实践能力，在养成规范习惯的同时还强化了学生的爱国情怀、集体荣誉感及创新精神，为学生的终身发展奠基。在这一年级，其自控力培养包括三个方面：其一是规范意识教育。以《中小学生守则》和《中学生日常行为规范》为基本要求，通过主题班会、手抄报、知识竞赛等形式开展规范教育。其二是习惯养成教育。制订班级公约，在班级开展"垃圾不落地""桌面勤清理""学习看我的"等主题教育，帮助学生养成良好的生活和学习习惯。其三是文明礼仪教育。打造班级"无人超市"，提升文明意识及自律品质，开展班级礼仪讲堂，结合学校"八礼"教育，开设礼仪课堂，组织拍摄班级"文明礼仪一日行"等活动，并进行评比。

在八年级时，注重学生自控力的专注度训练。八年级的学生神经系统功能迅速提高。学生的思维特点逐渐从以形象思维为主转向以抽象思维为主。随着自我意识的增强，他们往往不愿听从教师和家长的教育和指导，甚至会主观、片面地看问题。在这种情况下，教师不应该去过多地说教，而是用事实说话，进行专注度训练，着力提高他们的学习效率。这包括以下几个方面：其一是限时完成训练。限时完成训练是提升学生专注度的重要手段。把学习中的具体任务分解成若干个部分，把每一部分限定时间，限时完成后及时反馈纠错，从而达到检测单位时间效率的目的。其二是"7+1"训练。学校每天安排八节课，前七节为文化课，最后一节为体育活动课，提升专注能力，并将体育活动课设为选项教学，让学生掌握一门受益终身的体育技能。其三是心理暗示训练。积极的心理暗示对于增强学生的自控力大有裨益。我们让学生梳理专注和非专注表现清单，并分析自己是如何管理时间与精力的，确认自己的学习动机，每日写一句"励志心语"，利用每日德育微课堂进行班级分享，把"应该做"变成"我想做"，激发个体潜能。①

在九年级时，注重学生自控力中的意志力提升。意志品质是一个人在生活中形成的比较稳定的意志特征，是个性的重要组成部分。所谓有意志力，就是能够控制自己的注意力、情绪和坚持力。②九年级的学生面临毕业，特别是面对日益迫近的中考，思想、心理都面临着巨大的压力。在长期艰苦的中招备考中，意志力就显得特别重要。个别同学会因意志力薄弱而易怒、暴躁、不听话，和家长有对立情绪，完全不能自我管理。因此，九年级应侧重学生意志力的提升。这也主要包括以下三个方面：其一是理想信念宣讲。理想信念对于一个人的意志力提升具有重大的推动作用。我们结合团队活动，成立了由教师和学生共同组成的理想信念宣讲团。其二是感恩教育。在班级中开展"最美孝心少年""班级之星""优秀少先队员"评选活动，以及"共度十四岁青春生日""致敬逆行者"等系列活动，引导学生树立感恩意识，强化自律自觉。其三是励志教育。组织学生进行励志远足，书写励志家书、"我的励志故事"

① 毛晓磊：《行动心理学：如何找到自己的动力之源》，北京：台海出版社2017年版，第5页。
② 凯利·麦格尼格尔：《自控力》，王岑卉译，北京：文化发展出版社2017年版，第3页。

等专题写作，在班级中打造"班级追梦墙"，让内心追求卓越的思想和意识成为学生自我管理的重要动力。

不妨对上述内容进行一些总结。因为影响学生学习自控力的因素是多方面的，从外部环境来看，与家长教养方式、课堂管理有密切关系；从学生自身的内部条件来看，与学生的学习动机、学业自我概念、自控的愿望、自控的方法和自控效能感等因素有着密切的关系。因此，根据中学生的生理特点和心理特点，以班级为单位，以教室为主要载体，系统化地展开自控力训练，可以采取以下措施。

一是开好主题班会，加强思想修养，形成正确的班级与课堂舆论。人的自制力在一定程度上取决于他们的思想素质。一般来说，具有崇高理想抱负的人不会为一些小事而感情冲动，甚至产生不良行为。因此，要提高自制力最根本的方法是树立正确的人生观、世界观，保持乐观向上的健康情绪。开展自控力训练的过程中，可以开展系列主题班会进行配合，提高学生的思想认识。正确的班级舆论有利于引导大家往一个方向共同努力，为自控力训练的开展打好思想基础。

二是强化实践锻炼。一方面，要引导学生加强学习，积累知识，开阔视野，用知识来武装和充实自己，提高自己分析问题和解决问题的水平，并通过学习别人经验来扩展自己决断事情的能力；另一方面，则要引导学生积极投身到生活实践中去，刻苦锻炼，不断丰富经验，提高自己的适应能力。实践出真知，为此，学校可以组织学生开展不同形式的实践锻炼，如手工制作，参观本地优秀企业等。让学生在实践活动中强化认识，使自我与社会的关联高度密切起来。

三是强化意志力量。以强身健体为抓手，培养学生的坚强意志。开展多种形式的体育活动，引导学生在身体运动中提升对自我的控制和进行情绪的释放。如初一年级开展四公里竞速赛，初二年级开展校园马拉松，初三进行远足拉练，学生在磨炼中不断强化意志力，逐渐对自己奋斗的目标提高自觉。

四是培养计划性。"凡事预则立，不预则废。"学生平时注意经常思考问题，增强预见性，才能养成良好的自觉习惯，对自己的人生、生活、学习有更深刻的认识和明确的计划。

五是修身养性。修身可使身体健康，养性可使心智本性不受损害。修身养性就是通过自我反省体察，使身心达到完美、从容的境界。中学生的身心发展还不完善，容易急躁、冲动。可以考虑通过让学生学习中华民族优秀的传统文化磨炼心性，躬省自察；通过冥想训练，让学生心神自明，进而在对自我身心的梳理和净化之中，告别负面情绪，提升自我认知，进而提高掌控生活的能力。

叶圣陶先生说："教是为了不教。"他认为，最好的教育就是学生的自我教育和自主教育。自控力训练就是在提高学生的自我教育能力和自主教育能力，从而实现教而不教、管而不管。在新乡市一中，经过有组织、系统化的长时间自控力训练，参加实验的班级中学生行为习惯、精神状态和学习成绩都得到了大幅度提升，明显好于作为对照组而出现的非实验班。

总之，自主发展是学生的核心素养之一，而超强的自控力则是自主发展的核心因素。新乡市一中以班级建设为载体，以课堂为主要形态，通过常态化的文化熏陶、主题式的活动教育、体验式的德育建设让学生学会有效管理自己的学习和生活，让他们在不断的思想建设和具体的活动实践中去培养、增强自控力。通过增强自控力，学生逐步认识和发现自我价值，不断挖掘自身潜力，实现自觉自主成长，进入"追求进步—获得成长—有自信追求更大进步"的个人发展良性循环。

在本节的结尾，我援引两篇学生记忆中的片断，来说明学校"自控力"的训练，是如何在教学细微处体现出来的。一位是 2020 届校友张泰豪，2020 年高考考入东南大学信息科学与工程学院，本科期间荣获多种奖学金及一项专利——一种星地链路规划方法。他现已获得保研资格，将保研至东南大学通信工程专业，在通信物理方面的信道估计方向继续深造。他在日记中写道：

最早真切地认识到自控力，我是说实体意义上的，是在初三的时候。海鹏老师给我们每位同学发了一本叫"成功日志"的小本子，督促大家每天为自己制订计划，写每日的反省感悟。我坚持了一年，到现在那本子还留在家里的书桌上，上大学时回家翻阅，仍有感触。在我看来，列计划并且具有行动力就是对自控力的诠释。

在获取简单知识的初高中教育中，如果想取得不错的成绩，其中最关键的就是自我的正向反馈，而能有此良性循环的重要来源就是自控力。而那本"成功日志"就是我修炼自控力的开端，直至我的大学的课程学习，都从中受益。

至今我也还在不断提高自己的自控力。科研与学习不同，前者是在探索未知，难度更大且目标模糊，因此所需要的自控力自然更强。列计划不可少，但是在难度大且不明确的事件中行动力更加重要。很多人会在这个过程中放弃，也有人因想追求完美而迟迟不敢行动，这些都是行为习惯造成的。但我们永远无法做出万全的准备。所以，科研需要的自控力是减少不必要的焦虑，开始有效的行动，配合每日的反省感悟，及时调整下一步决策。

正是海老师给我们的"成功日志"，让我在无形之中形成自控力，并且不断地修炼自控力。我想，自控力就是让自己脱离舒适圈进步时所需要的，没什么神奇，亦没必要定义。

另一位是 2018 届校友徐运昕，2012 年进入初中部学习，2018 年高考考入中国农业大学，目前为清华大学直博生。该名校友表示：

自控力是一种至关重要的品质，我的成长离不开自控力，我有幸在中学时就接触到学校开展的自控力培养训练。

我在一中上初中的时候，学校每年都会组织一次拓展训练活动。当年一个团队活动至今让我印象深刻——翻越毕业墙，这是拓展训练的压轴项目，当我第一次面对高高的墙体时，没有任何辅助让我感到害怕和紧张。没想到老师却让我第一个上，我们的老师告诉我们这是一项需要极强自控力的运动，因为只有控制好自己的思维和情绪，我们才能用到各种技巧，顺利爬上去。于是，我鼓起勇气，迎接了这个挑战。尽管我摔倒了好几次，但我并没有放弃，不断地调整好呼吸和思维，最终我第一个成功翻越了毕业墙。自控力让我学会了如何在困难面前保持冷静和坚持。

除此之外，学校当时还设立了一个宿舍自习室，每天晚上熄灯后，自愿到这里学习一个小时。这既帮助我们愿意学习的学生争取学习时间，也很好地帮助我提高了自控力。在自习室里，老师不会管束我们，我们需要自觉地完成作业和复习。刚开始的时候，我总是容易受到周围同学的影响，无法集中精力。然而，随着在自习室里逐渐度过的时间增多，我开始学会将注意力集中在课业上，不再受到诱惑和干扰。同时，我也学会了合理安排时间，充分利用自习室提供的学习环境，这使我在学习上取得了更好的成绩。

这些事我至今想起还难以忘怀，对我中学毕业至今的成长都有很大的帮助，成为我遇到困难时勇敢坚持的助力。

在上述两位同学的回忆中，自控力训练与他们作为教育主体的"适合"之感是密切关联在一起的。张泰豪对于海老师的"成功日志"记忆深刻，而这与自控力之间乃是源与流的关系。有了明确的目标和计划，并养成习惯，让他终身受益。而徐运昕同学则以"翻越毕业墙"和宿舍自习室为例，说明了自控力其实更多在于师生的互动之中。而这种互动恰是"适合"之感的体现。这两位同学都说明了自控力训练的充分和有效，已经深入师生教育生活的细节之中。

2. 自学潜能

自控力的进一步演化，就是自学潜能。在中学阶段开发学生的自主学习能力已经成为基础教育界的主流思潮。本小节以思想政治课的创新教育为例，说明利用思想政治教育资源，有效开发学生的自学潜能，培养学生的创新意识和能力的重要性，其也是"适合教育"在课程观上的显现。一门课，使得学生的主体意识及其"适合"之感能够得到提升，这是"适合教育"的重要内涵。

之所以举思想政治课的例子，是因为在学生学习的诸多学科中，思想政治课是素质教育的前沿阵地，是确立学生世界观、人生观、价值观的主阵地。这一阵地如何通过自控力的培养，利用教材的可操作空间，充分发挥学生的自学潜能，实现自主学习，是一个非常值得研究的问题。

当代中学生是在改革开放不断深化的环境中成长起来的，他们整天接触的是日新月异的现实生活和纷繁复杂的社会问题。因而，他们很希望政治课老师能从理论和实践相结合的高度，就他们所关心的一些诸如经济体制改革、民主政治建设、国际形势的变化等重大理论和现实问题，给他们以信服的解答，希望通过政治课学习提高他们分析问题和解决问题的能力。这就要求中学的思想政治课的课堂教学改革，能从学生实际出发，研究学生的需求，把提高自学能力的目的与学生的需要结合起来。这样，思想政治课教学才能充满生机和活力。21世纪是知识经济时代，创新是一个民族兴衰存亡的关键。随着新一轮基础教育课程改革实验的全面展开，培养学生的创新意识和社会实践能力已成为素质教育的核心。传统思想政治课教学面临着一场前所未有的革命。如何发挥学生的自学潜能，是摆在每一位思想政治课教师眼前的头等大事。

首先，课堂教学中自学潜能培养的前提条件，是创设能激发兴趣、启发思维的教学问题情境。如果说，教学设计中确定目标和内容这一环节回答的是"教什么"和"学什么"的话，那么，选择合理例题这一环节解决的则是"怎样教"和"怎样学"的问题。这一环节的设计中，最能体现创新教育的一个途径就是教学问题情境的创设，即给学生提供创新的条件、机遇和氛围。创设教学情境的目的，主要是为了激发兴趣和启发思维，强调的是创造性解决问题的方法和形成探究精神。兴趣是构成学习心理的动力系统中的最活跃因素。而思维则是能力的核心，启发思维是政治教学中培养能力、发展智力，进而提高学生素质的关键一步。因此，在政治课中创设问题情境，能使学生认知的动力系统和智力系统处于兴奋状态，使学生的认识活动和意向活动全身心参与投入，在创设新环境中，能产生碰撞、开拓思路，这有利于学生创新能力的培养。在政治课教学中，创设情境主要通过设疑。设疑能使学生从原有认知结构中产生矛盾，激发思考的欲望，这不仅能使学生在兴趣和成功的喜悦中较好地掌握新知识，还能从中发展思维，培养创新能力，逐步形成良好的学习方法。因此，要高度重视设疑。好的疑问可以有效激活学生的自主性，使其沉浸在"适合"自己情景的答案探寻之中。

比如，针对九年级"经济常识劳动者权利和义务与社会保障"的教学，可以设置这样一个情境——

小王的爸爸在当地的国营化肥厂工作，每天上班 8 小时，月薪 5000 元。过了一年化肥厂被私人承包了，每天常常劳动 10 小时以上，双休日也得经常上班，而又不能及时领到工资，最终因经营不善，化肥厂倒闭，小王的爸爸下岗。但小王的爸爸掌握了一技之长，会修理自行车，便去街道摆设了一个自行车修理铺，恰巧此时，该镇在争创全国卫生城，当地城管执法人员与小王的爸爸发生了争执……

请问：这一则材料中，小王爸爸的权利、义务变化可分解为哪几个阶段？在不同阶段中，你如何看待小王爸爸与化肥厂领导、城管执法人员的关系？你阅读了上述材料有何启示？

教师开放课堂，让大家各抒己见，学生置身于思考探索的气氛中；然后，教师将学生的各种解答展示出来让全班同学评议、争辩；最后，教师指导学生阅读和小结，当一些学生看到了教材中叙述的内容与自己的看法基本一致且自己有新的见解时，脸上就会充满成功的笑容。总结来说，培养和发展学生的创新能力，一是要向他们尽可能多提供一些"适合"课堂的创新思想机遇；二是要根据所授的课题安排，刺激其产生"适合"思考的情境，提出引起思考的问题，适当地暴露、产生、激化学生认知结构上的矛盾，使整个课堂充满积极创新的气氛，从而激发学生向上进取的精神和创造力。

其次，巧设疑问，鼓励参与，培养学生的自学潜能。哲学家波普尔认为："正是怀疑、问题激发我们去学习，去发展知识，去观察，去实践。"教学是一个设疑、质疑、解疑的过程。教师在课前要认真研究教材，精心设计问题，才能在课堂上提出学生感兴趣的问题来，所提问题应能与生活实践相联系，令人深思，给人启迪，能调动学生参与的积极性，要有思考价值。这样，才能激发学生自学意识。

爱因斯坦说："被放在首要位置的永远是独立思考和判断的总体能力的培养，而不是获取特定的知识。"导电塑料的开发、重力加速度理论的产生、超导体的发现、杂交水稻的成功培育、相对论的提出……所有这些，无不是对既有观念质疑而获得成功的。因此，教师在教学中要巧妙设计适合的疑问，让学生讨论，激励学生质疑，积极引导学生去探索学习。与此同时，教师也要以适合的角色、时机，积极参与到学生的讨论中去，以指导者、组织者、参与者、研究者的身份展开适合性的教学活动，引导学生大胆探索、各抒己见、畅所欲言。在讨论过程中，教师还要善于捕捉学生创造的火花，及时鼓励，及时引导。如在教"商品的含义"时，教师可采用多角度、多层次的迂回式提问：①提到商品，同学们很快就想到了商店中的食品、衣服、家电等。那么，这些商品是怎样来的呢？它们又到哪里去呢？②大自然中的阳光、空气是不是商品？为什么？③医院给病人输的氧气是不是商品？为什么？④你送给同学的生日礼物是不是商品？⑤劳动产品是不是商品，关键看什么？这种迂回式的提问，切中学生的生活感知，能够使学生的思维由浅到深、由窄到宽、由形象到抽象，也能使学生创造思维的敏捷性、发散性、聚合性、发现性和创新性等得到有效训练。

再次，是改变学习方式，鼓励学生产生求异思维，发挥学生的自学潜能。传统的学习方式过分突出和强调接受和掌握，往往忽视发现和探究，从而在实践中导致了对学生认识过程的极端处理，把学生学习书本知识变成仅仅是直接传授书本知识，学生学习成了纯粹被动接受、记忆的过程。这种学习让人的思维和智力窒息，摧残人的学习兴趣和热情。而所谓转变学习方式，就是要改变这种方式，把学习过程之中的发现、探索、研究等认识活动突出出来，使学习过程更加适合于学生生活的实际，让更多的课堂能够适合学生发现问题、提出问题、分析问题、解决问题，以求鼓励学生自主学习、合作学习、探究学习。

新课程改革要求注重培养学生的批评意识和怀疑意识，鼓励学生对书本的质疑和对教师的超越，赞赏学生独特化与个性化的理解和表达。这就要求充分发挥学生的主动性，对学生的好奇和求异加以引导和鼓励。没有求异就没有创造，求异往往是创造的开始。所以，在教学中教师要鼓励学生的求异，让学生知道没有绝对的真理，不要盲目崇拜权威，对既定的理论、教材、教师，乃至学校都可以提出质疑，鼓励学生大胆发表自己的见解，提出自己的设想，引导学生去探索、去质疑、去创新，从而培养他们的创新能力。例如在教学"一分为二"观点时，一个学生突然提出："要求学生德智体美劳全面发展，对此怎么'一分为二'地看待？"这是个发散思维的火花，需要教师引导学生讨论、交流，从对这个求异思维进一步的讨论中拓宽学生的思维。又如在教学"内外因辩证关系"时,我引用"近朱者赤,近墨者黑"的成语,并结合"孟母三迁"的故事来加以论证,我把这说成"真理"。很快,学生中就有人提出了"近朱者不一定红,近墨者不一定黑"的观点,并说出了自己的理由。对类似的求异思维,教师要给予充分的肯定和鼓励。

最后,在教学中,要把创新能力的培养与个人潜能的开发紧密相连。创新能力是在一定目的和条件下,个体可能会产生出某种新颖、独特,有社会或个人价值的产品的能力,它与一般能力中的具体能力是紧密相连的。因此,培养学生创新能力,就要与培养发现问题的能力、辩证思维能力和实践能力相结合。一是培养学生发现问题的能力。发现问题的能力是从外界众多的信息源中,发现待解决问题的能力。政治学科是一门综合性课程,内容非常丰富,在外部世界中,存在着大量复杂的信息,其中有些是常规性问题,有些是创新性问题。这就要求我们去鉴别、选择有关问题。但由于以往的知识经验、习惯、情感以及流行的观念与见解深刻地影响人们的认识与活动,人们获取的问题通常限于自己已有的知识范围之内,重视常规性问题,忽视了对创新性问题的探索。这就要求我们在课堂教学中,要善于培养学生观察问题的能力和方法,从而来发现问题。

二是培养学生辩证思维能力。辩证思维能力是创新能力的基础。辩证思维能力的培养是引导学生运用矛盾分析方法,从联系和发展的观点来认识事物的本质和规律,坚持逻辑与历史统一、理论与实践统一。政治课教学内容中包含了丰富的哲学思想,为培养学生的辩证思维能力提供了有利条件。培养学生的辩证思维能力,总的看要坚持从实践中来,到实践中去的原则。首先使学生运用辩证法,通过分析、归纳,了解任何事物都是矛盾对立统一的。在日常教学和生活中,要注意纠正学生从单一侧面绝对看问题的思维倾向。例如,在讲改革开放巨大成就时,简单地说教效果往往不好,教师要带领学生参加社会调查,然后进行课堂讨论。讨论中,学生对改革开放中的成绩和问题会产生不同看法。

教师针对学生的分歧意见引导学生或从自己家乡的变化，或从报刊的数据事实，反复论证观点，经过一系列分析综合的思维活动，学生对改革开放以来的成就形成了比较统一的认识，其辩证思维能力也获得很大提高。

三是培养学生的实践能力。所谓实践能力，就是指能够把所学到的知识应用于实际中解决问题或对自身实践活动指导的能力。思想政治课教学主要培养学生在社会生活中的实践创新能力，如社会交往能力、社会适应能力、社会调查能力、政治参与能力等。而这里培养的，其实是学生运用所学的知识去分析具体的社会问题和解决社会问题的能力。这是一种创新能力。思想支配行动，实践上创新先要思想上创新。实践能力的培养应与思维方法的训练相结合，尤其要重视与创新能力密切相关的，如突破定势思考法、发散求异思考法、大胆猜测思考法等的训练，只有充分激发思考的教学，才能使学生在思维活动中做到奇思妙想犹如泉涌，最终在实践活动中有所突破、有所创新。

（二）项目式：“适合”的课程形态

“适合教育”的课程形态是多样的。新乡市一中的校本课程有50多门，足以满足全校学生的选课需要。而这50多门课程可以分为4个模块，具体来说，包括：（1）人文模块校本课程旨在培养学生的高尚情怀，主要开设有：社会主义核心价值观大讲堂、国旗下课程、经典诵读、汉字听写大赛、课本剧、嘤鸣文学社、绅士淑女文明礼仪、商业社团、青少年邮局、职业生涯教育、自控力培养等。（2）科学模块校本课程旨在激发学生的创新精神，提升其合作能力。主要开设有：天文社、航模社、机器人社、3D打印社、生活中的数学、生活中的化学、勾股论坛、知识产权知识培训、科学夏令营等。（3）艺术模块校本课程旨在丰富学生的审美体验，形成开阔的视野。主要开设有：书法艺术、舞蹈社、合唱社、京剧脸谱、戏曲进校园、动漫社、篆篆社团、音乐社等。（4）健康模块校本课程旨在促使学生践行健康的生活方式，热爱运动，培养健康生活观念和健全人格。主要开设有：心理健康教育、远足拉练、励志拓展训练、体育选项教学、趣味运动会、阳光体育、主题节日活动课、健康卫士等。

新乡市一中的校本课程授课老师中，既有高校的专家学者，又有本校的一线教师；既有学生家长，又有一中的优秀学子。高质量的校本课程，增加了学生的选择，满足了学生的个性化学习和深度学习。而这种学习深度，很好地体现在项目式的教学过程之中。什么是项目式的课程呢？就是让学生在尽可能真实的问题情景中，体会矛盾的发生，进而能够运用"适合教育"的基本原理加以分析，甚至以自学为主的方式，归纳和演绎出课程的知识点、认识论以及价值观。

1."适合教育"让课程 / 课堂项目化

项目式的课程形态，核心在于创设情景。而"适合"之感，是要在具体情景中生发与演变的。我以新乡市一中思政课在常规教学中尝试进行的项目式学习为例，讨论一下"适合教育"是如何使思政课项目化的。

项目式学习是一种改善课堂的有效教学方法，旨在以建构主义理论为指导，鼓励学生在真实问题情境中探究学习，从而提升多种能力。项目式学习的核心是从学科的核心概念和原理出发，由学生通过必要的探究活动完成相关知识的验证和建构。而其运行程序则一般是选取本学科或跨学科的主题内容，让学生基于现实情境，解决实际问题。简单说，项目式学习主要包括四个环节：提出问题（项目选题）、规划方案（项目设计）、解决问题（项目执行）、评价反思（项目展示）。相比于传统思政课的主题式学习，项目式学习能从更广、更深、更结构化的层次培养和提升学生的综合能力，也更加符合"适合教育"的认知与判断。

中学思政课的项目式学习需要有一个科学合理的设计。在"适合教育"的视野中，这一设计应该具有系统性、科学性和前瞻性。而这就需要在建构思政课项目式学习时，重点把握以下几个原则，使不同的矛盾能够在"适合"中统一起来。

一是坚持学科特色与项目特色相统一。坚持学科特色，就是要认真把握中学思政课的课程性质和育人目标。把握项目特色，就是应该明确中学思政课项目式学习的时政性、参与性、实践性、合作性。坚持学科特色与项目特色相统一，就是应该把思政课的课程性质与项目式学习的特色进行有机融合。

二是坚持价值培育与素养提升相统一。坚持价值培育与素养提升相统一，就是在中学思政课项目式学习中既要注重社会主义核心价值观的培育，又要注重学科核心素养的提升。核心价值与核心素养两者并重，要求我们在建构思政课项目式学习时坚持正确的价值导向、科学的项目管理、有效的项目研究。

三是坚持常规教学与学科活动相统一。坚持常规教学与学科活动相统一，是处理好中学思政课常规教学任务与项目式学习的关系，使之"适合"学校情况。首先从教学时间的管理分配来看，常规教学和项目式学习的时间比重分配应该科学合理，如新乡市一中的思政课项目式学习一般会占用 1/4 的课时；其次从教学的侧重点来看，既要完成教学的常规任务，又要帮助学生完成项目式学习。

四是坚持学生主体地位与坚持教师主导地位相统一。坚持学生主体地位与坚持教师主导地位相统一，就是明确师生的地位以及角色分配等关系。坚持学生的主体地位，是在思政课项目式学习中，从主题内容的选定到最后的成果汇报与总结，都让学生自主进行探索、合作完成；坚持教师的主导地位则是教师要在整个项目的运转中把握正确导向。

从课程开发来看，中学思政课项目式学习是基于中学思政课的学科特点和项目式学习的主要特征而开发的一种学科性的项目式学习。开发

适合教育论

"道德与法治"学科项目课程是优化课堂教学效果的需要，也是进一步落实课程性质的需要，旨在为学生夯实学科知识基础、提升学科素养、拓展学科视野打好基础。以新乡市一中初中部"道德与法治"学科的项目式学习为例，项目课程命名为《焦点时空》，这一门课程实施的主要流程基本可以分为六个环节，它们分别是：学生自主选取研究主题、师生共同探究选题的可行性、学生自主设计项目研究的方案、学生根据方案自主开展研究、项目成果汇报展示、师生评价项目成果。

在这一门课上，运用"适合教育"的观念，可以将项目课程的运行机制归纳为三个阶段：一是由提前确定的班级兴趣小组轮流承办项目课程，二是轮值小组的项目研究成果统一在课堂上进行汇报展示，三是展示结束后由师生共同进行开放性评价。整体看，与"适合"之感相关的是在项目课程的实施过程中，班级学科小组的组建。班级学科小组是"适合教育"的主体，也可以被称为"积极活跃的学习组织"，它是项目课程有效实施的重要载体和组织形式。在新乡市一中，项目课程的开展令学生发现问题的能力不断提高，学科素养不断提升，课堂教学改革与创新有了新的实践路径，呈现出有价值、有生机的新样态。

从"适合教育"的角度来对新乡市一中的项目式学习实践予以反思，可以看到两点特别显著的经验。一是项目式学习应该以兴趣为先导。兴趣是主体意识的显现，项目式学习需要主体充分激发自我意识，使课程内容与学习主体"适合"起来，注重对学生兴趣的培养。开展项目式学习的根本目标是为了进一步提升学生的综合素养，尤其是学科素养。而只有坚持以兴趣为先导，才能激发学生内在的驱动力和学科探究能力，整个项目式学习的过程才会充满生机与活力。

二是研究成果是开放性的。所谓"适合"，并非一对一的精准传播，相反，它总是保留了某种开放性。项目式学习的评价方式是对最终的作品或产品进行讨论和分析，评价内容主要针对产品的内涵、价值和社会效益，就需要有"适合教育"的理念介入。比如，对于项目式学习研究的成果，应该以包容、开放的心态去对待，特别是中学生开展项目式学习的研究，更应注重过程；而对于成果的展示或者结果的分析，要持一种具开放性的评价，教师应积极从中学生的研究成果中发现创新的方向和价值，从而进一步培养他们乐于实践、善于实践的科学精神。

总之，中学思政课项目式学习的建构是中学思政课课堂教学新的改革和尝试，更是由课程育人目标而形成的新的教学导向。"适合教育"要倡导人的主体性，使人主动适应教学的过程与内容，而中学思政课项目式学习的建构，就是很好的一例。只有扎根课堂教学、取材社会生活、激发学生兴趣，才能"适合"有效。

2."适合教育"让集体/活动项目化

新乡市一中的"适合教育"不仅在课堂、课程上有生动体现，在班级管理上也充分突出了"适合"之感。这种"适合"是用班集体的项目化运作，带动课堂与课程的整体嵌入，使学生状况、班集体认同与课程特色化结合起来，熔铸于项目之中。这种项目具有很强的集体色彩，往往能够激发学生的自我认知与主体意识。

我以新乡市一中的特色班级"振业班"为例，对这种班集体的项目化运作何以突出了"适合"意识进行分析。

1956 届校友，科学家、中国工程院院士赵振业
为学弟学妹签名

赵振业是新乡市一中1956 届的校友。他 1937 年出生于河南省原阳县姚村，现任北京航空材料研究院研究员、博士生导师，金属材料专家，中国工程院院士。40 多年来，赵振业院士一直从事航空超高强度钢应用基础理论、合金设计和工程

应用科学与技术研究。他主持完成了 300M 钢应用研究，以"长寿命起落架总体技术方案"获国家科技进步一等奖。这一项技术研究成果主要用于 300M 钢制造歼 8 Ⅱ 飞机主起落架，能够使主起落架的疲劳寿命达到 6000 小时（包括增载 30% 后 1000 小时）不破断，远超过国内飞机 3000 小时、国外飞机 5000 小时的规定最高寿命。这一技术创造性地解决了困扰先进飞机设计、使用几十年的超高强度钢起落架工程应用科学与技术问题，实现了长寿命起落架重大工程目标和技术跨越发展，服役 10 余年来广泛应用于 10 种先进型号飞机且无故障。

赵院士提出"无应力集中"抗疲劳观点，建立理论模型，研究并获得抗疲劳微观机理，创新和集成创新抗疲劳和氢脆应用技术体系和先进工艺技术；系统研究二次硬化、超细化等强韧化机理，合金设计获中温超高强度钢、超高强度不锈钢等 5 项发明，开拓航空超高强度钢新领域，为合金体系发展和多项重大航空工程做出突出贡献。他的名言是"要干就干别人没有干过的，要做就做世界一流的"。

新乡市一中为有这样一位杰出校友，而倍感自豪。而为落实拔尖创新人才培养精神，有效探索初高贯通融合实践，激励更多的一中学子迎风逐梦、踏浪前行，牢记"求知、求真、求健、求美"的校训，志存高远，为祖国而学习，科技报国，振兴中华伟业，新乡市一中决定把赵振业的精神符号化、班级化。2020 年 9 月，经校党委研究决定，每年从南校区和东校区初三年级，选拔 100 名优秀毕业生，创设"振业班"。2020 年 9 月 29 日，新乡市一中迎来了建校 80 周年庆典，在庆典大会上授牌成立"振业班"。赵振业院士捐赠 20 万元设立"振业奖学金"。

从 2020 年至今，新乡市一中已办有三届振业班，振业 1 班至 6 班，每届 2 个班。在教学安排上，"振业班"压缩中考备考时间（用一个半月时间备考），减少机械化重复练习，提前开展高中数理化课程学习。在 2021 年和 2022 年中考中，"振业班"超过一中本部分数线比例均高于 90%。经过不断实践总结，"振业班"发现高中课程先修，不仅不影响中考成绩，而且可以有效拓宽深化学生知识体系，提高学生数理学习能力，提升学生科学素养，为学生初高中一体化发展奠基助力。而在当前，"振业班"师生形成了追求卓越，争创一流，"要干就干别人没有干过的，要做就做世界一流的"奋斗精神，着力培养立大志、明大德、成大才、担大任的新时代拔尖创新人才，为中华民族伟大复兴努力奋斗。

此外，新乡市一中以特色课程/活动为抓手的项目化学习也值得推广。如第24届冬奥会于2022年2月在北京举办，学校为了更好地贯彻落实党的教育方针和体现"让体育成为一中的特色"要求，结合实际，将"陆地冰壶"引入课堂。2020年12月，"陆地冰壶进校园"由新乡市一中体育俱乐部通过项目化的方式进行运作。体育俱乐部结合全国、河南省及新乡市的"陆地冰壶"开展情况，及时考察调研省内外各大中专院校和中小学"陆地冰壶"的普及状况，两周内完成场地、器材等相关准备工作，并成立新乡市一中"陆地冰壶"活动中心。2021年1月，新乡市一中"陆地冰壶进校园"启动仪式在南校区体育馆举行。作为新乡市第一家开展"陆地冰壶"活动的中学，学校"陆地冰壶"活动中心预备三块场地，校体育俱乐部积极组织广大学生参与并选派出人员多次参加河南省的"陆地冰壶"培训，考取"陆地冰壶"社会指导员证书，在高一年级和初一年级较大范围进行培训试点。在北京冬奥会举行前，全校学生1000余人，教职员工100余人参加了"陆地冰壶"培训，并在初中部成立了"陆地冰壶"社团，定时定期进行培训，获得了中央电视台及省市电视台的采访报道。

类似的项目化课程/活动等形态，在新乡市一中还有很多。它们有的以学校层面通过课程管理予以协调，有的在社团层面通过活动课程有序展开。这些项目的蓬勃兴盛，有效地显现出"适合教育"在以不同维度、不同方式展开。不同的学生可以在不同的项目化课程中找到自己的兴趣与价值，从而实现自我的"适合教育"。这样的方式以小、微、新为特征，使课程真正走向了学校发展的深处。

3.“适合教育”让成长／发展项目化

在项目化进行课程管理方面，新乡市一中多年坚守传统的特色创新人才培养模式。新乡市一中是河南省唯一进行超常教育实验和中国人才研究会超常人才理事会发起者之一的学校。新乡市一中少儿班作为河南省超常教育实验班的具体“项目化”，前文已经做过比较详细的说明，此处略加概述，以显现出特色化的项目课程管理之“适合”。

超常教育实验班的设立是基于“为学生提供合适的教育”的理念，在确保机会均等的前提下，打通初高中教材，因能开发、因能施教，从而实现更高层次的公平。数十年来，在各级领导的大力支持下，在社会各界的亲切关怀下，新乡市一中少儿班不断探索、总结，在学生入学测试与选拔、学制和课程设置、教学方法和评价手段等方面均做了有益的探索和尝试，取得了骄人的成绩。少儿班实行“弹性学制、动态管理”，开展了“走进清华北大的理想教育”“野外拓展训练”等品牌项目活动，形成了“打牢基础、开发潜能、张扬个性、全面发展”的办学特色，实现了“适合教育”在中原大地的繁荣与探索。

新乡市一中少儿班根据超常儿童年龄的身心发展特点，在课程设置上注重在创新性、愉悦性和健全人格等方面的培养，做到寓教于改、寓教于乐、寓教于德。（1）寓教于改。学校建立了培养超常创新人才的教学体系，推进“高效智慧课堂”建设，实行“自主探索—合作研究—精练展示—测评创新”的课堂模式，实行探究创新教学，学生成立学习小组，进行合作研究学习，深

参加教职工运动会拔河比赛

入扎实进行改革。（2）寓教于乐。新乡市一中开设的各学科课外活动，如：诗歌朗诵、化学趣味实验、智力运动会及美术、摄影展等，让学生在快乐、宽松的氛围里学习和成长。（3）寓教于德。学校以社会主义核心价值体系为引领，坚持立德树人，专门成立了少儿超常教育德育工作室，建立学生综合素质评价档案，强化学生每日常规的习惯教育，推进少儿班"学生思想道德发展系列教育"建设，帮助学生树立崇高的人生信仰、坚定的成才志向，形成强大的学习动力，促进其文明、诚信、正直的人格有效形成。同样，学校还特别重视对超常少儿的身心发展、理想形成、人格养成、品质修养等多个方面的培养，做到了"四有"。

一有丰富多彩的励志活动。组织学生听英雄模范报告，请一中知名校友返校作报告；以"胸怀成才梦，走进清华园"为主题，暑假带领学生到北大、清华等地参观，帮助学生树立心中榜样，点燃其理想和志向火花；为了培养学生的吃苦精神、团队意识，组织学生进行拓展训练；组织学生到天安门广场参加升旗仪式，组织学生同国旗班战士座谈；召开"起点""人小志气大"等主题班会，通过一系列励志教育活动激发学生潜能，使其振作精神，追求理想。

二有挫折教育和意志力培养。每年组织学生军训、远足、进工厂、下农村。如组织学生骑自行车去十几公里外的愚公泉旅游，回校后孩子们一个个被雨淋透了，但他们风趣地说："这算不得什么，我们接受了风雨的洗礼，锻炼了身体，增强了意志，这是最宝贵的。"在10天的军训之后，同学们的组织性、纪律性和意志力大增，显现出"适合"之魅力。

与师生们一起参访台湾学校

三有深入扎实的心理教

育。针对超常儿童大多数年龄小、学习任务重、抗挫能力弱、心理压力大的情况，学校请心理学家和有关部门为学生做心理测试和评估，对学生智商、智力、个性特征、情绪倾向进行量化了解；专职心理老师开设心理学课程，及时对学生进行心理疏导和诊治；召开主题班会，让学生学会如何疏导情绪，保持健康的心态；教师经常与学生沟通交流，及时解决学生思想问题，对学生提出恰当的期望。这些都是"适合教育"在细节处的自我调适。

四有激情绽放的校园文化。每年定期举行各种各样的校园文化活动，为有艺术天赋和业余爱好的学生提供了施展才华的舞台。开展别开生面的道德法治教育、模拟联合国、校园辩论赛、心理手抄报评比、经典诵读比赛、才子才女数学竞赛、书画摄影作品评比等活动，既丰富了校园生活，又提高超常儿童的综合素质和能力。

2000年，不到14岁的学生何碧玉，一举夺得河南省理科状元，被清华大学录取，在全国引起了极大的反响，轰动清华园。以此为代表，一批新乡市一中少儿班的学生进入生物、电子、工程等领域，成为社会的中流砥柱。2010年5月，在台湾召开的"两岸三地超常与创造力教育发展"学术研讨会上，许多专家学者认为身处经济和教育相对欠发达的内陆地区的河南省新乡市一中孜孜不倦追求超常教育，精神可嘉，而其具有超前的教育理念，取得丰硕的办学成果，更是令人赞叹。

近年来，少儿班借鉴"钱学森大成智慧"的教育思想，结合少儿班实际，推进课堂改革，形成高效、生态、智慧、创新的少儿班"高效智慧课堂"，正在探索和形成生态、高效、智慧的课堂教学模式，涌现出一批课堂改革的先进典型。具开放性的"适合教育"模式，锤炼了学生的意志，开阔了学生视野，激发了学生探索自然、社会奥秘的兴趣，培养了学生的动手能力、合作意识、团队精神，更淬炼出"打牢基础，开发潜能，张扬个性，全面发展"的办学理念。

在课程管理上，少儿班通过"弹性学制，动态常理""自选科目，级别跑班"的分级教学管理，深入、生动打造高效课堂，增强师生互动；加强学法指导，注重个性发展；激发内在潜能，提高综合素质，为少儿部（班）提供了一片育人沃土。一批批优智儿童在拥有良好智力因素的同时，独立性、求知欲、坚持性、好胜心等非智力因素也得到了最大限度的发展。他们不仅拥有强健的体魄，更具备了良好的素养，展现绅士风度，淑女气质，以及必要的团队意识和合作能力。

整体看，如今的新乡市一中少儿部已不再是创办之初培养极少量高智商学生的少儿班，而是广大优智儿童健康成长的摇篮。超前的教学理念、独特的教学方法、一流的师资力量、先进的教学设施，特别是多元智慧的课程，为孩子的健康成长奠定了基础。具体来说，少儿部的课程形态有以下四点特色。

一是多元课程丰富。超常儿童普遍具有勤奋、创新、自律等优秀品格，学习能力强，接收新知识快。学科教师通过精心研究教材，对初、高中教材进行科学整合，对教学内容做到"留、补、删、换、并"等，实现初、高中教材知识的连贯和无缝对接。由于他们用相对少的时间精力完全可以完成普通学生的学习任务，剩余的时间和精力可用于更丰富、更富挑战性的活动中。多年来，学校不断丰富少儿班课程体系，充分满足他们的特殊需要。通过开设知识产权课、生涯规划课，引入斯坦福大学设计思维课等，点燃学生心中创造的热情和好奇心，培养学生的创新品格；通过开展"30公里远足""微型马拉松""走黄河"和生存训练课等，渗透对学生毅力、心理弹性的教育，锻炼学生的坚毅品格；通过开设心理健康教育与体验、拓展训练课等，健全学生的心智，平衡学生自身的人格。

以培养学生对于科学的好奇心和求知欲作为第一要务，开设了智能机器人课程，依托于建构主义和多元智能的教学理论，采取"学中做，做中学"的手段，引导学生在学科学的过程中探索研究。学生们在设计和制作机器人的过程中，以动手做的方式获得有关数学、工程机械、电子、计算机和物理等方面的知识，他们的沟通表达能力、自我学习能力、创新实践能力，机械设计能力、程序设计水平和信息技术素养得到极大提高。在该课程基础上，少儿部建成了智能机器人实验室。实验室配备专、兼职教师，配有乐高机器人组件、VEXIQ 相关设备。学生定期在这里参加活动，编写程序、设计、制作出了简易机器人、拼装机器人、程序机器人，并控制机器人完成特定的任务。在国家、省、市各级各类机器人比赛以及信息技术创新与实践大赛中，少儿部学生多次取得佳绩。

二是智慧课堂凸显。超常儿童培养的主阵地是课堂，少儿班的课堂必须更智慧与灵动，更能充分激发学生的思维潜能，有效拓展学生思维的广度和深度，鼓励学生超前自学，倡导研究性学习、合作学习。在课堂教学中，教师注重培养学生的"简洁思维""不同思维""反直觉思维"等思维品质和思维方式，培养孩子的自学能力、问题意识和协同精神，让学生受益匪浅。

少儿班多年坚持的"大成智慧高效课堂"，实现由平面向立体、单向向多向的转变。教学形式更开放：教学组织者可以是教师，也可以是学生；地点可以是教室，也可以是自然或社会场所；形式不仅是教师讲授，而且融入现代教学技术。在教学管理上，探索总结出了"自助餐式""菜单式"的课堂管理办法，对学有余力、学有特长的学生，开放学习时空、使其学习任务具弹性、自主选择学习方式。这样的自主学习为学生开阔视野、培养科学意识提供了广阔的平台。

三是课程师资优秀。连接课程和教学的是教师，实现课程最优化、课堂教学高效的是优秀的教师。根据少儿班学生的学习特点和需要，学校选拔师资的标准主要是热爱超常教育事业，具有创新思维和能力，承担过初、高中教学任务的中青年优秀师资。除了按照国家课程要求配齐配全教师外，还引进方法论、哲学、思维和自控力训练教师。此外，聘请高校教师、有专业特长的家长和其他社会人士，为学生开设社会专题课程、新学科（交叉学科）课程。

四是实验属性强烈。少儿部迄今仍带有教育实验属性，而这需要教育理论和教育科研的支撑。多年来，学校积极承担中国人才研究会超常教育专业委员会和全国创新人才研究会的课题研究，主动争取中科院心理研究所、北师大心理学部和省教科院、教研室专家的指导与支持。同时，与开展超常教育实验的北京八中、人大附中、东北育才学校、天津耀华中学、西安一中、无锡天一中学等全国知名中学开展合作交流。中科院心理所教授王极盛，中国科学院党组副书记郭传杰，中国人才学会超常教育专业委员会副秘书长孙金鑫、学术委员刘仲春，北师大心理学部部长刘嘉、心理学博士伍新春、中国教育学会拔尖创新人才基础培养专业委员会秘书长何静等多名教授受聘担任我校超常教育实验指导专家，亲临学校具体指导工作。近年来，学校先后承担的"有效教学课堂操作体系的研究""创新素养培养的课堂教学实践""在中学班级管理中培养学生自控力的实践研究""中学生同伴心理互助模式的探讨与实践""关于少儿班学生不良习惯的矫正研究"等数十项课题列为省级重点课题，并获得河南省优秀成果一等奖。

（三）多元化："适合"的教学内涵

"适合教育"作为课程理念，要创建适合每个学生发展的课程，就必然要求多元化，以多元课程作为"适合教育"的教学内涵。事实上，"多元化"作为一种时代发展的主流，本身就是教育改革的一种理论方向。在20世纪70、80年代，面对全球新自由主义的兴起和国际化竞争的加剧，世界各国都开启了教改进程，希望通过变革教育实现国家综合国力的提升。根据研究者的概括，教育改革的举措从"改良局部"（Fix Parts）到"改造人"（Fix the People），再到"改善学校"（Fix the School），最后上升到"改革系统"（Fix the System）。但同时也有学者指出，"尽管如此，学校并没有表现出许多明显的变化，现在的学校与半个世纪之前并没有很大的差别……这种现象在不同历史阶段和不同国家都曾经存在"[①]。这一现象在很大程度上是因为单一文化惯习所造成的根深蒂固的观念，大家习以为常地把"教师""教室""学生""上课"等概念在脑子里组成了一套制度，认定只有这样，才是学校教育——很多人会说："学校要有学校的样子。"因此，学校教育改革始终难以彰显。在新制度主义看来，这是学校及其相关机构所构成的组织域（Organizational Field，如家长、教育管理部门、高校、考试机构、用人单位、教师培训机构等）在受到各种正式和非正式的价值观、规则、习俗和利益，也即文化影响而自然出现的结局。而多元化恰可以在应对单一文化惯习方面，在思想上打破"学校要有学校的样子"这一传统认识，使学校、课堂成为一个多元的、充满想象力的组织。

有选择才能更适合，选择性是适合教育的题中之义。学校坚持通过多种多样的课程满足不同学生需求。限于篇幅，本章仅以传统文化课程和体育课程为例，对相关情况予以介绍，对"适合教育"的多元化课程中的体现予以展示。

1. 传统文化进校园的"适合"空间

优秀传统文化蕴含着丰厚的民族精神和道德理念，是新时代进行青少年道德建设的重要思想养分，在对青少年进行世界观、人生观、价值观、核心素养等方面的教育有着极为重要的导向作用。2014 年，教育部印发了《完善中华优秀传统文化教育指导纲要》，要求把中华优秀传统文化融入课程和教材体系，有序推进中华优秀传统文化教育。2017 年，《关于实施中华优秀传统文化传承发展工程的意见》《国家教育事业发展"十三五"规划》相继印发，进一步明确以美育人、以文化人，鼓励高

---

① 柯政：《学校变革困难的新制度主义解释》，《北京大学教育评论》2007 年第 1 期。

法国中学生游学团在新乡市一中感受中华传统文化

雅艺术、非物质文化遗产、民族民间优秀文化进校园，要求将阐发中华传统文化精髓、弘扬中华传统美德、学习中华人文精神贯穿国民教育始终。而大中小学阶段的传统文化熏陶更是在新时代进行青少年道德建设的重要思想养分，对青少年理想信念的形成起着极为重要的导向作用。

近年来，各类"传统文化进校园"的活动火热开展。一方面，传承传统文化的热情与希望开始进入课程，适合于中小学生成长的传统文化显现出新的生命力；而另一方面，很多学校也感到了实施过程中的不易——教师素养不足、内容碎片化、学生兴致不高、学校课时紧、家长配合难……如何让优秀传统文化与大中小学教育融为一体？传统文化课与语文课之间究竟有什么异同？传统文化教育到底是以知识性、文化性为主，还是以思辨性、思维性为主……针对这一系列的优秀传统文化进校园的现实挑战，由康震主编、中国社会科学出版社出版的《传统文化进校园的实践与反思》一书，就较好地回答了传统文化如何进入中小学的课程、活动等育人全过程。

仔细通读此书，我认为它从宏观上对传统文化教育进行了反思与创新，内容包括提升教师传统文化素养的认识和思考、传统文化教育体系建设和态度转变的探讨、在中小学语文教学中有效渗透传统文化以及传统吟诵进校园等几点思考，以及校园创意周边与传统文化再生产的路径探索等，都具有很强的"适合教育"色彩。而在微观层面，这本书集中展示了中小学传统文化实践理论与教学案例。其中，小学部分涵盖了小学校园文化建设实施路径的重构、基于核心素养的小学国学教育发展研究、传统节日作为语文课程资源的开发与运用、"新学制时期"小学语

适合教育论

文教科书的视角转变、小学阶段古诗文教学模式初探和诵读实践与探索等；中学部分涉及中华优秀传统文化课程建设与实践、实践课程中的优秀传统文化的教育价值挖掘、初中古诗词教学与学生诗词吟唱社团活动的探索与反思、初中国学课教学和古代诗歌教学策略例谈等。书中围绕如何贯彻落实教育部关于加强中小学传统文化教育的相关要求，就如何丰富和提升传统文化进校园的内涵和品质、提升传统文化育人效果等问题提出了深刻的见解。

下面，我以新乡市一中创办全国首家中学生箜篌乐团为例，分享优秀传统文化进校园的路径探索和课程化过程。

学校在 2018 年创建的学生箜篌乐团，由著名箜篌演奏家鲁璐亲自担任艺术总监，是全国首家中学生箜篌乐团、全国首家中学箜篌美育基地。根据学校箜篌领域学生的实际情况，这一社团课程开设分为两类，即在初中部成立箜篌社团和培养箜篌特长生。为响应初中部的特色教学，推进学校美育教育，从初中部选出了部分音乐素养较好的学生，组成了初中部箜篌社团；而箜篌特长生相比于初中部箜篌社团的学生，其音乐基础和演奏水平较高，基本已经完成基础课程，开始进行箜篌进阶学习阶段。对箜篌社团课程来说，学校安排每周四下午为固定的初中部箜篌社团箜篌课，其教学使用双教师制，即一名主教老师，一名助教老师，同时对学生进行辅导；而对箜篌特长生，学校则提供练习场地和节目编排设计，在大型活动或者赛事举行之前统一进行集中排练，以提高水平。

无论是箜篌社团，还是箜篌特长生，在课堂教学中，学校的课程教学内容多选择以爱国歌曲、传统民歌等为主，如《我和我的祖国》《彩云追月》《梁祝》《游子吟》《万疆》《唱支山歌给党听》等。

新乡市一中百人箜篌乐团

通过以上乐曲的学习，传承中华民族优秀传统文化，树立社会主义核心价值观。以爱国歌曲相关题材的内容作为基本素材，可以进一步增强学生的爱国情感。箜篌课程的教学时间都在九月底或十月初，与学校国庆活动相结合，有利于扩展音乐课堂的空间，使音乐课程价值得以充分发挥。一般会安排学习《我和我的祖国》这首乐曲，使音乐和历史教学结合起来，引导学生感受乐曲描绘的情景和箜篌的音色特点、演奏技巧，感受箜篌的独特魅力，并进一步了解歌曲的创作背景，增强他们的爱国热情。引导学生更能由浅及深地掌握箜篌的演奏模式，领悟乐曲所表达的爱国情怀，使历史具有"乐感"。

将箜篌艺术引入校园、引入课堂，是新乡市一中坚持中国特色社会主义教育发展道路，致力于传承和弘扬中华优秀传统文化，切实增强学生的文化自信，培养德智体美劳全面发展的社会主义建设者和接班人的具体体现。学校以此为依托，组织音乐教师开展箜篌教育专项培训，在初中起始年级推广箜篌教学，深入推进学校美育特色发展，推进传统文化教育进课堂，力图将新乡市一中打造成中国箜篌高精尖生源的培养摇篮，成为新乡市亮丽的传统文化风景线。

在此过程中，学校培养出不少传统文化达人。我校学生游宗骁2012年进入新乡市一中少儿部，后来在厦门大学攻读文学学士学位，后又进入中国政法大学人文学院攻读历史学硕士学位。他从事古典诗词创作10余年，著有《羲和集》《望舒集》等诗集，以下是他的经验总结。

"十年磨一剑，霜刃未曾试""十年生死两茫茫，不思量，自难忘""十年一觉扬州梦，赢得青楼薄幸名""九月寒砧催木叶，十年征戍忆辽阳"……在中国古典诗词中，有太多太多的诗人对"十年"这一意象寄予了丰富的文学想象。当我回忆起自己诗歌创作的十年，我则不禁想到我在母校新乡市一中少儿部的中学时光。从2012年末进入少儿部到如今差不多刚好十年，在这十年里我实现从理科生到文科生的蜕变，然而不变的是对古典诗词的热爱，以及对生活的热爱。

在中学时代，班主任于永新老师为班级营造了良好的阅读氛围，在课堂内外都有非常"特别"的语文课程。初入1201班时，我还一点都不爱语文，有很多次因为背课文拖延到班级最后而被老师批评。那时候，我还总找"记忆力差"的借口来逃避错误。可是到了第二年，在班级氛围的潜移默化影响之下，我对语文的态度发生了完全的翻转。我开始热爱语文，尤其热爱古典诗词。在一天当中，最令我兴奋的时刻就是在早读大声朗诵诗词。特别地，我也开始尝试古典诗词的创作。就这样，我的第一部诗集《羲和集》中的第一首古体诗在十年前诞生了。之所以名唤"羲和"，是因为它出自中国浪漫主义文学的先驱——屈原。现在回想起来，我真切地受益于老师"夫子循循然善诱人"的教育实践。

正如他在上述文字中所言，他的传统文化兴趣来源于新乡市一中的濡染与熏陶。正是在新乡市一中的教育经历中，他开始酷爱诗词和古典文化，而学校则为他搭建平台，邀请他作为少儿部大讲堂的主讲嘉宾，为同学们作古诗词文化研究讲座。于是，进入学校之后，他愈发痴迷于传统文化，收集整理古诗词2000余首，并出版印刷了自己的诗集《羲和集》。游宗骁不是一个痴古迷古而忘如今之人，他从古典文学中汲取养分，进而转入当代文学的创作之中。在由全国语文创新教育研究中心等单位联合举办的全国创新作文大赛中，他就凭借作品《金行》喜获一等奖。

2. 体育特色课程的"适合"展开

"为学生提供适合自己发展的教育"，是新乡市一中"适合教育"的核心理念。而多元化的课程设置中，体育课程尤为重要。2014年2月8日，习近平总书记同国际奥林匹克委员会主席巴赫交谈时说："我们要分类指导，从娃娃抓起，扎扎实实提高竞技体育水平，持之以恒开展群众体育，不断由体育大国向体育强国迈进。"而中小学的体育教育特色课程化，就是兼顾竞技体育与群众体育平衡发展的重要抓手。

"让体育成为一中的特色"就是基于新乡市一中的历史传承和现实条件提出的。新乡市一中的体育设施比较完善。学校建有标准田径运动场、篮球场、综合体育馆、室内篮球馆（排球馆），还有标准游泳池、羽毛球馆、击剑馆等设施。2018年，习近平总书记在全国教育大会上指出："要树立健康第一的教育理念，开齐开足体育课，创新体育教学模式，帮助学生在体育锻炼中享受乐趣、增强体质、健全人格、锤炼意志。"而在新乡市一中的发展史上，学校党委始终坚持德智体美劳全面发展，高度重视体育健康教育。早在1956—1958年间，新乡市一中的田径运动就闻名当地，不仅在全市中等学校中首屈一指，连部分高等学校也难以与之匹敌。当时，新乡市一中的田径运动员是河南省队的主力，如1958年2月在广州举行的全国田径运动会上，河南代表队十人中就有新乡市一中的三名学生，分别是1958届陈金荣、1959届董燧林、1957届林光，《羊城晚报》曾刊文《新乡是田径之乡》，而其荣誉是新乡市一中运动员争来的。

在新乡市一中毕业的校友中，也有一批运动健将。如1949届校友赵国瑞就曾担任国家射击队总教练、国际奥委会委员，是1984年中国第一枚奥运会金牌得主许海峰的教练；1986届校友何育明是美国加州大学戴维斯分校的终身教授，以文科状元身份考入北京大学，他创造的新乡市一中校100米短跑纪录保持了20年；1994届校友单立波在校时学习成绩

新乡市一中陆地水壶社团的师生们

适合教育论

优异，体育特长突出，是校足球队队长，后保送北京大学；2014届校友朱宏志品学兼优，成绩优异，武术特长生，后考入清华大学……相关事例，不胜枚举。

历时来看，近20多年来，以"适合"度为划分，新乡市一中成建制的体育教学经历了三个阶段：20世纪90年代，学校体育教学采用常规的分班制模式，每个班级每周两节体育课。这样的教学便于班级管理，但是，一位体育教师不能对男生女生进行更加细致的教学指导，无法充分考虑性别的差异，难以显现出"适合教育"的特色；随着办学规模的扩大，进入21世纪以来，为优化体育教学，学校开始强调"适合教育"，采用男、女生分开教学的模式，让体育愈加适合于不同性别的学生，每个班级每周有四节体育课（两节常规体育课，两节兴趣体育课）；而如今，随着我国教育与体育体制改革，学校体育越来越受到重视，社会影响力日益增强，从2014年开始，新乡市一中开始了体育选项教学，以使"适合教育"的效果最佳化，而经实际调查与论证，这一方式在高中部展开，一直沿用至今。

为什么开展高中体育选项教学？虽然体育选项教学的理论早在20世纪80年代就有专家学者提出，但进入基础教育的教学一线，却需要有充分理念与条件配合。学校以"适合教育"为理念，紧紧围绕体育课程标准，聘请专家到校深刻解读《普通高中体育与健康课程》，结合学校体育教学实际情况，决定实施体育选项教学。这一决定是基于以下三个方面考虑的。首先是学生方面。当时的数据显示，我国学生体质健康水平连续30年下降，而从学校调研来看，呆板的体育课对学生吸引力不足，可高中阶段学生掌握一项"适合"的运动技能的要求却很迫切。从时代要求上看，课程改革是当时教育改革的核心内容，加强体育课建设，推动体育课程改革势在必行。而给予学生选择权，激发学生上好体育课的积极性，本身就是"适合教育"的题中之义。此外，当然也有学校发展的客观需要。2014年，学校发展已经进入了学生基数大、学生

学生在击剑馆上击剑课

综合能力强的新阶段，传统"大额班"常规体育教学已经难以满足广大学生的多样化需求；而传统的体育教学侧重老师教、学生学，教师教学方法与手段过于单一，忽视了学生的主体作用，就彰显不出"适合教育"的特色与魅力。学校倡导"健康第一"的宗旨，以及"求知、求真、求健、求美"的校训，必然要求"适合教育"将体育纳入其中，要求学校在体育教学中更加注重学生健康素质，以充分投入和创新，为学生发展打下基础。

按照"适合教育"的理念，新乡市一中的体育课程设置以"立德树人"和"健康第一"为指导思想，以促进学生健康、全面发展为方向，强化"兴趣是最好的老师"这一观念，倡导尊重学生的体育学习选择，培养学生对体育学习的兴趣，而在具体教学中以"适合"为原则，发展学生体育运动的专长，让每一个学生都能掌握1—3项运动技能，打牢"终身体育锻炼"的理念。同时，体育课程改革要保持对体育教学内容与教学方法研究前沿的关切，通过教研来培养学生品格与综合能力，构建多元化、综合性的体育评价体系，重在激励学生。

新乡市一中实施体育选项教学是在高中部分年级展开的。高中共三个年级，选用人教版《体育与健康》教材，紧紧围绕"兴趣是最好的老师"这一宗旨，在教学改革的前期对学生体育兴趣爱好进行大量的问卷调查并整理归纳，结合学校场地、器材、师资力量等情况进行分析后，设置了田径必修项目、足球、篮球、排球、乒乓球、健美操（含韵律操、啦啦操）等6个项目的课程供学生选择；采用学生填报志愿与年级统筹安排的形式进行选项编班，4—6个常规教学班级为一组，后学生按选项分班上课，新成立的体育班设置新班委，选举班长、副班长2—3人。

通过教务处协调统一排课，根据每位教师的专项特长合理安排相应的教学任务，尽可能做到"让专业的人做专业的事"。在教研组上，同一项目的教师集体备课，采取"同课异构"模式，优化教学手段与方法，课后有专家老师点评分析；而教学内容方面，则要求教师更加注重实用性、学生可操作性，让更多的学生能够通过"适合教育"的改革，掌握体育知识与运动技能；在教学过程中要求教师转变陈旧的教学模式，把课堂时间还给学生，突出学生课堂主体的地位，提高学生的主观能动性，让学生更多参与到课堂中，增强学生的实践体验感。

具体来说，针对高一年级以"教会"为总目标，普及健康知识，以学生对体育的兴趣为出发点，让学生学会运动技能，体验运动带来的乐趣；针对高二年级则以"勤练"为总目标，使学生掌握系统的健康知识，在掌握运动技能的基础上，重点抓练习，使学生熟练运动技能，做到熟能生巧，为接下来的教学做好铺垫；针对高三年级以"常赛"为总目标，通过比赛实践，检验学生对运动技能的掌握情况，逐步使学生在生活中运用健康知识，通过教学培养学生的综合素质。

从体育课整体看，新乡市一中体育选项教学实践有效地实现了以下目标：一是学生身体素质指标逐步提升，学生身体健康水平达标，有利于学生健康成长；二是学生经过对自己感兴趣的某一运动项目进行较长时间的系统学习与训练，专项技能迅速提高，有助于成为"一专多能"的综合性人才；三是学生在课堂学习过程中不断获得丰富的情感体验和成功体验，增强了学生对体育运动的兴趣爱好，有助于其养成终身锻炼的习惯，树立"健康第一"的意识；四是选项教学将不同班级同学置于同一课

学生在进行游泳比赛

程中一起学习和活动,增加了学生与本班之外的同学交流与接触的机会,更多地培养学生的协作能力与社会适应能力。选项教学中,多数为小组学习与训练的教学模式,学生集体观念、集体凝聚力在无形中得到提升,学生参与指数增高。与此同时,体育教师的专业特长也得到了发展,有利于体育教师组织教学以及对学生进行有针对性的指导。最后,充分的选项教学为学校大型运动会、竞技比赛培养了一批专业的策划、组织、裁判人员,有利于学生理论联系实践,提升学生综合实践能力。新乡市一中的秋季运动会裁判全部由学生担任,深厚的专业理论知识,使他们在裁判席上游刃有余,成为校园里一道亮丽的风景线。

通过体育选项教学,学生的专业化程度不断提升。2017级学生张桐与张晨冉分别就读于14班和16班,两名同学志趣相投,从小喜欢排球运动,在体育选项教学排球专项中得到了排球专业闫艳老师的充分指导。闫艳老师教学经验丰富,很快发现两名学生具有排球天赋,课上教师悉心指导,课下学生勤学苦练。2018年10月,张桐与张晨冉被北京体育大学选中,派往欧洲进行3—5年的学习,并免试进入北京体育大学就读。这一案例足见"适合教育"在体育专业之中也能够为具有天赋的学生搭建一条通往高等学府的通道,凸显学生专业发展。

此外,新乡市一中在培养专业运动员方面成果卓著。近年来,学校足、篮、排、田径专项的多名同学已经获得国家一级运动员、国家二级运动员称号,排球、足球专项向省青年队(俱乐部)输送多名队员,每年学校参加体育单招、统招并被录取的学生达数十人之多。学校在竞技体育上硕果累累、捷报频传,中、高考体育加试的平均分也连续高位攀升,高考体育类本科上线率高达90%。每年,新乡市一中都有10余名毕业生走进北京体育大学、武汉体育大学等体育类知名大学,彰显了学校体育教学的成果。

新乡市一中在《学校体育工作条例》中规定:"学校应当由一位副校(院)长主管体育工作"。新乡市一中以高位配置的方式,由校长作为主要领导，建立多层次的组织机构和管理体系；同时，学校设有体育教研室，积极开展教研活动。作为课程管理的领导者，校长对引导体育教学负有重要职责。党的十九大报告将"健康中国"列为重要的国家战略，而学校体育工作也应本着"健康第一、立德树人"的宗旨，以培养体魄强健、身心健康、人格完善的学生为目标，积极开展各项体育工作。新乡市一中的体育教学重视体育课程体系的建构，以学科为主的体育课程将进一步拓宽，将建立课内外、校内外有机结合的系统全面的体育课程，进一步加强体育活动课程建设。同时，注重丰富课程内容，打造独具特色的学校体育课程，保持体育课程的民族传统特色。

特别是在"适合教育"的理念倡导下，学校转变体育课程观念，进一步强调体育课程要面向全体学生，为全体学生服务，树立"关注学生，以学生发展为中心的体育课程观"。在体育课程目标上，继续重视体育中的德育及心理教育，注重通过体育培养现代人的素质，进一步关注学生的可持续发展，强调为终身体育打基础，学校体育工作规范化管理，体现体育课程的灵活性。

学校高水平打造专业化体育师资。结合学校实际情况与体育教学需要，为体育教学配备了一支年龄结构合理，专业理论知识过硬，专项技能突出的师资队伍。同时，严把体育教师入口关，招收体育教育专业对口师资，引进高水平体育教练。学校还和省排球中心合作，引入专业排球教练。在省、市校足办的支持下，引进西班牙足球教练。在资金支持方面，学校设置专项体育经费，定期购置器材，更新老旧不合格器材，对体育场馆进行建设和维护，斥巨资整修操场，修整看台，支持体育教师外出培训，提高职业素养。目前，新乡市一中是新乡市唯——家有室内游泳馆的高中。

在"适合教育"理念的引导与感染下，特色体育活动课程显现出蓬勃的活力。学校以"活动育人"为宗旨，强调"事事育人、时时育人"，定期开展特色体育活动，丰富学生的校园文化生活。如：（1）"三大球"的班级联赛，每学期学校都会以年级为单位举办类似"校长杯"足球联赛，班级之间的篮球对抗赛，旨在增强班级凝聚力，培养学生积极向上、永争第一的品质，通过比赛培养学生的规则意识，让学生在比赛之中感受体验成功与失败。（2）田径运动会，每一学年举办一次全校大型田径运动会，在分项教学的田径课上，专业的老师为学生讲解裁判法、田径运动会的编排等相关知识，开阔学生视野，注重学生实践，田径运动会启用学生做裁判。（3）趣味运动会，学校每个学期都会分年级举办趣味运动会，让学生在紧张的学习之余，感受到校园文化生活的美好，在体验快乐的同时增强和老师之间的友谊。（4）跑操，每天上午、下午的大课间以班级为单位进行跑操，饱满的精神状态、整齐的步伐、响亮而具有特色的班级口号是班级标志，也是学生的日常，旨在增强学生体质，提升班级凝聚力，使学生树立"每天锻炼一小时，幸福生活一辈子"的健康观念。

其实，体育选项教学与文化课学习之间是互相促进、相辅相成的关系。提升体育学科核心素养和全民培养目标是高度一致的。要全面培养学生德、智、体、美、劳综合能力，其中体育学科的核心素养主要在运动能力、健康行为、体育品德三方面，而这三个方面的发展与文化课的育人目标都是一致的。首先，体育强身健体，可以助力提高学习效率。强健的体魄、饱满的精神状态是当代中学生应当呈现的基本气质，体育选项教学就是帮助学生科学、高效、全面锻炼身体，拥有健康的体魄，为文化课的学习打下坚实的基础。其次，文化知识可以加深学生对体育知识的理解。文化课成绩优异的同学一般都有学习能力强、理解能力全面、执行力强等特征，这在体育选项学习中也是重要的优势，有助于他们快速掌握相关体育知识，促进体育教学活动的展开。再次，新乡市一中的体育选项教学重视体育理论知识结构的完整性、技术动作的规范化，通过体育理论的教学，有助于多角度地让学生开阔视野，引导学生构建多学科之间的知识链。

事实证明，学习成绩优异、体育技能加身，不但是学生打开成功大门的两把钥匙，更是他们丰富学生生活、寻找乐趣的一个重要基点。我以新乡市一中少儿班 2006 级学生彭晓宁为例，展示体育教学观念是如何嵌入全面发展教育的。这位学生的本科、硕士阶段均就读于北京师范大学，而现在已是北京理工大学附属实验学校教师，其班主任于永新是一名语文教师。

如果说这六年间，对我有最直接而深远影响的，当属高三的班主任于永新老师。

那年冬天，在紧张而繁忙的学习之余，于老师带我们去万仙山滑雪。步行穿过郭亮挂壁公路时，他为我们讲解了这条公路是如何建成的，村民们勇于直面艰险自然环境的精神令我们大为震撼。到达雪场之后，大家手忙脚乱地穿戴装备，伴随着尖叫、呼喊与笑闹，一次次从坡顶向下俯冲。夹杂着碎雪的风从耳边呼啸而过，此刻，我们在书山题海里积攒已久的压力也终于得到了释放。一天下来，虽然我们摔得腰酸背痛，累得精疲力竭，但却是一次难得的放松。那是包括我在内的许多同学第一次接触滑雪，于老师说，他希望我们的高三能多一些回忆，多一些乐趣。我在周记里写道："原来在课本之外，触手可及的日常生活里还有更多的知识等待着我们去探索，还有更多的技能等待着我们去掌握。"

于老师的教育理念不仅在课堂之外施行，在他讲授的课程里也有所体现。高三时间紧张，但于老师坚持每周为我们开展主题班会。那年，林书豪刚刚在 NBA 崭露头角，于老师给我们讲林书豪对篮球的热爱，讲他面对挫折的勇气与坚守，让我们对体育有了新的理解。为了帮同学们树立信心，于老师还给我们分享了力克·胡哲——这个被上帝忘记安装四肢的人的人生经历，鼓励我们要对未来抱有信念。虽然人生难免遭遇各种问题，但只要守住初心，在最艰难的时间里不断磨炼自己的意志，总会等到柳暗花明的一天。这种潜意识让我在后来的求学、工作中受到启发。

（四）反思型："适合"的持续拓展

"适合教育"是动态的教育。所谓"动态"，就意味着其教育形态一直处在变动之中，而促发这种变动的是反思。反思是改进的第一动力。苏格拉底说："未经反思的生活是不值得过的。"同样，未经反思的教育也是不值得教的。"适合教育"要有长久的生命力，就必须在反思之中展开自我批判。

本节中，我以学校构筑校园文明的具体做法和反思型课堂的建构为例，讨论一下"适合教育"教学（课程与课堂）观在学校发展中的特殊表征。归纳和总结是反思的一种形态，这种形态理应嵌入学校课程管理与课堂建构之中去。

1. 反思型校园的建构

新乡市一中历史悠久，曾荣获"全国模范单位"称号，出席全国群英会；获"全国先进单位"称号，受到国务院的嘉奖；还一度创下了 8 年内有 4 次学生夺得河南省高考理科状元的教育奇迹。而进入 21 世纪以来，在全体师生的共同努力下，新乡市一中实现了跨越式发展，由原来的一校一区发展到一校三区，在校生达上万人。学校规模扩大的同时，教育教学质量也实现了同步攀升，保持了高位、稳定的发展态势。近年来，学校发展更是迈上了快车道，先后获得了全国文明校园、全国教育系统先进集体、全国五四红旗团委，全国青少年校园足球特色学校、河南省综合创新高中、河南省先进基层党组织等数十余项国家、省级荣誉，中、高考成绩连年创新高。

这一发展态势的取得，值得学校予以深入反思和总结。一方面，学校秉持"求知、求真、求健、求美"的校训，践行"求真务实、艰苦奋斗、志存高远、争创一流"的一中精神，以建设"全国文明校园"为抓手，积极传承红色基因，不断积淀文化自信，强化理想信念情感认同，厚植学校文化内涵，学校精神文明建设成效显著，为新乡市一中发展凝聚了强大正能量。而另一方面，学校以"适合教育"为旨归，在各项组织和制度上都体现出充分的理性，建构了"反思型校园"。这一点在本书后续讨论学校管理方面，还将进一步论述。本小节从三个方面，对学校发展及其课程管理的反思型探索，略作说明，以显现出"适合"的反思属性。

首先，学校努力创新形式，拓宽平台，培育时代新人。校园是筑梦追梦的摇篮。培养什么样的人？怎样培养人？为谁培养人？这是每一所学校都必须认真思考的问题。新乡市一中坚持立德树人的根本任务，以习近平新时代中国特色社会主义思想为指导，用社会主义核心价值观引领青少年，着力培养"绅士淑女型"一中学生，激励他们向上向善、孝老爱亲、忠于祖国、忠于人民，"扣好人生第一粒扣子"，争做担当民族复兴大任的时代新人。在课程管理上：（1）以理想信念教育点亮学生信仰。学校坚持以"红色德育"为核心，利用青年业余党校、少年团校为红色教育阵地，加强党史、团史、校史学习教育，通过社会主义核心价值观大讲堂、德育微课堂、国旗下的讲话，举行建队仪式、入团仪式，推进理想信念宣讲团活动，引导学生从小立志向、有梦想，爱学习、爱劳动、爱祖国，做有理想、有本领、有担当的新时代一中学子。（2）以仪式教育强化学生责任担当。学校在重要节点举行入学仪式、十四岁青春仪式、十八岁成人仪式、毕业仪式，深入开展"八礼四仪"教育，着力培养"绅士淑女型"一中学生。通过开展法治教育宣传、模拟法庭活动，弘扬宪法精神，增强学生的法治意识，加强未成年人思想道德教育。（3）以深化团队衔接引领自主成长。定期开展少年团校、青年业余党校学习培训，举行少先队建队仪式、少年队离队入团仪式，引导学生热爱少先队，向往共青团，树立早日加入中国共产党的理想；通过提升学生公寓自治管理委员会水平，突出共青团和少先队的作用，积极为学生自主管理创造机会。

其次，学校强化榜样引领，内在驱动，建设"四有"教师队伍。学校以党建引领师德建设，把师德师风建设落实到学校管理的每个细节，着力构筑"名师、青蓝、暖心"三大工程，打造一支以全国人大代表、新乡市年度教师赵鸿涛为代表的师德高尚、业务精湛的教师队伍，打造一支"师德高，师风正，师能强，师魂精"的教师队伍。在教师发展上，（1）以党员名师为引领，构筑"名师工程"。学校在全校范围内开展"首席教师"评选活动。被评为首席名师的多为党员教师，他们不仅业务精湛，而且师德高尚。时至今日，已经建成郝爱荣中原名师工作室，李岩、赵鸿涛、郝爱荣、李玉萍市级名师工作室，娄武卫名班主任工作室等，其发挥着辐射、引领和带动作用。（2）以搭台引路为途径，构筑"青蓝工程"。对年轻教师的培养，学校采取"五子登科"的多种措施，这在前文中已有论述，分别是"结对子""定靶子""压担子""搭台子"和"量尺子"。同时，还利用"一线教育家讲坛"、班主任沙龙、青年教师工作坊等形式，帮助青年教师牢固树立爱岗敬业精神，树立崇高的使命感和责任感，为人师表，以身立教。（3）以义工服务为支撑，构筑"暖心工程"。学校结合实际，对党员实行积分制管理量化考核，将义务奉献积分作为其中一项重要内容，组建了党员义工专业服务队，成立了礼仪接待、宣传报道、招生咨询、老干服务、心理咨询等10个服务组。每名党员根据自身特长及兴趣自愿完成相应义工服务时长兑换奉献积分。全校党员爱岗敬业、无私奉献，为师生提供义务服务，用言行感染影响身边的人。

最后，学校坚持革命传统的长期涵养，构筑师生精神家园。特色鲜明的学校文化是一所学校赖以生存发展的根基和血脉，也体现着学校的文化自觉与文化自信。80余年的薪火相传，新乡市一中坚持传承红色基因和太行精神，积淀了深厚的红色文化、创业文化、创新文化、"严"文化和校友文化，凝练成"求真务实，艰苦奋斗，志存高远，争创一流"的一中精神和"山品水德"的一中文化内核。学校提出了"营造氛围，赋新传统，涵养品性，追求自觉"的文化建设总要求，大力促进内涵发展，将学校的发展愿景转化为全体师生的发展自信、发展自觉、文化认同，内化为全体师生的强大精神驱动力和行为导向力。为了让优秀传统文化走进校园，浸润学生心灵，学校充分利用教室走廊、墙壁等载体，打造书香文化墙、诗词文化墙、翰墨文化墙、山水文化墙，厚植校园文化内涵，陶冶学生情操、美化学生心灵、启迪学生智慧；以天文社、航模社、机器人社、书法艺术社、志愿服务社等学生社团为依托，持续开展优秀传统文化学习教育，增加中华优秀传统文化和河南新乡地域文化的课程内容，推动国学、戏曲、音乐、书画、武术、剪纸等进校园，让学生感受中华优秀传统文化的魅力，增强认同感、自豪感和归属感，丰富学生的审美体验，拓宽学生视野，培养学生的人文情怀。

2. 反思型课堂的建构

新乡市一中的反思型课堂建构，可以"有尺度、有深度、有宽度、有温度"的立体思政课堂为例，略加分析。新乡市一中紧紧围绕立德树人的根本任务，全面落实习近平总书记关于教育的重要论述，坚定扛牢加强学校思想政治工作的政治责任，牢记为党育人、为国育才的使命，积极探索新时代中学思政课新的"打开模式"，认真总结思政课的授课效果，在不断完善思政课自我评价体系、强化思政课的课程魅力、提升思政课教师业务能力基础上，注重增强思政课的亲和力、感染力和包容度。这一具"四度"特色的反思型思政课堂建构，具体包括以下方面：

一是课堂有尺度。讲授有尺度是思政教师授课的基本要求,有尺度即要有政治高度。有尺度是习近平总书记在思政课教师座谈会上对新时代思政课教师提出的新要求——"政治要强"实践操作标准的具体化。政治性是思想政治理论课的关键,决定着思政课的方向,"讲政治"是思政课的首要和根本要求,思政课教师的政治要强,具体到思政课教学的内容和方法上,就是思政课教师要把握好"政治尺度",主要体现在三个方面:(1)政治立场要坚定。思政课是传播新时代中国特色社会主义思想的重要理论阵地与实践阵地,是学生未来参与国家社会生活和政治生活的启蒙教育的主阵地。讲授中必须坚持"两个维护"原则,牢固树立"四个意识",坚定"四个自信",全面坚持爱党、爱国、爱人民的思想。(2)政治表达要正确。在新时代,面对社会转型期的各种矛盾和全球多元化的价值观念的广泛传播,教师要正确表达。正确表达既要正确传达新时代党的重大理论方针政策,又要正确阐释党和国家的重大理论成果;既要深入浅出表达政治立场,又要防止政治理论的世俗化;既要保持高度的政治敏锐性、政治判断力、政治领悟力和高超的政治鉴别力、政治执行力,又要引导学生正确认识社会问题;既要唱响中国特色社会主义主旋律,又要正确对待西方文化的传播发展。(3)政治纪律要遵守。思政课教师严格按照要求,增强规矩意识,理解执行党的规矩、政治规矩和教育教学规矩,牢记"课堂教学有纪律",把握好政治红线,在重大原则和是非问题上保持清醒头脑、心明眼亮、立场坚定,牢牢把控好思政课的政治方向。

二是课堂有深度。课堂有深度主要是指中学思政课应有思想性,思想性是中学思政课课程的基本性质之一,有深度的课堂才能不断提升其感召力和吸引力。基于中学道德与法治课程的内容和中学生的身心发展规律,只有有深度的课堂才能帮助学生逐步形成良好的道德品质和心理素质,养成遵纪守法和文明礼貌的行为习惯,增强爱国主义、集体主义的思想情感,逐步树立中国特色社会主义的共同理想,帮助学生树立正确的世界观、人生观和价值观。深度思政课堂主要通过以下三个方面来实现：（1）教师的学识要深。教师应具备精深的学科知识、灵活的教育教学知识以及广博的文化知识。思政课教师有学科特殊性，其专业素养还包括极强的政治素养，党员教师更应具备较强的党性修养。结合思政课教师的专业要求，思政课教师结合教学实际制定专业学识标准内容：党史国情、政治学、马克思主义哲学、马克思主义中国化、心理学、教育学、伦理学、法律、社会学。除制定专业学识标准之外，思政课教师队伍的建设发展同样瞄准学识要深的方向：新乡市一中初中部思政课专业教师团队共计 10 人，60% 的教师具有研究生学历，60% 的教师毕业于国家重点师范院校，80% 的教师曾荣获国家、省、市优质课一等奖，拥有河南省名师和河南省骨干教师各一名。（2）课堂的讲授要深。思政课的讲授要深，不是课程理论晦涩难懂，而是通过把握思政课知识的学理性让学生听懂，入脑入心。面对新时代青少年新的思想意识状况，思政课教学应坚持实事求是，准确把握学情，精准理解课程特性，只有把问题讲深，把重点讲透，把难点讲明，才能够用理论的力量让学生信服。结合实践教学情况，思政课团队推出"课堂节节是精品"的精品课程项目，衡量课程的唯一标准就是学生在本节课的学习中是否从价值困惑达到了价值澄清、价值引领的目标。例如在八年级上册《关爱他人》的授课中，学生首先应理清关爱不仅仅是和风细雨爱护，也是严厉地批评与责备。只有全面澄清价值困惑，才能真正起到课程的价值引领的作用。（3）课堂的启迪要深。"互联网＋教育"迅猛发展，学生获取知识的渠道不再仅仅依靠课堂传授。课堂教学的基本功能就逐渐倾向于思想性的引领和启迪。思政课的教学成效不是"记牢知识、考出高分"，思政课程价值需要学生在课后能够通过社会实践生活去践行和理解。结合当前的学情，新乡市一中开发出了课程特色研修探究作业，即每周学生会收到一份思政课教师安排的研修作业。在讲解完《社会规则》以后，学生会收到"新乡市礼让斑马线的实施状况的调查研究"研修作业。通过研修作业，启迪学生对社会规则敬畏并提升规则意识。

三是课堂有宽度。课堂有宽度是指课堂的授课内容和授课形式应该有宽度，具体表现为：授课内容以教材为主，有条件开设开发研修地方校本课程；授课形式以学校授课为主，有条件开设开发专题活动；授课教师以专职教师为主，有条件邀请聘请新乡先进群体精神代表等英模人物授课。（1）在开设开发研修课程方面，坚持"精选精通精彩""适时及时准时"的开发原则，开设相关课程。目前已经开设开发的地方校本课程有《青年习近平》《新乡市一中的红色基因》《品读时代楷模》《中原精神导读》《读党史》等。同时，利用线上教育开通的"青春讲堂"课程有《崇尚科学精神 勇担时代重任》《厚植家国情怀 肩负历史使命》等。（2）在授课形式上，初中部思政课堂突破了传统的授课形式，适时开展主题活动教育。主题活动教育以初中理想信念教育宣讲团为载体，其开设的主题教育已经成为初中部的第二思政课堂，讲授的主题涵盖党史国情教育工程、核心价值培育工程、中华文化传承工程、理想使命担当工程等四大工程。（3）在授课教师选配上，坚持以专职为主、兼职为辅、书记必讲的原则，成立初中部思政课研修工作室。工作室负责人为河南省名师杨改云，成员共计 17 人。此外，还同河南师范大学、湖南师范大学、西南交通大学等高校思政课教师开展大中小学思政课一体化建设教学研究与合作，以拓展"适合教育"的深度。

四是课堂有温度。课堂有温度是指立足于学生的成长发展规律，以全面促进学生的价值观形成、品质培养和政治学科核心素养养成为目标。目标的设置体现了思政课教学的人文关怀和课程关怀。我们把初中思政课堂大致划分为价值成长课程、生命成长课程、法治意识培养课程和公共参与课程。在不同类别课程的授课中，学生参与是学生成长发展的首要前提。对此，初中部思政课坚持开设了学生"自备自讲自评"的《焦点时空》课程，目前课程已经成为新乡市一中思政课的品牌特色校本课程。《焦点时空》是在充分认识并正确理解学情的基础上提出来的创新且高效的课堂实践形式，已经成为初中思政课堂的特色环节，是培养学生核心学科素养的校内实践平台，该课程主要表现为以下特色：（1）自主性。上课所用的案例和材料，完全由学生自己选择。他们自己对哪些事物感兴趣，就选出来在课堂上进行充分的讨论。因此对于解决学生觉得上课无趣这一问题，有特别的效果，同时也极大调动学生积极性。（2）参与性。在自主选材的基础上，对于相关材料和案例，可以再次运用自主性，发挥学生的想象力和创造力，安排相应的任务或角色，让更多的同学能参与进来，从而激发更多学生的学习兴趣，极大提高课堂效率。（3）感染性。情绪是可以感染的，而教师的成就感，其实更多地来自学生的喜爱和认可。在具自主性和参与性的基础上所营造出来的课堂氛围，以及学生对本课程的喜爱，必然会影响到老师的情绪，进而以更加饱满的热情投入下节课的授课当中，形成一个良性循环，师生受益匪浅。

课程是人才培养的基本单元，课堂是育人的主渠道主阵地。围绕实践思政，新乡市一中加强统筹规划和整体设计，着力抓好"四个课堂"。改革第一课堂，即教学课堂，探索混合式教学，积极推广参与式、互动式、辩论式等实践教学环节，实行专题化教学，发挥政治、历史、地理、语文学科实践教学优势，形成以"焦点时空"和"法治中国""模拟法庭"为主题的专业思政品牌；活跃第二课堂，即社会课堂，实行特色化管理，紧密结合教书育人规律和学生成长成才规律，将"生活即教育、社会即学校"的理念贯穿始终，让思政课"大道理"有效解决学生成长的"小问题"；延伸第三课堂，即网络课堂，开展多样化的教学实践，充分利用新媒体，积极开展主题宣传、网上调查、专题讨论、拍摄制作网络微视频等；回归第四课堂，即心灵课堂，让思政教育深入人心，真正感染人、改造人。

3. 反思型教学的细节

优化人才培养模式是普通高中的一项重要任务。在实施新课程新教材的背景下，课堂教学核心环节的改进是育人模式的关键着力点，是教师本领最集中体现的舞台。新乡市一中积极探索课堂教学改革新路径，提出"反思型课堂"的新理念，倡导因材施教，因人导学的"适合教育"。在改革过程中，学校的课堂管理经过"实践—反思—再实践"，分以下四步实现了反思型课堂的建构。

（1）变"以讲为主"的课堂为"讲、练、评结合"的课堂。这一变化实现了三个方面的突破——听懂了吗? 会做了吗? 做对了吗? 但这种课堂主要指向的还是学生的学习成绩,具有一定的局限性。（2）变"讲、练、评结合"的课堂为"讲思练评结合"的课堂。在这一步中要突出强调一个"思"字,就是要压缩教师讲授时间,注意课堂留白,激发学生思考,培养学生的高阶思维。（3）变"讲思练评结合"的课堂为"学讲思练评"的课堂。关键是增加学生的自学,让会学的孩子进步得更快,可持续发展的能力更好。（4）变"学讲思练评"的课堂为"学讲思练评结"的课堂。这一步的关键是增加了"结"这一要素,在课堂最后两分钟让学生对本节课总结概括,扼要说明,培养学生的概括能力。这样的课堂教学改革尊重学生学习的主体性,鼓励学生进行个性化表达并进行思维能力的训练,让学生不但"学会",而且"会学",能够充分发挥学生主体作用。

第五章　适合教育的校园观

　　从 1940 年没有一张安稳书桌的颠沛流离，到如今拥有安静、和谐的现代化教育设施，新乡市一中经过 80 多年的风雨历程，承载着牧野千年的厚重文化，继承着老八路艰苦奋斗的光荣传统，新乡市一中以"求知，求真，求健，求美"为校训，以"尊师爱生，以人为本，诚信严谨，博学创新"为校风，以"诲人以诚，致学以博，授人以真，育人以德"为教风，以"博学善思，学以致用，求实创新，全面发展"为学风。

　　在各级党政领导和社会各界的大力支持下，新乡市一中实现了一个又一个跨越式发展，为新乡乃至河南教育事业创造出诸多辉煌。1960 年，学校荣获全国模范单位称号，出席全国群英会；1979 年，获全国先进单位，受到国务院的嘉奖。近年来，学校又先后被授予全国文明校园、全国教育系统先进集体、全国中小学体育工作先进单位、全国奥林匹克教育示范学校、全国三八红旗集体、全国模范教工之家、中国名校、中国百强中学、中国顶尖中学 100 强等光荣称号。这所享誉中原的名校正在以蓬勃的活力与豪迈之情书写着新乡基础教育的辉煌篇章。而这种篇章，在我看来，正是"适合教育"探索之下结出的硕果。"适合教育"在整个学校管理方面，极为强调党建与文化的力量，跟随时代变革，显现出适合于当代社会的基础教育新样态。

（一）党建为基：“适合”与校史特色

学校党委是校园管理的核心，学校建设以党建为基础、为引领，这是“适合教育”在中国的基本底色。都说“学校文化是一条流淌着全体师生情感、社会习俗和行为习惯的河流”，而新乡市一中这条“河流”的源头，就是红色的。这一红色基因传承至今，便成为学校党建引领发展的主要方式。本节从这两部分入手，讨论“适合教育”是如何与时代相呼应，在一所中原学校逐渐展开的。

1. 讲好学校的红色故事

“巍巍太行，铸就我坚强的脊梁；牧野大地，孕育我宽广的胸膛。熠熠名师，春风化雨育栋梁；莘莘学子，读书励志图自强。悠悠岁月，传承文明历沧桑；灿烂明天，喜迎朝阳创辉煌。博学善思，畅游知识的海洋；志存高远，让青春拥抱理想……”这首名为《拥抱理想》的校歌，正抒发了新乡市一中全体师生的心声。

建校以来，新乡市一中始终以教书育人为己任，坚持为国家培育栋梁之材。而其育人之基础，重在传承。学校以红色为底色，彰显其独特文化底蕴。新乡市一中是一所底蕴深厚的学校，于1940年创建于太行山革命老区，原名豫北联合中学、太行公立第五联合中学。建校之初，面对的是一无校舍、二无设备、三无现成教材的境况，驻村的庙堂成为校部、班队部，师生们住在农民腾出的空房里，睡的是地铺，冬天没有火炉，靠挤在一起保暖。在那时，教学条件同样艰苦，课堂开设在树荫下和打谷场，没有凳子就坐背包，后来有了马扎，马扎就成了听课、开会、吃饭等一切活动的唯一坐具。1949年，学校从太行山上走下来，接收了国民政府河南省立新乡中学。据学校的老教师回忆，直到20世纪50

年代初，新乡市一中的师生还保留着"马扎传统"——大型集会上每人一个小马扎，成为当时一道独特的风景。在那个特殊的年代，新乡市一中的师生一手拿枪一手拿笔，既要学习，又要参加反扫荡、支援前线、土改等。学校的校址也几经变迁，1949年迁至新乡市解放路，当年年底搬至文庙（现中共红旗区委所在地），1951年搬迁至现址。几经换址，学校白手起家，师生们经常参加建校劳动，老师们出钱买树苗、栽树，而当年的那些树苗如今已经长成参天大树。

20世纪90年代，学校与时俱进，开拓创新，实行校长负责制，在教学模式、管理模式、校内分配模式等方面施行一系列重大改革举措，并创办了少儿班。进入21世纪，在市委、市政府的支持下，新乡市一中先后建设了南校区和东校区，增加了优质教育资源。21世纪头10年之后，学校坚持由规模发展向内涵发展转变，以"两迎一创"（迎"少儿班30周年庆典""一中80周年校庆"，创"全国文明校园"）为契机，对校园进行全面升级改造，打造精品校园，厚植文化内涵，相继建设了近知园、师恩园、诗经园、振业园、蕴玉园、榴园、磊园、乐府园和少儿部发展馆、气象站、校史博物馆、图书馆、心理健康教育中心、育田数理探索馆、廉政文化长廊、筌筷美育基地等校园景观和科技、美育、廉政示范基地，提升学校品位，涵养师生品性，将学校发展愿景转化为全体师生的发展自信、发展自觉、文化认同，内化为全体师生的强大精神驱动力和行为导向力。

秉承这样的发展史，新乡市一中时刻铭记肩负的使命和担当，不忘初心，为党育人，为国育才，为家庭育未来，传承爱党爱国爱校传统，弘扬和传承学校的红色文化、创业文化、创新文化

在《一中红色故事》首发式上致辞

和优秀历史，一中精神浸润着一代又一代一中学子。学校坚持以教育为中心，以质量为重心，办好百姓家门口的学校，把优秀学子留在新乡接受优质教育，让他们在父母身边成长，减轻家长的焦虑也是学校为改善民生作出的贡献。

除了红色的历史，新乡市一中的故事还为学校的师生所续写。在整理校史的过程中，大家讨论起新乡市一中教师的形象，有几个词最能概括——勤奋质朴，敬业爱生，至善至美。新乡市一中老师表现出高度的敬业爱生精神：班主任深夜送生病的住校生就医，关爱特殊家庭的孩子，不歧视学习相对困难的学生，受伤带病坚持工作；青年教师结婚很少请假，父母生病住院、自己生病住院也总想方设法尽量减少对学生课程的影响……老教师做好表率，青年教师更是做好传承，这样的事例不胜枚举，在师生中口口相传，历久弥新。在这里，我引述一中校友、新乡日报总编辑张哲和记者刘军旗饱含深情写下的长篇通讯《师者》的开篇语——

新乡市一中图书馆前，四棵银杏树绿了又黄，黄了又绿，已是50个春秋。

半个世纪的栉风沐雨，其愈发葱郁，愈发蓬勃。年复一年，银杏无言。在默默地见证这所学校的发展时，其也深情地感念着一位老人的风范。

四棵银杏，师生尊之为"赵公树"，系新乡市一中原副校长、生物学科教师赵继学先生于1973年亲手植下。

2023年5月17日，赵继学老人平静地离开了这个世界，享年100岁。一周前，他最后一次为这四棵银杏浇了水。

两周前，他还在一笔一画地书写整理一中校园的木本植物档案。

原本希望送老校长最后一程的学校领导和师生被委婉地告知，

遵从赵继学先生早在25年前所立遗愿，不发讣告，不办丧事，不收帛金，一切从简，绝不在身后给组织增添任何麻烦。可以说，这是一位有着近70年党龄的老党员倡导树社会新风，为组织作的最后一次奉献。

进入一中校门，品学兼优为本；迈出校门一步，身系一中荣辱。这是历届一中学子精神面貌的集中体现。学校的教育是多方面的，爱国、责任、安全、文明、礼仪、感恩等教育逐步深入，在学生心中生根发芽。他们毕业进入大学后积极进取，学校每年都会收到高校发来的一中学生获得各种奖励的喜报。走上工作岗位的校友勇于承担社会责任，在各个岗位上建功立业。自新乡市一中建校以来，走出了众多优秀学子：武警部队黄金指挥部首任政委齐锐新，中国工程院院士赵振业，国家射击队总教练赵国瑞，中国经济法学奠基人刘文华，矿产开采与通风知名专家时裕谦，河南济源钢铁（集团）有限公司董事长李玉田，中科院高能物理研究所实验物理中心主任娄辛丑，少将侯固、刘树海、陈金健、潘正运，知名音乐制作人宋柯……他们是一中学子的优秀代表，体现着一中的学校形象和卓越的教育成果。

如何教育人才，是新乡市一中值得骄傲的实践故事。它突出特色，擎起超常儿童教育的大旗，在本书的前文之中，已有了大量描述。人才培养是育人和育才相统一的过程，教育承载着传播知识、传播思想、传播真理，塑造灵魂、塑造生命、塑造新人的时代重任，在我国教育改革发展的关键时期，全面提高人才培养能力，适应国家战略发展的需要，比以往任

参加新乡市一中党代会

何时候都更为迫切。改革开放初期，时代对教育提出了"多出人才、快出人才"的要求。1985年，全国创办少年班的高等院校达到13所，随之国内一些中学开始创办少年预备班，为少年班提供生源。新乡市一中从1989年开始，在全省率先擎起了超常教育的大旗，当年一个班招生，对智力水平超出常态、非智力因素良好的儿童施以有针对性的教育，成为国内较早开展超常教育实验的中学之一。在具体实践中，学校坚持科技性和人文性并举，逐渐形成了"打牢基础、开发潜能、张扬个性、全面发展"的办学特色，为怀揣成才梦的超常少儿提供了优质的教育环境。在不断创新人才培养模式过程中，新乡市一中深刻地认识到，创新能力是每个人所具有的自然属性与内在潜能，超常教育不是精英教育，也不是贵族教育，而是帮助学生实现充分发展的"适合教育"。秉承勇于创新的精神、敢于坚守的情怀和为国培育英才的追求，新乡市一中的少儿班立足于多样化课程体系和个别化学习，实施分层教学、差异化教学，最大限度地使教学与每个学生的实际情况、个性需求相匹配，真正做到"因材施教""为每个学生提供适合自己发展的教育"。

对学校而言，教学质量、升学率再高，如果没有"颜值"，造访者的好感度也会打折扣。在我看来，学校的颜值体现在四个层次：一是整洁干净，二是文化气息，三是美学体验，四是课程表征。这四个方面"适合"，即是颜值高。

教育无小事，处处是课程，时时皆教育。在教学管理上，新乡市一中强调抓细节、抓习惯、抓现在，提出要持之以恒强化学校校风、教风、学风建设，逐步出台学期整顿计划，在不断传承和创新中推动教育教学改革。从20世纪50年代开始，学校领导班子就始终坚持深入各个教研组听评课。校史上还清楚地记载着当时的情况：政治组、史地组组长——吴书记；理化生组组长——沈校长；语文、外语组组长——郜主任；数学组组长——张恒铎；体育组组长——阎世纯，要求领导每周至少听三节课，教师每周至少听两节课。20世纪40年代担任学校教导主任，20

世纪 50 年代担任学校校长的伍吉辰老师有一句名言："听课是对老师最大的关心和帮助。"这一传统，学校坚持至今。老教师颜景崧 1950 年从辅仁大学毕业后来到新乡市一中任教数学课，当年 90 岁高龄的他重回母校，说得最多的一句话就是"老师一定要备好课"。新乡市一中推行"一课一研"，将其固定为一项基本制度，并提出要不断地强化备课制度，每周行政办公会上都要汇报听课情况，有很多领导都是超额完成听课工作。大家不再把听课当作一项工作，而是已经将其内化为一种行动自觉，体现着一代代一中人对教育细节的坚守。

新乡市一中的书桌是干净的，书籍的摆放高度被限制在 7 厘米以内；每届学生在参加高考前都是安静的，绝无"撕书"等歇斯底里的举动；他们离校前打扫干净卫生，将整洁的校舍留给下一届……校风是历史的总结、现实的体现、未来的守望，优秀的校风是一代代一中人传承、坚守、发展起来的。在新乡市一中这个安静的校园里，始终不变的是非常简单的人际关系、风清气正的风气、团结拼搏的斗志。在长期的教育教学实践中，新乡市一中全面发展素质教育，优良校风、名师风范、学生风貌、校友业绩、办学成果交相辉映，形成了"爱党爱国、艰苦创业、纪律严明、治学严谨、团结和谐、永争第一"的优良传统，获得了上百项荣誉称号，朝着"保持河南领先，创建一流全国名校"的奋斗目标继续迈进。此外，新乡市一中彰显名校的社会责任，帮扶薄弱学校，发挥示范辐射作用。近几年，新乡市一中先后与新乡市外国语学校、新乡十一中、三十二中、四十二中、铁路初级中学、卫辉实验中学等中学建成一中教育集团或教研联合校，共建共享共荣，取得了良好的社会声誉。

2. 打好学校的发展基石

建校 80 多年来，学校培养了一大批各行各业拔尖人才，6 万余名桃李遍布世界各地。而取得这样的成绩只有一个制胜法宝，那就是以党建促教学、以党建促育人、以党建促发展、以党建铸卓越。学校党委坚持以党建筑牢基石，以文化凝聚人心，为学校办学水平高位快进提供了坚强的组织保障，注入了强大的精神动力。

一是支部建在年级，筑牢组织基石。面对办学规模的扩大、家长期望值的提高和社会关注度的不断增加，学校党建不尚虚功，不做虚事，紧紧围绕中心抓党建，处处围绕一线抓党务，使学校党组织始终充满鲜活力、创造力、凝聚力和战斗力。

为提高基层的执行力，学校党委提出把支部建在年级的做法，作为一线中层干部的年级主任均兼任年级党支部书记，将党建与教学工作同安排、同部署、同督促、同考核，让"一岗双责""一岗多责"真正落到实处。支部建设突出落实学习型、研究型、创新型任务，以问题为导向，借鉴课题研究和课程建设的方法，采取小组攻关的方式，破解党建难题，建立工作体系，推动党建工作虚功实做，实功真做，形成了以业务促思想、以思想带业务的工作格局。同时，充分发挥党支部的战斗堡垒作用，把年级支部建成政治核心、业务高地和党员之家。

二是发挥先锋作用，筑牢思想基石。一个党员就是一面旗帜。校党委始终把开拓创新与求真务实结合起来，充分激发党员活力。为发挥党员同志的先锋模范作用，学校党委提出要坚持"五个先"，让党员具有明确的身份意识和"适合"观念，即安排工作先征求党员意见、重点工作先通报全体党员、工作落实先明确党员责任、业务研究先安排党员开题、年终考核先评议党员教师。

广大党员在各个岗位树立了标杆，展示了风采。有很多党员同志，轻伤不下火线，绝不耽误学生一节课；有很多党员同志是双职工，孩子小无人看管，却依然坚持承担班主任工作；有很多党员身兼数职，却只拿一个岗位的报酬；有的党员手架拐杖，身坐轮椅，仍然坚守在课堂；不少党员教师将获得的相关荣誉奖金捐赠给了学校……正是因为有这么多兢兢业业、以校为家、无私奉献的党员老师，才有了新乡市一中连续多年教学成绩的不断攀升。仅以2016年为例，在各级各类表彰中，我校就有 150 名党员教师获奖，占到全校教职工获奖总数的 70%，充分体现了党员同志的先锋模范作用。

三是创新党建方法，筑牢发展基石。为了进一步加强党的建设，学校党委推进"两学一做"学习教育，在

给学生上党课

党支部开展了"政治老师讲时事、历史老师讲党史"活动，发挥教师专长，让时事贴近生活，让党史生动鲜活，进一步提高党员干部的党性修养。学校党委要求党建工作要树立精品意识，将各项党建常规工作制成工作规范，先后制定了《党委换届选举工作规程》《党员档案归档材料明细》《党务工作制度汇编》等，并在此基础上改进工作方法，提升工作标准，创新工作思路，打造精品工程。此外，为青年党员教师和入党积极分子搭建成长平台，利用青年教工团支部开设"心理工作坊"，借鉴积极心理学及心理沙盘辅导等手段做好思想政治教育工作，大大提升了对青年教工思想引领的有效性，校青年教工团支部也因此被共青团中央评为"全国五四红旗团支部"。

四是倡导文化先行，营造学习氛围。文化是一个国家、一个民族的灵魂。作为学校党委，必须将在 5000 多年文明发展中孕育的中华优秀传统文化，在党和人民伟大斗争中孕育的革命文化和社会主义先进文化传递给师生，由此真正凝聚起我们国家和民族的未来。因此，校党委把以理想信念教育为主线的学校文化建设作为凝聚人心的途径，这包括三个方面：（1）弘扬传统文化，引领思想自觉。文化可以滋养心灵，文化可以涵育德行，文化可以引领风尚，学校党委将社会主义核心价值观和中华优秀传统文化相结合，努力构建为学生人格奠基的德育课程体系。通过开展文化大讲堂，经典诵读比赛，《弟子规》诵读展演，戏曲进校园，

八礼教育等活动,塑造学生品格、品行、品位;通过"我为价值观代言"活动,以及18岁成人仪式,14岁青春仪式,落实立德树人这一根本任务,根植家国情怀、民族自信、学习报国的价值观念,增强学生的民族自尊心、自信心和自豪感。(2)弘扬革命文化,引领责任自觉。中国共产党是一个具有优良革命传统的党,爱国主义、实事求是、艰苦奋斗、开拓创新等优良革命传统是党始终具有强大凝聚力、战斗力、创造力的重要原因。学校党委利用我校诞生于太行山革命根据地的历史优势,传承不畏艰难、艰苦奋斗、乐于奉献的太行精神,坚定理想信念,始终保持对党对人民对事业的忠诚。通过组织中层以上干部到大别山干部学院进行培训,组织党员到红色教育基地学习新乡先进群体精神,激发党员干部的责任担当意识;通过开展国旗下的讲话,纪念"一二·九运动"、纪念"长征胜利80周年"歌咏比赛,参观军史馆等活动,激发学生树立远大的理想、坚定的信念,努力学习。(3)弘扬先进文化,引领行动自觉。社会主义先进文化是强化信仰,树立理想的航标灯。学校通过"两学一做"学习教育,深刻感悟习近平总书记系列重要讲话中所蕴含的政治定力、恢宏视野、历史担当,以及心系人民的真挚情怀,找准看齐的基准和标尺,努力实现信仰与笃行的统一、思想看齐与行动看齐的统一。

学校是弘扬社会主义先进文化的主阵地。我们通过"做人民满意的教师"征文演讲比赛、"我心中的好教师"评比、寻找身边"最美教师"等活动倡导重人文、轻世俗,重学术、轻功利的主流师德,引导广大教师做习近平总书记所提出的有理想信念,有道德情操,有扎实学识,有仁爱之心的"四有"教师。我们通过党员帮扶学生、干部包班等措施,使党员在思想上做学生的人生导师,在生活上做学生的坚强后盾,在学习上做学生的攀登扶梯,帮助每一位学生筑梦、追梦、圆梦。通过开展党员义工服务、学雷锋志愿服务,率先垂范,以高尚的人格魅力赢得学生敬仰,以模范的言行举止为学生树立榜样。

"求真务实,艰苦奋斗,志存高远,争创一流"的一中精神和"山(太行山）品水（黄河）德”的一中文化内核，作为学校的精神之魂，在党建引领之下，彰显出学校的高远取向，而"适合教育"正可以将其转为具体扎实的教学形态。

3. 创新在地的主题教育

新乡市一中于抗日烽火的硝烟中诞生，是党在豫北之地较早创办的"抗大"式学校。这所有着光荣革命传统的学校，是新乡市成立党组织最早、党员人数最多的中学，自诞生之日起便在中国共产党领导下，与时代同频共振。红色是一中的精神底色。近年来，学校创办校史博物馆，入选"新乡市爱国主义教育示范基地"。新乡市委要求一中挖掘厚重的红色校史资源，将红色资源串珠成链、编织成网，创造更多"青年化"的教育形式，发挥好育人功能，将红色基因代代传承下去，把校史博物馆办成师生的党史课堂。

而在党史学习教育之中，新乡市一中紧抓学习契机，深挖本校历史"富矿"，致力于将校史博物馆打造成继承和弘扬革命传统的精神殿堂、培育社会主义核心价值观的大讲堂和开展思想政治教育的生动课堂，收到了良好效果。2018 年 10 月，校党委启动建校 80 周年校庆工作，面向全体师生员工、海内外校友及所有关心支持一中的社会各界人士征集校史资料，筹建校史博物馆。历时近两年，2020 年 7 月 25 日，占地1000 平方米、省内一流的校史博物馆建成并对外开放。作为新乡市爱国主义教育示范基地，校史博物馆立足弘扬一中红色文化、创新文化、创业文化，突出一中红色底蕴和党建工作，做好了师生党史学习教育。

让红色党史教室闪亮起来，成为党员干部、全体师生不忘初心、牢记使命的瞻仰参观地，是校史博物馆的使命之一。为进一步弘扬学校的红色文化，在全国上下喜迎建党 100 周年之际，2021 年 6 月 11 日，学校又在东校区建成了开放式的"红色一中校史长廊"，以故事形式讲述24 位红色校史人物。将红色一中校史呈现在师生每日工作学习的必经

新乡市一中师生献礼建党百年

之地，目的是引领师生时时感受一中红色文化，接受红色教育洗礼，让红色精神相伴师生每一天，以达到润物细无声的教育作用。

在建馆之初，学校就明确定位，要尽量丰富内容，创新形式，传承一中红色基因。学校将离休党员柴靖老师撰写的回忆文章《太行公立新乡中学南迁侧记》运用起来，使其经新乡市影视家协会专家改编，组织在校师生参与拍摄，录制了专题纪录片《足迹》，将其作为学校红色教育内容，每逢开学典礼、14岁青春仪式、18岁成人礼、毕业典礼等重大集会、重大活动，给师生播放，共同缅怀先贤当年创校办学之艰辛，聚焦初心，赋能学校高质量发展。校史博物馆收藏着建校初期的文物、档案，抗战时期的报纸、资料图片等内容丰富的文史资料，包括学校于20世纪40年代订阅的《人民日报》；报道学校师生参加豫北战役、抗美援朝的《新华日报》(太行版)、《平原日报》；老党员、老教师口述红色一中历史的视频资料；八旬抗美援朝老兵、1950级校友王玲珉用时两年为母校80华诞绣制的《八骏图》；当年校图书馆张希昭老师使用了30年的"小推车"；师徒两代优秀物理教师手写的教案；时隔70年、两代阅兵人的训练服；还有不同时期的党员证、团员证、全国人大代表证、政协委员证、党费缴纳证明，等等。这些弥足珍贵的资料，都是鲜活的党史教材，每一件背后都有着感人的故事，每一件都承载着新乡市一中在党领导下不断发展壮大的厚重历史。漫步新乡市一中校史博物馆，在历史的长河中穿行，80多年前年轻的身影和动人的故事，透过斑驳的图片和文字抵达眼前。阅读这一段段有温度的文字、注视这一张张有故事的图片，我们仿佛听到了豫北五联中校园里的琅琅书声，看到了太行星火下一中先贤们伏案疾书、传播先进文化的身影。新乡市一中的红色记忆和厚重历史在心底逐渐清晰，新乡市一中教师勤奋质朴、敬业爱生、至善至美的形象在眼前愈发高大，同时也更加感知到了肩上所承载的"为党育人、为国育才"的时代责任。

从中共河南省委早期领导人张萃中，到追随李向阳参加革命的抗日小英雄尚振国；从首任校党委书记、抗日女杰杨蕴玉，到献身海防、国防事业的中国人民解放军少将侯固、刘树海、陈金健、潘正运；从"打过长江去，解放全中国"的杨廷英，到奔赴抗美援朝战场、保家卫国的侯少敏；从面对敌人铡刀宁死不屈的董世彦，到积劳成疾、牺牲在教学一线的烈士韩名世；从中国人民武装警察黄金指挥部首任政委齐锐新，到全国劳动模范、热心公益事业的济源钢铁（集团）有限公司董事长李玉田；从高考当天见义勇为，被清华大学破格录取的张亚超，到白衣擐甲、逆行出征的抗疫英雄吴涛、王晓艺；从参与"两弹一星"研究的葛绥青、张克俊，到为嫦娥五号探月作出突出贡献的李欣；从研制特种钢的赵振业院士，到探索微观粒子的著名科学家娄辛丑；从有着66年党龄、退休近40年仍默默为学校无私奉献的老校长赵继学，到放弃保研赴贵州支教、受到两任总书记表扬的大学生志愿者安玥琦，再到优秀教师、全国人大代表赵鸿涛，中原名师郝爱荣，等等，新乡市一中80多年历史的天空，英雄模范灿若繁星，熠熠生辉。他们是新乡市一中历届校友的杰出代表，也是党史学习教育最好的教师。他们前仆后继，为争取民族独立、实现国家富强而英勇献身、忘我工作，坚守立德树人初心，践行为党育人、为国育才使命，矗立起了一座座不朽的一中丰碑。

在如此丰富的红色校史资源基础上，新乡市一中创新在地的主题教育，以"适合教育"彰显党史故事的时代性与浸润感，在以下方面取得了显著的成效。

一是在学习内容上下功夫，打造青少年党史学习教育"金字招牌"。在党史学习教育中，新乡市一中紧紧围绕市委关于青少年党史学习教育的部署要求，秉持立德树人的教育原则，不断强化组织领导正方向，持续丰富学习内容强基础，力求将校史博物馆打造成为新乡市青少年党史学习教育的"热门打卡地"。(1)建设"一体化"人才队伍。新乡市一中紧抓政治站位，由校级领导担任校史博物馆建设的主要负责人，同时细化工作任务分工，选拔优秀人才作为专职馆长，配齐工作人员、研究员和兼职讲解员，将青少年纳入校史博物馆的日常运营主体之中，培训学生讲解员32名，增强学生的主人翁意识与责任担当，实现校史博物馆人才队伍的"一体化"建设与可持续发展。(2)夯实史料基础。新乡市一中注重多渠道筹措历史资源，挖掘各历史节点红色元素，走访新乡、安阳、济源、林州等多地党史研究部门征集资料，收集整理了12万余张图片、3万余件实物，从中精心挑选4000余幅图片、928件实物陈列。其中包括建校初期订阅的《新华日报》(太行版)《人民日报》(1946年)刊登新乡市一中师生参加豫北战役、踊跃报名参军等新闻报道的稀有文献，受到了参观领导、师生的充分肯定。党史学习教育中央第三指导组组长沙海林、河南省委常委李亚在参观之后特意指示学校："这些革命资料、史料很有意义，一定要保存好。"

二是在学习载体上动脑筋，注重把握青少年党史学习教育的规律特点。在党史学习教育中，新乡市一中充分把握青少年认知规律与信息接收习惯，在大力建设校史博物馆的基础上统筹线上线下，开展异彩纷呈的学习教育，形成党史学习的综合矩阵，推进青少年党史学习教育走深走实更走心。(1)做强"硬件"促进学生全天候学习。新乡市一中依托自身丰富的党史、校史资源，大力建设校园文化设施"硬件"，使学生置身于红色文化的"海洋"，在浓厚氛围中自觉坚定信仰信念、厚植家国情怀。一方面，新乡市一中致力于把校史博物馆办成思想政治教育的大课堂，通过领导领学、师生自学、党组织联学等形式，每周列出课表，定期上"行走的思政课"、开展党团队主题活动，追寻新乡市一中在党的领导下的发展轨迹，对新生、新教师进行爱党爱国爱校教育，传承和弘扬一中红色文化。另一方面，前文已述，建成新乡市首个中小学红色校史长廊，以故事的形式讲述24位红色校史人物，将可歌可泣的英雄事迹、珍贵的历史物件等史料在师生每日工作学习的必经之地灵活展现。同时，新乡市一中还建成了

开展红旗渠主题党日活动

习语金句、名师"语录"墙，复原了林县校部环翠居（重要机构旧址），树立了新乡市一中首任党组织书记杨蕴玉、校友院士赵振业塑像，以使学生在校园生活中能够处处感受红色印记、时时感怀峥嵘岁月。（2）用好"软件"实现学生多样化学习。新乡市一中遵循青少年党史学习教育的学习认知习惯，努力守牢传统宣传教育阵地，积极抢占新媒体等新兴阵地，实现学习教育线上线下全覆盖。一方面，新乡市一中立足校史博物馆，深挖红色校史故事，组织在校师生参与拍摄、录制《足迹》《一中老教师讲述一中革命历史》专题纪录片，编写《一中红色故事》读本，彰显故事细节中的伟大精神，缅怀先辈当年创校办学之艰辛，激励师生铭记革命历史、传承红色基因。另一方面，新乡市一中通过官方微信平台，定期推送"红色记忆·党史中的一中校史"专栏，从新乡市一中的校史出发，追忆校史中的党史人物与先进事迹，进而回顾党的百年风雨历程，引导青年学子深学党史、尊崇先进。（3）抓实"活动"推动学生沉浸式学习。新乡市一中以学习教育为重要载体，注重在学习教育中以身边人、身边事的亲历诉说消除学生与厚重历史的时代、情感隔膜，增强学生对红色党史、光荣校史的共情力，促进青少年党史学习教育有趣有味更有效。一方面，深入挖掘红色校史资源，组织红色传人、先进模范、党员志愿者、青少年学生加入"讲红色故事 学

红色校史"教育活动中,引领师生铭记革命先辈的奋斗精神和崇高风范。另一方面,邀请拥有 65 年党龄的老校长赵继学用自身的经历讲述一中红色历史,教育引导师生深刻把握一中的红色历史脉搏,坚定听党话、跟党走的信心信念。同时,学校还组织师生开展了"坚定理想信念,共谱青春华章"理想信念宣讲活动、新乡市一中英雄中队创建活动,完成了近千人参与的《唱支山歌给党听》大型校园快闪,用丰富多彩的活动彰显一中人的拳拳爱党心,展现了师生坚定不移跟党走、革命薪火代代传的昂扬风貌。

三是在学习成效上见真章,营造勇于担当、见贤思齐的浓厚氛围。在党史学习教育中,新乡市一中校史博物馆吸引了党员干部与广大人民群众前来参观学习,得到了社会各界的充分肯定。学校进一步化肯定为动力,在妥善安置受灾群众中积极贡献"一中"力量,扎实做好"我为群众办实事"实践活动,切实把学习成效落到实际行动上、落到群众心坎中。(1)把学习成效体现在社会各界与广大群众的充分肯定之中。党史学习教育开展以来,一中立足本校党史、校史资源,做大校史博物馆,开展党史学习教育的具体实践在全市得到推广,受到社会各界和广大师生的高度评价。《光明日报》《中国教育报》《新乡日报》《新乡党建》先后刊发了新乡市一中《把校史博物馆办成思政课堂》《讲好一中故事 传承红色文化》等宣传文章。校史博物馆面向社会开放以来,接待数万名社区群众、学生家长、校友及海南、安徽、山西、河北等九省市中小学教育同行和本市中小学师生前来参观。2020 年 10 月,校史博物馆被中共新乡市委宣传部授予"新乡市爱国主义教育示范基地"。新乡市先进群体精神教育基地、新乡市侨联等多家单位将校史博物馆作为党史学习教育现场教学点,广泛开展联学活动。(2)把学习成效体现在妥善安置受灾群众的担当作为之中。2021 年 7 月 21 日新乡特大暴雨发生后,新乡市一中老校区、东校区均设置了受灾群众安置点,先后接受、安置卫辉市和牧野区转移群众 800 余人。新乡市一中党委接到安置任务后，迅速组织动员2000余名师生志愿者，全力以赴为受灾老乡提供帮助，确保受困群众安全转移、妥善安置。新乡市一中依托自身优势，不仅为受灾群众提供营养丰富的一日三餐和干净整洁的住宿环境，还组织500余名受灾群众参观校史博物馆，让一中校史、百年党史中蕴含的精神伟力滋养受灾群众心灵，增强他们战胜灾难、重建家园的信心。同时，新乡市一中组织受灾群众和师生志愿者一起，参加升国旗仪式，并成立了中共新乡市一中委员会第11党支部（临时）、第12党支部（临时），充分发挥党组织的战斗堡垒作用与凝聚人心的巨大效能，组织党员、青年团员做好志愿服务，第一时间把群众的需要和心声反馈到新乡市一中，协助新乡市一中党委全力做好受灾群众安置工作，共同营造一个温馨和谐的家园。（3）把学习成效体现在学员参观研学的深切感悟之中。新乡市一中校史博物馆凭借厚重的历史与精神资源吸引了社会各界前来研学参观，学生为一中人的英勇事迹而感动，公职人员为一中人的清正廉洁而感慨，受灾群众为一中人的党员本色而赞叹……从中留下了诸多催人奋进的话语。在参观校史博物馆后，青少年们纷纷表示："愿传一中之红心，化一颗星，点亮所在的那片星空。""要像赵振业院士一样为祖国而学习。"也有教育同行留下了这样的文字："一张退学申请书，让我们感受到了一中教师的仁爱之心，感受到了教育的温度。我们将把满腔热爱献给党的教育事业。"新乡市高新区税务局的党员干部看到斑驳发黄的书款单时不由说道："一张扣赔书款单，诠释了一中的管理之严、师风之正，激励着我们做一名廉洁奉公的聚财卫士。"站在新乡市一中建校初期制定的《维护群众利益的八项纪律》版面前，受灾群众有了深刻体悟："人民至上，维护群众利益，是我们党的优良传统。今天有了更加切身的体会。"每一段文字、每一句感言都是学员们学习成效最为直接、最为有力的体现，更是新乡市一中建立、完善校史博物馆的动力来源与不懈追求。

（二）管理为要："适合"与学校制度

历经 80 余年风雨，新乡市一中坚持传承红色基因和太行精神，培养了数以万计的优秀学子。目前学校总体情况可以概括为"一、二、三"："一"是一个教育集团，即一中教育集团；"二"是两种体制，即公办和民办体制并存；"三"是三个校区，分别为老校区、南校区和东校区。面对复杂而庞大的学校机构，新乡市一中采取的学校管理模式是"三区并重，级部负责，以条为主，条块结合"。而这样的管理模式需要有"适合"的教育观念与之配合，形成更为科学、有效的学校制度。

1. 学校的管理与治理

根据美国学者哈罗德·孔茨《管理学》中的解释，所谓"管理"是为在集体中工作的人员谋划一个能使他们完成预定目标和任务的工作环境。它是一种包括计划、组织、激励及管制的程序，经由此种程序，运用可用人力与其他资源，以决定及完成所定的目标。整体看，"管理"有四个基本要素，即（1）组织——管理只存在集体或组织中，单枪匹马无所谓管理；（2）目标——实现和达成目标的管理任务；（3）资源——包括人力、财力、物力资源，资源是管理的中介，没有资源则管理无法进行下去；（4）效率（或效益）——管理所追求的就是效率，付出最少，得到最多，体现管理的功能。

管理是这四者的有机结合。因此，也可以说管理是在组织中由有关人员对各种资源进行恰当利用，并按照一定程序去领导、组织和安排他人有效地工作，以最终实现组织目标的过程。管理是一门科学，也是一种文化。中西方文化对管理行为有着不同的影响。简单说，西方文化下的管理目的是"一切为了经济利益"，方式是"采用自由竞争方式，追求卓越"，强调个人主义是内源性动力，提倡采用科学、实证的管理方法，重视理性因素在管理上的作用，重视管理过程中追求标准化、规范化；而中国传统文化下的管理则以"把政治利益放在首位"为原则，方式多是"民

清华大学优质生源基地授牌仪式

主协商，追求和谐"，强调集体主义精神的作用，提倡采用伦理、说服和示范的管理方法，重视情感因素在管理上的作用，重视在管理过程中策略的发挥。

在一般意义上，管理是作为一个词使用的，而从深层理解，管和理是两个词。管理就是既要"管"，更要"理"。所谓"管"是发现问题。管理者要能敏锐地发现学校运行中存在和可能发生的问题，及时予以改正。所谓"理"，就是针对问题，对症下药。理顺关系，理清思路，科学施策，共同治理。从某种意义上说，做管理就是理顺关系。管理工作很复杂，最要紧的是建立好制约和激励两大机制。

具体到学校管理领域，这是以学校作为管理对象的一种社会活动，由管理者、管理手段和管理对象三个基本要素组成。学校的管理者是校党委，管理手段主要包括建立学校的组织机构和规章制度等，而管理对象则是学校的人、财、物、事、时间和空间等。学校管理有其基本规律，那就是要做到与时俱进、教学为主、依靠教师、全面发展。学校管理是一门科学，是可以进行系统性的认识和分析的，它有自身的规律。而学校管理作为实践，也是一门艺术，管理者在学校管理实践中可以根据现实情况对管理理论加以灵活运用。因此，优秀的学校管理也等于"科学＋艺术"的结合。

《孙子兵法》云：将者，智、信、仁、勇、严也。这是"为将五德"。

对学校管理也有诸多启发。首先是智慧领导力（智），要倡导智慧管理，更要学会"智随职迁"。有的人当老师当得很好，但提拔到领导岗位却干得一团糟。其实，基层是以实干为主，管理层是以巧干为主，更需要运用智慧。法国有句俗语，"在第二位大放光芒，升到第一位时黯然失色"，说的就是这种管理学上的常见现象，而"适合教育"就是要克服这一现象。

诚信领导力（信）也很重要，赏罚有信的"信"说的就是"诚信＋威信"。对一个人来说，诚信是立身之本；而对于一个校长来说，只有讲诚信，才能树立威信。校长做到言必行，行必果，推行稳重可靠的管理风格，才能赢得下属真正的敬重。仁爱领导力（仁）可以认为是要倡导团队凝聚力，这是团队和谐发展的关键。一支队伍有无凝聚力和向心力，在于领导者能不能以信带兵，又仁爱有度。此外，精神领导力（勇）也很重要，拿破仑就说过，"一只绵羊不能带领一群狮子去打仗"。法治领导力（严）更是管理的基础，既要严于律己，也要严格执行制度。学校管理靠制度，更有赖于制度的执行。

2013年，党的十八届三中全会《中共中央关于全面深化改革若干重大问题的决定》中把"推进国家治理体系和治理能力现代化"写进全面深化改革的总目标，系我国首次提出"国家治理体系和治理能力现代化"重大命题。2014年，时任教育部部长的袁贵仁在全国教育工作会议上也提出"积极推进学校治理体系和治理能力现代化"。

课间，和学生们打乒乓球

管理和治理虽然只有一字之差，但还是有很大区别。一是学校治理相比学校管理，更突出强调鼓励和支持全体教职工的参与，强调更好地引导和发挥各方面力量的作用，而不是校长"一言堂"式的管控。二是治理更加强调制度建设，用法治思维和方式化解学校矛盾。三是学校治理作为当代民主的一种新的实现形式，更多地强调发挥教师主体作用，鼓励参与者自主表达、协商对话，达成共识。[①]

学校管理更多地表现为从管理者主观意愿出发，自上而下"为群众做主"，为教职工做主，学校管理的实践主要依靠权力，权力以科层制的形式凌驾于普通员工之上，命令和控制是管理的常态。而学校治理则更多地强调平等，共同维护，协商对话，走群众路线。治理可以视为一种理念、思维方式，而管理是一种行为、方法，本质上二者并不排斥，甚至最终目标是一致的，但形式上有很大差别。

毫无疑问，学校治理有利于现代学校制度的建立。依法治校、自主管理、民主监督、社会参与的现代学校制度要求确保所有学校成员的基本民主权利，如知情权、表达权、参与权、表决权等。学生、教师、家长有权表达自己的主张，有权发表自己的观点，有权获得相关信息，有权参与学校决策过程。

可以说，学校治理运用的是权力之外所形成的制度、文化等多种方法、工具和技术。深入推进学校治理变革，必须坚持民主、法治的原则，这是推进学校治理发展的制度性保障。缺乏民主的法治容易走向集权和专制，而没有法治的民主则容易走向混乱和无序。当然，学校治理也要避免一些错误的观念和做法。一是将学校治理扭曲为"治理学校"，学校治理不同于"治理腐败""治理大气污染"等，不能用"治理学校"来理解"学校治理"。二是将学校治理的目标狭隘地理解为维护学校稳定，学校治理变革是为了实现学校、师生公共利益的最大化。三是将学校治理变革简单地认为是为了给师生谋利益。学校治理变革，既是服务于师生的利益，也是为了促进民主。只有用民主的办法，才能谋民生之

---

① 郑晋鸣、王晓樱、崔志坚：《从管理到治理：如何实现"一字之变"》,《光明日报》2014年3月11日第10版。

利，解民生之疾，才能解决好教职工和学生们最关心最直接最现实的利益问题。

推进学校治理变革，首先要做的是进一步解放思想，促进观念的转变。解放思想，就是不墨守成规，不瞻前顾后，要有胸怀容差异，有勇气干事业，有智慧闯新路。其次，每一位管理者都要充分认识到，学校治理结构是由多元主体共同构成的，应重新树立"师生本位"的理念和原则。原来控制、管理的理念和原则必须让位于调控、引导、服务的观念，对学生、教师的"命令式"观念必须让位于管理者和管理对象的合作治理。再次，推进学校治理变革，需要全校师生广泛、积极地参与。改革需要公众的参与，学校发展进步同样需要师生参与到学校工作的各个方面之中。学校进一步发展的动力，就存在于广大教师和学生，乃至校友之中。最后，要进一步完善师生参与学校公共生活的决策机制。学校治理变革会面临诸多矛盾，信息更透明、利益更多元等诉求，都要求我们的任何决策需要师生的参与和支持。当前，不少基础教育领域的学校都在实践着治理理念，现代学校将成为一个开放组织，学校德育、教学、后勤等各项工作都要践行这种理念——它代表着一种方向。

具体到我个人，我有着30余年的教育生涯，以及10余年的校长经历，特别是在新乡市一中这个文化底蕴厚重的中原名校，我始终感受到奋发向上的氛围和肩上沉甸甸的责任。作为这所学校的管理/治理者之一，我感受到的有艰辛与荣耀，也有探索与思考。随着时间的积淀，我的感悟愈来愈深，追求也越来越明，那就是幸福老师，成就学生，发展学校，服务社会。就治理学校而言，我也积累了一些感悟和体会。

和高考菁英们在一起

一是为校以"情"。做教育需要情怀。而校长就要做有情怀的人，有家国情怀，有人文情怀，更要有教育情怀。校长既要为学校当前的教育负责，又要为学校、教师和学生的未来负责；既要为当下的社会服务，更要为国家和民族未来服务。一个有情怀的校长应该有追求、有事业心和责任感，应该关注社会和谐、心系教师成长，致力于学生成才。校长有情怀，方能引领学校发展，在日常琐碎的工作中注入强大的精神力量，无论现状如何，他都有责任把学校带向一个新高度，使师生达到一个新境界。新乡市一中是一所有着红色基因和优秀传统的学校。从首任党委书记抗日女杰杨蕴玉到历届学校领导，都坚定理想信念，坚守教育情怀，勇于承担国家和社会发展的责任，把办好学校、教书育人作为自己的初心和使命，带领学校一步步发展壮大：从抗日烽火中的干部培训学校，到和平年代莘莘学子向往的神圣殿堂，从河南省首批重点高中到河南省首批示范性高中、河南省首批普通高中多样化发展示范校，始终保持着高位发展的良好态势。

把办学当作一种寄托、一种期盼，静待花开，硕果满园，让学生拥有美好的人生，这是更高境界的教育追求。当前，面对价值多元化、需求多样化的矛盾，校长要在理想和现实中上下求索，既追求理想中的教育境界，构建促进学生全面发展的精神家园，又完成家长嘱托，助力学子在人生竞争中居于领先地位。

二是为校以"德"。现实生活中，每个人都受到道德约束，作为校长，更要为校以德。立德树人是教育的根本任务。学校应该是社会的道德高地，教师的道德水准要高于社会常人，校长必须是道德的引领者。新乡市一中在传承学校文化中，将"山品水德"凝练为一中的文化内核，即教育师生像太行山一样坚毅、朴实、厚重，像母亲河一样胸怀博大，奔腾向前，润泽万物。一中的历任校领导都遵循此"道"：已故书记、离休干部路伏波一生严于律己、光明磊落，永葆共产党员本色；老校长赵继学退而不休，30年如一日坚持为学校义务修剪树木花草；老校长郜济川耄耋之年实现了自己多年的政治夙愿，90 岁高龄还为青年教师上课；老书记刘玉敬每年拿出 10000 元奖励优秀学生；东校区外国语学校老书记张玉景，其爱人终年卧病在床、孩子失业待岗，家庭生活困难，但数十年来他从未向学校和组织张过一次嘴……他们都以实际行动践行了"以德治校"理念，其精神注定是一中永恒的宝贵财富。

三是为校以"智"。一所学校要有自己的目标和理念，这种目标和理念，需要校长集大家智慧，不断提炼、梳理和修正，从而形成共识。要依托学校已有的教育资源，进一步培植和彰显学校优势，提升办学品质。全体教师应在了解学校当前办学亮点和潜在优势的前提下，思考一切有利于学校持续发展的良性条件，广泛调查，群策群力，推动学校制定章程和发展规划，作为大家的共同遵循，并坚定不移地去实施，打造具有学校特色的教育教学品牌。

孙子认为，为将五德"智"为首。"智"，需要日积月累的知识学习。作为校长，治校要依靠智慧领导力。学校教育有规律，学生成长有规律，学校管理也有规律。一个有经验的校长会用眼睛、双脚和大脑去管理，而不是仅仅用口去管理，过多的说教往往适得其反。比如在学校，校长要坚持做好"三个一"：每天在校园里走一圈，至少和一名教师及学生交谈，尽可能到教室去听一节课——看似是学校的日常小事，但坚持做好就能成长为智慧的管理者。

四是为校以"文"。一所好的学校，会在校内营造一种特有的文化氛围，蕴含教育细节，无声而有形，这就是学校文化，它外显在学校的育人环境中，内化于师生的言行举止上。一砖一墙叙述学校的过往，一花一木皆为鲜活的教育资源，呈现"房不在大，有韵则灵；廊不在长，有味则名"的独特韵味。学校文化建设需要载体。近几年，新乡市一中老校区建设了博约亭、诗经和乐府文化廊，丰富传统文化教育内容，又建有蕴玉园、振业园、榴园、杏园等，传承一中的校友文化。在东校区建了孔子六艺园、校友墙、折桂亭等。南校区建有不倦亭、雷锋雕像、日晷等。三个校区将《新乡市一中赋》、校歌、校史呈现在校园建筑的突出位置。

学校文化一般由三部分组成：物质文化、制度文化和精神文化。文化对人的影响是潜移默化的，总是在不知不觉中改善人的品性和言谈举止，"邓几何""小马扎""一锅老汤"的故事在新乡市一中至今口口相传。学校按照"营造氛围，赋新传统，涵养品性，追求自觉"文化建设方针，通过举办文化论坛、讲一中故事、魅力一中摄影展、征集一中校友资料等活动，进一步丰富一中的文化内涵，传承一中精神和一中文化，在赋新传统、涵养品性中形成自觉。

五是为校以"师"。名校以名师而名，一所学校发展的活力和动力，最大支撑来自教师。"水之积也不厚，则其负大舟也无力。"对于学校而言，水就是优秀的教师团队。在新乡市一中工作多年，我深感一中的老师朴实无华、忠诚敬业，他们当中有全国人大代表，有中原名师、特级教师，也有全国、省、市劳动模范和各级教学标兵、优秀教师，更有一大批崭露头角的中青年优秀教师。他们是一中可持续性高位发展的中流砥柱。

学校一切管理紧紧依靠教师，相信教师，调动教师的积极性，发挥教师的创造性。同时积极引导教师：培养阳光心态，做一个有气度的教师；培养读书习惯，做一个有底蕴的教师；培养反思习惯，做一个有智慧的教师。

学校既关注教师的专业发展，更关注教师的生命质量、幸福指数。基于此，学校创造条件，给教师搭建成长和展示的平台，成就教师，发展教师。数学老师陈明宇喜爱音乐，原创作品《破街》《旅人》在网络走红，还上了中央广播电视总台；音乐组在李好老师的带动下，自创自办校园音乐会；柴俊强老师的校本课程——知识产权课，引领学生发明创造，点燃他们的科学梦；田慧峰老师的《论语》娓娓道来，吸引了一大批国学迷；还有何彦增的"奇妙的汉字"、陈军峰的"苏轼"……东区初中部的老师组织厨艺大赛……他们在做好教书育人工作之余，收获了职业幸福感和荣誉感。

六是最为重要的是，为校以"生"。学生健康成长是学校成功的标志，学生的可持续发展是学校教育成果的外显。一所学校办得好不好，关键看学生，看学生基础打得牢不牢，走出校门发展得好不好。曾任北京大学教务部部长的傅绥燕教授说，中学是璞玉的发现者和开发者。高中阶段是学生思维与人格发展的基本定型期，志向逐渐形成，兴趣逐步聚焦，优势潜能逐步显现。高中学段需要抓住学生这一阶段的发展特征，大力推进课程的选择性、探究性，促进学生全面而有个性的发展。

中学是学生通向远方的桥。我们在多年的办学实践中，逐渐形成了清晰而科学的学生观：每位学生不求同样提高，但都要提高；每位学生不求同一水平，但都要合格；每位学生不求同质发展，但都要发展。学校始终相信，成人比成才更重要，成长比成绩更重要。通过"严管厚爱"，让学生明道，懂得做人处世、修业求知的道理；通过校本课程实施和教学改革，突出培养学生的四种能力：批判性思维能力、沟通交际能力、自主学习能力和自我管理能力；通过中学生活，让每一位学生不仅有人文底蕴，还要有科学精神。

2. 一中的治校与制度

近年来，新乡市一中的治校与制度建设获得了很大的提升，尤其从狠抓领导班子建设入手，打造学校的生态治理之美。本小节选取新乡市一中若干治校的制度做法和经验，加以简要分析，以显示"适合教育"在学校治理领域的作用。

首先是学校的管理层治理。学校治理要从自身抓起，校党委始终以习近平总书记提出"信念坚定、为民服务、勤政务实、敢于担当、清正廉洁"的新时代好干部标准，着力培养"八种本领"，努力造就一支"忠诚、干净、担当"的高素质专业化干部队伍。（1）主题教育常态化。近年来，校党委紧紧围绕以党建高质量促进发展高质量的目标，以推进"不忘初心、牢记使命"主题教育常态化制度化为载体,深入落实《关于加强中小学校党的建设工作的意见》,学校被评为河南省首批中小学党建工作示范校;进一步完善了中心组学习制度,制定了《党委约法十条》,修订了《党委会议制度》,提高民主生活会质量,严格执行"三重一大"集体决策制度;建立并落实了校领导联系青年教师制度、中层干部包班制度、党员教师帮扶学生制度;组织党员干部赴大别山干部学院、红旗渠干部学院、新乡市先进群体精神教育基地进行专题培训,逐步提升领导班子科学决策能力、精细化管理能力,实现政治与业务素质双提高,为学校发展提供了坚强的领导保障。

(2)党风廉政建设责任化。校党委坚持把党风廉政建设摆在突出位置,严格执行《新乡市一中党风廉政建设工作方案》,将廉政建设纳入中层以上领导年度考核内容,把任务分解到部门,量化到岗位,落实到人头,每学期末进行述职述廉;全面落实党风廉政建设主体责任,支部书记认真履行"一岗双责",实行"一人一清单",签订《党风廉政建设责任书》;定期召开支部书记例会,与支部纪检委员签订《工作目标责任书》,强化监督责任。从制度上推进党风廉政建设和教育治理结构的优化;利用廉政谈话室,落实廉政谈话提醒制度;每逢节假日,发送廉政修身短信提醒,使党员干部心有所畏、言有所戒、行有所止。

(3)文明校园创建自觉化。学校高度重视文明校园创建工作,为了将校园文明创建落到实处,成立了校园文明领导小组,下设办公室,形成了党办牵头,专人负责、全校联动的校园文明创建机制;领导小组定期召开文明校园创建工作会议,研究文明校园创建具体问题,扎实推动文明校园创建工作深入开展。比如,针对卫生工具存放混乱的情况,学校提出"教室内不存放卫生工具,校园里不能看到垃圾桶"的明确要求,校园卫生环境明显变化,全体师生自觉地维护学校文明的校园生活和文明的学习环境。

(4)为民服务意识使命化。严格执行党的群众纪律,以深入一线带动作风转变。坚持落实好联系青年教师、联系支部、干部包班、尖子生引领、学困生帮扶、深入一线巡视等制度，组织党员干部现场学习新乡先进群体为民、务实、清廉的工作作风，接受精神洗礼，力戒脱离群众，当好师生公仆。通过座谈会、发放意见表、谈话沟通、校长信箱等多种形式征求群众意见，引导教职工积极参与学校民主管理，加强校务公开监督，办好校务公开栏，畅通校内交流渠道。

关于"为民服务"这一点，我略多说几句。近年来，学校积极开展"我为群众办实事"活动，着力为师生、家长办好实事，将主题教育的成效显现于日常。在师生服务方面，坚持以师生为中心，以解决实际困难为目标，结合学校各部门工作实际，通过自查自纠和征求师生意见建议等形式，建立"我为群众办实事"台账，结合问题整改，明确具体任务、落实举措和完成时限，结果及时反馈，切实增强师生的幸福感、获得感。一是在校园显著位置设立校长信箱，并利用学校网站、微信公众平台建立校长电子信箱，多途径畅通投诉渠道，及时解决师生、家长反映的问题、难题，解决师生实际困难。每周行政会督办反映问题落实情况，并在校会上向全体师生进行通报。师生的诉求渠道畅通，既解决了问题，又改进了工作。二是树立行政大后勤保障服务教学一线的理念，在全校开展"我为教师办实事"活动。积极解决青年教师住房问题，协调公租房，高规格建设青年教师公寓。聘请中心医院的全科医生、新乡市中医院专家定期到校坐诊，为一线教职工健康保驾护航。免费举办暑期游泳培训，增加一中人的幸福感。

其次是学校的生态圈治理。学校通过加强校园环境建设，营造和谐之美。（1）在安全治理上，新乡市一中要求做到安全防护标准化，把好校门第一道防线。学校始终把安全工作放在首位，认真落实"党政同责，一岗双责，失职追责"的工作要求，和安全责任人签订安全工作目标责任书，结合岗位做到"一岗一责，一岗一书"，每天安排校级领导、中层领导、行政三级联动，全天值班值守。通过开展食品安全、防溺水安全教育，校园欺凌专项治理，5·12 防震减灾日知识普及，疏散演练，不断增强师生安全意识，时刻紧绷"校园安全零风险"这根弦，编密扎牢校园安全防护网。（2）在文明治理上，用好学生文明监督岗。充分发挥文明监督岗的作用，开展"节粮、节水、节电"、文明餐桌、垃圾分类专题活动。学校被国家机关事务管理局、国家发改委、财政部评为"国家级公共机构能效领跑者"，并获得 50 万元奖励，是全省唯一获此殊荣的基础教育学校。学校还在行政楼报告主厅两旁侧厅，高规格建设了总面积 300 平方米，集休闲、淋浴、运动、健身为一体的教职工乒乓球室、健身房。对餐厅、公寓升级改造，改善师生食宿环境，落实领导干部陪餐制度、值班值守制度，抓好学生餐饮、睡眠管理。作为全国文明校园，学校积极发挥自身优势，做好社会服务，成立了"红石榴"志愿服务队，师生全员参与，定期开展无主庭院清扫、交通文明岗执勤、社会主义核心价值观宣讲、为环卫工人免费送早餐等志愿服务。每周五下午组织党员志愿者参加"城市清洁日"活动，助推文明创建，建设美丽新乡。（3）在家校联系常态化的治理上，充分发挥社会、学校、家庭资源优势，健全家校协同育人机制。结合年级、学生特点，开设"青春讲堂""一中大讲堂"，邀请关工委专家、学生家长、学校教师进行家庭教育指导。充分发挥家长委员会监督作用，定期召开家长委员会座谈会，征求家长意见并抓好落实，推动学校各项工作良性向好发展。印制家庭教育指导手册，开展"家访"和"家长开放日""家长课堂体验"等活动，向家长分享教育方法，拉近学校与家庭、教师与家长之间的距离，增强教育合力。举办家庭教育专家专题讲座，组织家长参加新乡市家长大学及网络课堂学习，举办线上及线下家长学校，让"家校社"协同育人更有"温度"。把家访工作纳入学校师德考核体系，引导教师关爱学生，积极开展线上线下家访，详细了解掌握学生的学习生活、思想状况和实际困难，"一人一档"建档立卡，并组织班主任、任课教师精准对接，给予相应的学习辅导、心理疏导和情感关怀，将关爱与温暖传递到每一个家庭、每一名孩子身边。

再次是学校教学口治理。以新乡市一中为例，教学治理包括以下几个方面：（1）教学督导制度。年级将组织高一年级教学督导组，随时对每位教师进行课堂教学、教案、听课记录本、学生作业检查并进行督导，及时和教师交换意见并以书面形式交年级统计存档。教学调研督导组除了定期进行课堂教学调研，还要定期进行学情调查，了解学生对每位教师教育教学的意见，并及时提出整改措施。对违反教学规律、满堂灌，教学效果差的教师进行通报与个别谈话，严重者中途待岗。（2）教师候课制度。"候课"是指授课教师在正式上课之前的 2 分钟在教室门口等候上课。为有效落实候课制度，年级在每个班级设一名监督员，每天记录各位老师候课及上课的详细情况，年级每周检查、总结、公示，并将此项内容列为考查每位教师教学质量的一个方面。（3）全程陪伴制。陪伴是最好的教育。学校教师对学生实行全程陪伴，即学生从早读到晚自习下课；班主任和任课教师全程关注学生状态，及时给予鼓励和指导，做好学生的陪伴者和守望者。老师的言行影响着学生的言行，使学生具有高度的组织性和纪律性，养成了良好的行为习惯和学习习惯。（4）全员参与制。对学生的管理仅靠班主任是不够的，须调动各方面的力量，多方协作，为此实行全员参与制。每个老师都是学生的管理者，班主任是每个班级的责任人，每位老师是各个学科、每节课的责任人。对学生的学习、生活、思想各方面要了如指掌，有的放矢，科学协作，从而提高管理效益。特别值得一提的是，学校高度重视学生心理健康管理。针对疫情、汛情给师生带来的心理应激反应，积极做好学生心理筛查，相应开设心理健康课程、专项心理辅导、专题心理讲座，进行心理危机干预。关注关爱特殊学生，将抑郁症筛查纳入学生心理健康体检内容，建立学生心理健康档案，评估学生心理健康状况，并对测评结果异常的学生给予重点关注。

最后是学校少先队的组织建设与管理也颇具特色，值得一提。新乡市一中高度重视少儿部、初中部的少先队建设，不断推进中学少先队改革。学校现有少先队员 1000 余名，少先中队 28 名。在校党委的领导下，在新乡市少工委的指导下，学校少先队大队认真贯彻落实《少先队改革方案》及习近平总书记关于少年儿童和少先队工作系列重要讲话精神，传承"太行精神"和革命文化传统，筹措资金十万余元，完善少先队活动室，并先后组织辅导员参加名师工作室课题工作会、少先队改革相关培训会议、全国青少年国防教育及英雄中队特色活动专题研讨班等的学习。（1）切实建好中学少先队。加强中学少先队和团队衔接工作，健全中学团队衔接机制是中学少先队改革和中学共青团改革的重点任务之一。学校严格按照"把全体少年儿童组织起来受教育"的方针发展少先队组织：大队委实行民主竞选和轮换制，每周召开例会，对少先队工作情况进行分析、讨论和部署，每学年还召开一次学校少代会；配备大队辅导员 1 名，中队辅导员 28 名，以及包括老红军、劳动模范、先进人物、民警、消防、心理辅导员等在内的校外志愿辅导员 16 名，优化了辅导员队伍的结构；每年举行中队辅导员聘任仪式，建立辅导员工作例会制度，引导辅导员用科学的教育理念指导教育行为。为了提高少先队辅导员的专业化素质，学校邀请全国少先队名师工作室带头人皇甫鸿昌老师为全体大、中队辅导员作《牢记队的使命，做好中学少先队工作》专题辅导报告，安排多名辅导员参与皇甫鸿昌老师主持的全国少先队重点课题"少先队创建'英雄中队'，传承红色基因理论与实践研究"，并积极承担了课题的开题观摩活动。（2）创新开展"英雄中队"活动。"英雄中队"是少先队员学先锋的重要载体，英雄的价值观教育对青少年有着特别重要的影响。学校以"英雄中队"为抓手，通过听老红军讲长征故事、访革命先辈和时代英模人物、看红色读物和红色影视、唱红色歌曲、颂革命英雄人物、写学英雄活动的体会和人人争做新时代的好队员等形式，充分发挥思想政治引领作用，使"英雄中队"活动更加形象化、情感化、榜样化、行动化。并在全校范围内组织开展了争创"新长征中队"

活动，邀请全国少先队工作专家、英模人物代表等，参加了"新长征中队"的命名授旗仪式。"新长征中队"成立后，队员们确立了中队目标，宣读了中队誓言，还规范地进行了队徽、队旗、呼号等少先队礼仪教育，建立了中队的微信公众号"致远1602"，定期开展中队活动，在"如何走好新时代长征路"方面进行积极的探索，给全校师生树立榜样。（3）引导队员们"当好新时代好队员"。根据"共青团的根本任务是为中国特色社会主义事业培养建设者和接班人"的要求，学校举行了"热爱少先队，向往共青团"主题教育，引导队员们将个人理想融入民族复兴伟大理想和中国特色社会主义思想；开展社会实践和研学旅行活动，带领队员们练好本领；通过爱国主义和集体主义教育，培养队员们的家国情怀和担当精神，鼓励他们以朝气蓬勃的姿态走好新的长征路。

3.学校章程建设的治理意义

按照依法治校的要求，学校于2014年率先启动了章程建设，全体教职工历经两年充分讨论、评议，2016年，学校教代会全票通过了《新乡市一中章程》。在此基础上，学校还完善了教代会、学代会、团代会、家长委员会、教学委员会、专家咨询委员会、校务公开委员会和学生公寓自治管理委员会等制度和组织。这种全员参与的治理结构，是"适合教育"的重要内容，它使学校的各方参与者之间达成了"适合"的平衡，彼此都以形成一个教育治理共同体为目标。

目前，新乡市一中已经初步形成"依法办学、自主管理、民主监督、社会参与"的现代学校制度。而这一制度的建设，是通过学校"章程建设在现代学校治理中的实践研究"这一课题研究来完成的。新乡市一中以章程建设为契机，对校内各项规章制度的立、改、废，补充完善现代学校制度建设所必需的制度，确保与学校章程的一致性，实现以制度管人、管事，以制度创特色、促发展。将章程的精神和内容体现到学校各项活动中去，形成以章程为核心的制度文化，使师生在实践与体验中接受法治教育和法治精神的熏陶，这一举措成为推进学校治理能力现代化的突破口和关键，让学校持续高位发展焕发出新的生命力，有效保证了学校教育质量的稳步提高。

章程，是组织、社团经特定的程序制定的关于组织规程和办事规则的规范性文书，是一种根本性的规章制度。它具备稳定性和约束性两大特点。学校章程上承国家法律法规，下领学校内部规章制度，是学校成为独立法人组织的必备要件，是学校规范办学、自主发展的基本依据，是学校内部治理的纲领性文件，是现代学校制度的载体和体现。我们所说的章程建设，既指章程的起草、讨论、审议、修改和确定的过程，也指向章程的具体实施和完善。20 世纪 80 年代中期至今，我国学校改革的重心在学校制度改革上，如学校内部管理体制的改革，学校教学制度、课程制度的改革等。这场堪称旷日持久的学校改革，也在不断地显现出积极的进展与成效。然而，总体观之，或与教育改革总体目标要求相比，现行的学校制度变革，依然存在突出的问题与差距。

在当前的时代背景下，实现教育治理现代化的现实路径是深化教育领域综合改革，但是对于我国教育治理现代化的现实路径，整个教育界都处于摸索之中。建设现代学校制度已成为现阶段深化教育改革的重要内容与任务，也应成为推进学校治理能力现代化的突破口和关键。1995年，我国颁布的《教育法》明确规定，"设立学校及其他教育机构，必须有组织机构和章程"。随后在 1998 年颁布的《高等教育法》、2003 年 7 月教育部发布的《关于加强依法治校工作的若干意见》中，都对学校章程的法律效力、内容、重要性等作了相关规定。2006 年，教育部倡导高校要将章程制定"作为学校加强现代制度建设，推进依法治校的重要抓手"，一些高校的章程开始陆续公布。不过，当时全国可供参考和借鉴的章程文本和制定经验并不多，加之国情不同，章程的建设很难复制国外经验，所以各高校均是在积极探索中前行。2010 年 7 月，《国家中长期教育改革和发展规划纲要》指出："学校要建立完善符合法律规定、体现自身特色的学校章程和制度""依照章程规定管理学校"。教育规划纲要颁布后，我国中小学校的章程制定工作开始提速。特别是党的十八大之后，教育部印发《全面推进依法治校实施纲要》，以实现学校办学宗旨为目标，加强制度体系建设，明确提出要"加强章程建设，健全学校依法办学自主管理的制度体系"。从一定意义上来说，中学的章程建设在我国还处于探索阶段，而新乡市一中的研究与实践推进，恰带有很强的填补空白的意义。

新乡市一中以课题推进为抓手，分三个阶段展开。一是试验阶段，学校启动章程制定工作，成立章程修订领导小组，校长为组长。学校以校办公室牵头，以科研处为主体，分批次召集校领导、中层领导、班主任、优秀教师代表、优秀学生代表、校级家长委员会对《国家中长期教育改革和发展规划纲要》、教育部《全面推进依法治校实施纲要》以及《中共中央关于全面深化改革若干重大问题的决定》进行深入学习，采用会议、展板、稿件等宣传形式，提高各方对学校章程地位和价值的认识。在此基础上，学校制定《新乡市一中依法治校规划纲要》，提出中小学章程建设是探索中小学改革发展，构建现代中小学制度和治理体系的有效载体，为此着手开展了章程制定的各项准备工作。在这一阶段，学校还邀请河南师范大学宋晔教授来校指导，对参会的校领导、中层领导、部分师生（课题组成员均在其中）进行了《学校章程的制定与实施》的专题培训。

随后，学校成立了章程起草委员会与专家工作组，主要人员有校办公室主任、年级主任、科研处主任和部分教师代表，开展了章程的集中起草制定工作。这在一过程中，积极发挥家长委员会、学生会的作用，以访谈为主要方式，开展访谈反馈和数据汇总分析。前后半年历经 10 余次修稿，经各种民主程序反复征询各方面意见并不断修改完善后，《新乡市一中章程（草案）》在全校展开讨论。学校还专门成立"章程建设在现代学校治理中的实践研究"课题小组，校长任课题负责人，章程制定小组核心成员为参与者。课题小组拟定研究方案，开展课题研究，旨在以课题研究为依托，以章程实施为媒介，凝聚全校教师共识，广泛凝聚办学共识，进一步强化学校顶层设计、凝练学校办学理念、突出学校办学特色、深化学校教学改革、完善学校治理结构，不断提高办学治校的法治化、科学化水平。

二是实施阶段。在课题组建议下，学校借助开学典礼、庆祝教师节大会、全校教育质量大会，先后5次召开中层以上领导专题研讨会，邀请人大、政协、学生家长代表、媒体进行深入研讨，广泛听取各方意见和建议。与会人员主要在深化依法行政、深化党建、深化学校发展规划、家校建设工作方案、教研室（处室）工作、年级工作方面提出很多建设性意见，同时在语言的规范性、合法性上做出了诸多解释，由课题组全面负责汇总，报教职工代表大会讨论。随后，课题组将修改后的法案交由专业人员进行审核，在修改后报备学校校委会，并审议通过。在学校教代会上，《新乡市一中章程》讨论通过，同时公布施行。自《新乡市一中章程》实施以来，学校以课题组成员为主体成立宣讲团，组织校委会成员、中层领导、优秀教师、家长委员会以及学生学习宣传，并以学校章程为核心，健全各项规章制度。在此基础上，这份《新乡市一中章程》报新乡市教育局审议并通过。

依照学校章程，课题组还对现行规章制度进行认真的梳理，通过"立改废释"，建立起适应学校自主发展的，由组织机构、职责、程序、活动、能力和资源等构成的有机统一的制度体系，主要制定或完善了管理手册、学生手册、教师手册和党员手册，涵盖学校工作的各个方面，形成比较完整的制度体系。课题组广泛调研、访谈后，对学校评价手段进行优化，依据学校各部门、各处室自身的特点和规划的实际，来细化评价的指标，实现"一部（门）一评价"，形成较为完备的评价体系。学校各部门、各处室在校委会的领导和指导下，以章程为依托，历时半年，在学校制度体系建设、学校三年发展规划制定、办学绩效评估、学校特色发展等四个领域做了诸多实践和探索，形成了不少的工作意见和实施办法，使学校基本形成了"章程—制度—规划—评价—特色"的现代学校制度体系，逐渐形成了以章程为核心的制度文化。

三是总结升华阶段。学校在管理过程中，不断会有新的问题出现，因此需要给出规范，需要在章程建设方面持续丰富和完善，也需要持续地发挥章程建设在现代学校治理中的实践研究。数字时代对学校的管理和运行提出了新的要求，需要我们与时俱进，重新审视已有的章程和治理体系。而经过一年的认真探索、实践，一线教职工逐步实现了对学校发展的认识、理解、认同，在参与中明确了自己的权利、义务、责任，自主意识和维权意识不断增强；章程着眼于学校未来的使命和理想，在深入挖掘学校办学历史和文化传统的基础上，凝练出了全校师生达成共识的自身独特的办学理念和发展愿景，并通过章程予以确认。特别值得一提的是，在章程的实施过程中逐步形成了全面、动态、多元化的章程实施监督机制。一线教师、各处室负责人、学生代表、家长代表、人大代表、政协委员、法律顾问等制定主体的多元构成和民主参与实现了章程制定的事中监督。落实过程中依托教代会、学代会的校内监督和家长委员会、教育督导的外部监督对章程的实施进行动态监督。

在学校章程的制定与实施过程中，学校进一步提炼管理和治校特色，立足师生需求，结合学校实际，进一步寻找学校在解决共性管理问题、矛盾时的优势，从中凝练章程特色，使其真正发挥作用，使其成为学校发展的战略选择，成为学校的核心竞争力。其实，章程的有效实施比章程制定更为复杂和困难。以章程为依据，进一步做好校内各项制度的"立、改、废"工作，形成以章程为核心的学校管理制度体系，让静态的制度规范动起来，实现以制度管人、管事，让依章办学常态化，是"适合教育"在学校治理领域探索依法治校的核心表征。

（三）文化为心："适合"与人文精神

"适合教育论"中的"适合"，倡导的就是一种以"度本体"为核心的文化。一所学校要有人文精神，就必须使人文精神突出表现在校园建设的方方面面，使不同要素围绕"适合"的原则建构起来。新乡市一中曾特意举办过"学校文化建设论坛"，以彰显一中文化的整体优势和具体细节。纵观新乡市一中的校史，其文化引领学校持续发展，走向百年辉煌，经过了几次"大飞跃"：一是由太行五联中接收国民政府河南省立新乡中学，成立了一所普通中学；二是 1958 年由一所普通中学上升为河南省首批 24 所重点高中；三是改革开放后，1989 年以超常教育实验班的设立为标志，学校走向特色发展；四是进入 21 世纪，特别是近几年，学校由一个校区发展为一校三区，规模扩张，成为学生规模破万人的中原名校。

这几次飞跃都伴随着学校文化建设的变迁。老校长刘玉敬老师用"严、仁、特"三个字精练地阐述了一中文化的内涵，老书记陈维用"争为人先，追求一流"概括了支撑学校发展的一中精神，前任校长李修国创新性提出"为学生提供适合自己发展的教育"理念，这都是对一中发展感同身受的解读。而整体上，学校的校园文化还是要沁入学校治理、校园建设之中。

一年发展靠机遇，十年发展靠机制，百年发展靠文化。在 80 多年发展历史中，新乡市一中积淀了丰厚的文化底蕴，呈现出的文化元素如碎片、珍珠散落在学校的方方面面、角角落落，需要每一个"赶海者"去发现、鉴别和整理，然后用一根根金线穿起来，固化成一中的文化优势，进而内化于每个新乡市一中人的心，融化于他们的血液中。

1. 校园文化的"三主体"与"四层次"

　　环境育人的主要框架是通过学校的文化建设来为学生的成长发展提供一个良好的环境。学生在校不止学习教材课本的内容，也受到校园文化各方面的影响，如在做事标准、思考逻辑、思想观念、价值观念上都有积极的引导作用。这种教育方式不是教科书能够代替的。校园文化的触角能够深入到学校的各个角落，对学生教育具有潜移默化的作用，能够提高学生和老师的精神层次。一所学校的校园文化是学校教育机制的重要评测指标，能够从中看出学校的办学和教学的能力。

　　优秀的校园文化应该具有凝聚、激励、导向等多种育人功能，作为学校的领导者，要用自己的理念与知识去构建一个良好的校园环境，让学生在生机勃勃的环境中学习与成长，得到更好的发展，取得长足的进步。

　　校园文化的构成主要有三个主体。一是校长，他是校园文化的引领者。校园文化本质上是学校精神面貌、学校作风等的动态体现，也是学校价值观和学校精神的折射。（1）校长应起榜样的作用。以校长为代表的校领导集体带有倾向性的行为示范，将会极大地影响学校文化发展方向。古人云："其身正，不令而从；其身不正，虽令不从。"校长是师生们看齐的标杆，寓力量于无形，施教化于无声。校长要做好示范和榜样，需要自身具备优秀的素质和能力，这包括先进的办学理想、正确的价值取向、科学的思维方式，出色的管理能力、有效的工作策略、高效的决策水平、崇高的思想境界、与时俱进的创新能力等。（2）校长要善于发挥激励的作用。校长要尊重师生、关心师生，对师生倾注真挚情感，密切干群关系、师生关系，充分调动师生工作和学习的积极性。（3）校长要真正发挥管理的作用。所谓"管"，不是一般意义的规章制定和绩效考核，而是校长要通过敏锐的感官，发现学校中存在和可能发生的问题，及时解决或预警，这个过程需要校长具有丰富的经验和开阔的视野，同时要体现校长的人文关怀。所谓"理"，理清各种工作思路，理顺各种校内外关系，这个过程要求校长要有相当的智慧和能力，在反思与引领中解决学校问题。

二是教师，他们是学校文化的传播者。校长的办学

陪学生们一起午餐

思想、办学理念，只有通过教师的执行与传播，才能内化为一种精神、外化为一种行为，进而影响学生，让学生受益。（1）教师要引领和建立高尚的教育教学文化。学校无小事，事事都育人；教师无小节，时时都育人。所谓"学高为师，身正为范"，在一定程度上说，老师就是学生心中的榜样，就是学生的领路人。一个微笑或一个责怪的眼神，一声鼓励或是一句不经意的批评，都会对学生产生莫大的影响。

近年来，学校大力实施"园丁工程"，以抓师德建设、抓业务培训、抓教研教改为核心，坚持开展"三爱三心"教育，即教师要热爱教育有事业心、热爱学生有爱心、热爱学校有责任心。坚持实践"四个负责"：为学生现在负责，为学生未来负责，为学生一生负责，为所有学生负责，让每一个学生都成为成功者，都能享受到教育的幸福。（2）重视培养和发展教师的人文精神。这是学校抓队伍建设、走内涵发展的基本保证。教育是以素质培养素质、以形象塑造形象、以生命影响生命的过程。没有一支高素质的优秀教师队伍，实施素质教育、培养高素质人才就会成为一句空话。新乡市一中要求全体教师在教育教学活动中做到"六少六多"：少一点个人权威意识，多尊重每一名学生的发展潜能；少一点限制，多给学生一点自由，少一点指导时间，多给学生一点活动时间；少一点教师评价，多一点学生自己的独立评价；少一点统一要求，多给学生一点个性发展空间；少一点批评与否定，多一点鼓励与肯定。可以

说，正是在上述举措的引领下，在"适合教育论"的感召下，一支以反思型教师为主力，教研型教师为骨干，科研型教师为龙头的教师队伍正在形成。

三是学生，他们是学校文化的实践者。"十年树木、百年树人"，学校教育的最终目的，就是要让学生成人、成才。因此，在学校文化建设中，需要积极发挥学生的主体作用。新乡市一中在学生中广泛积极开展"文明修身"工程，即修道德之身、修心灵之身、修健康之身、修溢美之身、修创新之身，对学生开展基础道德教育、心理健康教育、廉洁自律教育、诚实守信教育、法规法纪教育、体育美育活动和科技创新活动，使每一个学生胸怀宽广、心灵纯净、性情通达、知识渊博。活动是理念的载体，活动是生命张扬的舞台，在学校文化建设的实践中，学生可以在大量的活动中积淀文化意识。如"我们共同记载这一天""在故事中成长"活动，师生对各自生命状态有了了解、理解以及感动；"寝室文化节活动"让学生的眼界由过去的"卫生""纪律"一下子跃升为"文化"的层次；大课间美文诵读，"每天给学生讲一个励志故事""一边跑步一边呼号"等活动，以及"廉洁故事"演讲比赛、趣味运动会、校园文化艺术节……都在"适合"之中改变学生的生命状态，对学生人格的塑造起到了积极作用。

文化具有三重表征：一是显现于外的形态，二是内化于心的价值，三是影响社会的规范或认知，再加上本书第二章所讨论的物态呈现的物质文化部分，可以归纳出校园文化的"四层次"论。近代思想大家、号称"中国最后一位大儒"的学者梁漱溟认为，文化是人类生活的样板，可分为四层，其中物质文化是基础，行为文化是规范，制度文化是约束，精神文化是引领。将这四个层次的文化论引申至校园文化之中，可分寻其"适合"之意。

学校物质文化是指学校物理空间所具有和体现的文化内涵。如新乡市一中的老校区图书馆门前种有4棵银杏树。单看这4棵树，确乎没有多少文化而言，可是，一旦我们知道这4棵树是老校长赵继学在20世纪70年代自费购买树苗，亲手在校园种下的。这4棵树被赋予了文化意义，大家尊之为"赵公树"，并立牌纪念。再如老校区进门分立两旁的爱因斯坦和钱学森雕塑，这是2012届、2013届考入清华、北大的学生捐资筑建的，那么它们的文化内涵也变得丰富起来。

学校的精神文化涉及校训、校徽、校风、学风、教风等。一般来说，每所学校的校训都有一个不平凡的来源：或者出自优秀的文化经典，或者包含特殊的教育典故。比如学校老书记陈维对"一中精神"的解读，"争为人先，追求一流"的价值体现和成因，就是学校极其重要的精神文化因子，得到了全体成员广泛的文化共识和精神共鸣。

学校的制度文化是由学校一系列规章制度所蕴含积累的文化。学校制度文化由三部分组成：一是各种相互联系不断发展变化而形成的制度内容；二是制度在学校发展过程中所展示的变革文化；三是制度之间涉及的人和事的教育意义。

学校的行为文化体现于校园中每个人的身上，体现在他们的一言一行中。为培养良好的行为文化，学校倡导"尊重文化"，尊重教师，尊重学生，师生互相尊重；学校也倡导"感恩文化"，使新乡市一中人于生活中充满感恩。学校的行为文化还表现在共同的文化氛围，共同的行为自觉，很多新乡市一中的退休教师现在仍时刻关注学校的发展，如郜济川校长、赵继学校长等。

整体看，校园文化可分为两类——显性文化和隐性文化。诚然，一所学校不可能没有显性文化，如建筑、校车、标识（LOGO）等，但对于学校而言，更需要重视的是隐性文化。这种文化是一种情景、一种氛围、一种气息……如何让校园日常生活充满文化因素而又尽可能了无痕迹，润物无声，是教育应探索的。最后，我想通过一个例子，来说明新乡市一中的校园文化是如何在显性与隐性间发挥作用的。那是2015年的一个星期一，我一早来上班，校安全办的于荣江老师就到我的办公室，兴冲冲地把一轴装裱好的书法作品打开，上面行草写就的四个大字"教育伟业"一下跃入眼帘。字体苍劲有力，气势不凡，可见书者功力不浅。

在我啧啧称赞之时，于老师给我讲起了这幅作品的来历。原来前段时间，市教育局和平安建设办公室的领导一行来学校检查安全工作。在学生公寓检查时，君明楼宿管老师值班处工整规范的宣传板报引起了他们的注意，大家对上面整齐漂亮的字体赞不绝口。听到这里，我不禁随口问了一句：这是我们学校的宿管老师写的吗？得到肯定的回答后，我感叹：新乡市一中的宿管老师里真有人才啊！

在和于老师的交谈中，我了解到，书者是学生公寓的宿管老师，名叫岳彩鑫，焦作市武陟县人。岳彩鑫老师退休前一直在机关事业单位工作，曾任供销社办公室主任和工会主席。他多才多艺，尤其喜欢书法，是武陟县书法家协会会员。前两年，他慕名把小孙子从百里之外的焦作市送到了新乡市一中上学，而为了发挥余热，也为了能经常看到孙子，他也从焦作市应聘到我校做宿管老师。在这一岗位上，岳老师尽职尽责，乐于奉献，学生们都很喜欢他。工作闲暇之余，岳老师还主动承担起了办黑板报的任务，他的字写得漂亮，办的板报有内容，学生们都爱看、爱读。在公寓楼，大家都熟知这位"书法家"宿管老师。

听完于老师的介绍之后，我陷入了沉思之中。什么是新乡市一中持续发展的重要支撑？什么是学校发展的基石？我想，是好老师，是优秀的教职工团队，更是由这些老师构成的学校文化——岳彩鑫老师写的字和黑板报是显性的，而其能写、愿写、会写则是隐性的。在新乡市一中，这样爱岗敬业、技高一筹、又红又专的教职工还有很多，像在任上勇当"领跑者"，退休后甘当"铺路石"的老校长赵继学；像教学能力强，业务素质高的全国劳模、省管专家、特级教师陈国军……他们在各自的岗位上发光发热，奉献着自己的才智，他们用青春、用心血书写了一中往昔的峥嵘岁月，奠基着一中今天的蓬勃发展，描绘着一中明天的美好蓝图。于是，我又看了一眼岳彩鑫老师写的"教育伟业"四个字，深感厚重，恰是校园文化之呈现。

2. 构建书香校园的文化传统与实践

学校文化是"适合教育"之内核，本小节以"书香校园"为例，结合新乡市一中的文化建设实践，做一点聚焦性的分析。"书香校园"是一种理念，也是一种实践。我们生活在一个前所未有的"信息爆炸"时代，机器学习、算法推送、用户画像、后真相等现象，已经使"书之香"淡化、杂化，"书失其香"已成普遍。

"书香校园"作为概念，是 2002 年教育学家朱永新在"新教育实验"之中提出来的。根据他的概述，"新教育实验"早期提出"六大行动"，即营造书香校园、师生共写随笔、聆听窗外声音、培养卓越口才、构建理想课堂、建设数码社区；2012 年，又增至"十大行动"，增加了推进每月一事、缔造完美教室、研发卓越课程和家校合作共育。[①]"营造书香校园"位于朱永新"新教育实验"倡导的十大行动之首，足见其重要。

对于"书香校园"，有人把它理解为一种校园文化的建构理念，有人把它理解为一种课外的阅读活动，有人把它理解为一种课程资源或课程建设内容。于是，围绕阅读而展开的各种教学策略普泛地出现在基础教育阶段的校园之中。形式包括图书角、阅读课、读书档案、阅读广场、图书漂流、制作书签、配诗配画、经典诵读、演讲比赛等，"随处有书可读"的理念深入人心。整体看，这些以活动为中心的"书香校园"建构及其研究，都是围绕阅读而展开的，其目的是增进师生的阅读兴趣，培养他们的阅读习惯，为学生终身学习和打造"书香社会"奠定基础。

应该说，这种思路下的"书香校园"的创设已经取得了很好的效果，但也有论者指出，这种思路存在两个问题：一是偏重于工具性为出

---

① 朱永新：《过一种幸福完整的教育生活：新教育实验的缘起、发展与愿景》，《中国教育学刊》2016 年第 5 期。

新乡市一中的学生们正在图书馆上阅读课

发点思考问题；二是"基本上是对校园阅读活动的研究"[①]。这种说法固然有一定的道理，但是，"书香校园"的理论与实践绝不可能排除对校园阅读本身的重视。在"适合教育"看来，"书香校园"是一个复合概念，所谓"书香"，可以理解为"书"（知识或信息）+"香"（情感与价值）。师生阅读，目的是获得"书香"；而"书香"浓郁，则意味着信息与情感洋溢。在这个意义上，"书香校园"就是信息传播和情感交往都十分频繁、有效的校园。依照"适合教育"的观念，"书香校园"建构应该使阅读的关注点逐渐从"书"过渡到"香"，让阅读成为与学生相伴一生的爱好。

近年来，新乡市一中高标准建设了面积 1000 平方米、藏书 20 万余册的省中小学首批示范性图书馆，为师生创造读书学习条件。图书馆是中小学校的文献信息中心，是学校教育教学和教育科学研究的重要场所，是学校文化建设和课程资源建设的重要载体。在信息化背景下，图书馆的环境、存储以及服务功能相较于网络阅读服务具有不可取代的优势，而新乡市一中致力于打造师生"喜阅"的书香空间，在空间布局、室内环境以及馆藏建设等方面都进行了积极的探索。

新乡市一中图书馆设计重视个性化阅读服务，可支持阅读教学、师生交流、信息共享、学生自主学习、研究性学习等各种类型的活动，是一个功能复合的空间。在空间布局上，采用了较为开放的设计，各功能区之间既有界限划分，又不作严格区分，充分考虑空间的开放性

---

① 闫震普：《"书香校园"概念解读》，《太原大学教育学院学报》2013 年第 2 期。

和灵活性，从而便于馆内不同功能区的弹性转化。利用墙面和不同样态书柜的围合，形成常规阅读区、半私密阅读区和个别阅读区，并利用下沉式台阶，划分出席地阅读区和公开演讲分享区。阅读教室内有灵活的可移动桌椅，旨在最大限度支持学生的协作与交流研讨。这样的空间，十分有助于读者在阅读的时候进行必要的交流，进而使"书香"得到传播。

而在文化软装方面，新乡市一中注重营造美的空间，新乡市一中图书馆一是重视环境的视角感官体验，通过装饰与阅读文化的一体化设计，营造放松、舒适、温馨的阅读氛围。一是重视读者的色彩心理，通过适宜的照明设置，或活泼明快或庄重大方的色彩搭配，使得空间舒适又充满活力，有利于唤起学生的创造力，给人以积极幸福的心理体验。二是重视空间的艺术美感，有意在墙壁、地板、书架等添加活泼生动的设计元素，极大提高了空间的文艺美感。三是重视人性化，桌椅的灵活性与舒适性符合人体工学设计。

此外，新乡市一中图书馆引入了数字化阅读装备以提升读者的阅读体验。首先，积极引导师生接触新型阅读资源，不仅精挑细选期刊、图书等显性资源，而且引入电子书、音像资料、云图书电子资源库等，极大丰富了数字馆藏资源。其次，采用智能化图书管理系统，对各类图书资源按照科学规范的标准进行编码，分类上架，极大地提高了图书的可检索性和取阅的便捷性。最后，以新技术实现泛在化服务，把读者办证、图书借阅、图书归还、读者信息查阅、馆藏在线查询等多项服务，以自助服务的形式提供给读者，打造"指尖上的图书馆"。

区别于传统图书馆"书本位"的空间理念，新乡市一中的图书馆强调"以人为本"，以服务师生为中心。一方面，学校制订了相对完善的选书机制，优化书籍供给质量。图书馆建立了读者问讯机制，在采购书目前，充分听取各科教师、学科带头人以及学生代表的意向，从而按需定制各年龄段读者的书籍，满足师生的个性化需求。另一方面，构建多样态的阅读功能区。积极落实"全域"阅读理念，充分考虑学生"自主"和"社交"的需要，除建设一楼开放式图书馆之外，通过在校内设置阅报栏、电子屏，在餐厅、每间教室、室内楼梯转弯处等多个位置设置造型各异的书架，营造非正式的学习空间。

以新乡市一中少儿部的实践为例，其探索出了一条有效促进阅读的路径，即借助学校图书馆、少儿部图书室、阅读角、班级图书角和电子阅览台，利用阅读课和丰富多彩的阅读活动，推动学生全面阅读。

作为河南省中小学首批示范性图书馆，学校图书馆给学生营造了乐读、悦读的优雅氛围，为他们提供了数量众多的好书，每周在图书馆进行的阅读课都是同学们最想去上的课，他们可以尽情徜徉在知识的海洋里。此外，少儿部也建有自己的图书室、阅读角，每个教室都有小书架，作为班级图书角，方便学生随时翻阅图书，同时，电子阅览台则让阅读内容持续更新，学生获取图书信息的方式更为便捷。丰富多彩的阅读活动有助于学生开展阅读分享，编辑读书笔记，制订阅读计划并每学期进行总结等，让学生真正与好书相知。"适合"系列阅读活动的开展，在学生中起到了良好的作用，让他们的阅读有了明确的要求和规划，大多数同学养成了主动阅读的习惯，打下了深厚的阅读写作功底。很多同学在全国中学生创新作文大赛、全国青少年冰心文学大赛、"叶圣陶杯"全国中学生新作文大赛、"中华之星"国学大赛、"语文报杯"全国中学生作文大赛等比赛中取得佳绩。更重要的是，他们经由阅读得到成长，这让他们受益终生。

结语：我为什么提出"适合教育论"？

写作本书时，恰逢学校搞征文，我先睹为快，在写作中用了不少学生的回忆，来作为自己倡导的"适合教育论"的立论支撑。其中，绝大部分是片段式的记述，吉光片羽，却切中"适合教育"之心。在这本书中，只有两篇学生的文章是全文收录的，一篇是考入二本学校的2022届毕业生姜莱的《夏日的回想》，一篇是后来成为知名作家、编剧的少儿部2012届毕业生辛晓阳的《很幸运，曾是一中人》。

如果按照世俗的标准，考入二本学校的学生显然不如后来成为知名作家的前辈学姐"有出息"。可是，果真如此吗？世俗的标准，未尝不是一种错觉、误导，甚至挑战。十多年来，面对压力和挑战，新乡市一中管理团队始终坚守"为党育人、为国育才"的初心和使命，践行"为学生提供适合自己发展的教育"理念，不断提升学校的办学品质，努力办一所"适合"当代中国的中学。我倡导"适合教育"，正是对这一实践的充分回应。这一实践，可以归纳为"六个一"：

明确一个理念。进入新世纪，学校面临着生源地范围缩小、地域优势弱化、学校规模扩大、教师队伍青黄不接等种种困难和挑战。如何再发展是摆在学校管理者面前的新问题，新乡市一中不等不靠，充分论证，明确提出了"为学生提供适合自己发展的教育"理念，并让"适合教育"逐渐成为一种隐形的、无声的力量，引领学校实现高位持续发展。

实现适合教育的关键在于创造丰富的、高品质的校园生活，将学校的教学、科研、保障等各个系统和各种资源，置于一种符合规律、和谐共生的适合状态，让校园生活富含科学、人文、审美、温暖、精致等元素，师生生活期间都能实现差异化发展，并作为教育的本质问题和永恒追求。适合的才是最好的。学校在制度设计、课程设置以及发展观等方面都体现对人的个性、禀赋，人的差异的尊重，千方百计创设适合师生个性化成长、成功的空间，发现和成就每一个人。

适合教育需要用适合的教师去创造。适合的教师要在职业理想、职业修养以及眼界境界、观念理念、能力动力等方面提供支撑和保障。教师需要不断学习、不断反思，作为校长，首要的任务就是搭建平台舞台，营造教师成长的环境，并把教师队伍引领好、管理好。

凝练一种精神。学校组织的思想境界、精神面貌、行为态度、团队意识是学校发展的第一生产力，是战斗力、核心竞争力，更是一种比较优势。优秀的学校精神是一个学校最为宝贵的精神财富，是推动学校发展的精神支柱和惯性力量，是学校组织最高层次的教育自觉。

新乡市一中办学历史悠久，文化积淀深厚，如何将校园文化转化为学校文化力、发展力，如何将制度办学上升到文化办学，始终是一中管理团队思考和探索的重大课题。从 2013 年开始，我们举办文化论坛，梳理一中校史，征集一中故事，凝练一中名师金句，让师生口口相传并潜移默化地接受。"求真务实、艰苦奋斗、志存高远、争创一流"的学校精神，已成为全体一中人的价值取向和集体意识，进而成为学校可持续、高位发展的精神源泉和强大动力。

遵循一个原则。因材施教是最具中国特色又极具世界意义的教育原则。它源自孔子的教育思想，至今延绵不绝、历久弥新。适合不同学生发展的教育才是好教育。因材施教之"因材"，就是创造好的适合的教育。陶行知先生说过："人像树木一样，要使他们尽量长上去，不能勉强都长得一样高，应当是：立脚点上求平等，于出头处谋自由。"说的正是这个道理，要充分尊重个性，创建适合每个学生发展的教育，这也是新时代中学教育的理想境界。

新乡市一中多年来一直坚持以人为本的理念，努力创建适合每个学生发展的教育，不拘一格培养人才。学校开展的分层教学、走班教学、特长生教学和超常教育，都是在这一理念下推进实施的。特别是超常教育，从 20 世纪 80 年代创办，致力于拔尖创新人才早期培养的探索，形成了"打牢基础、开发潜能、张扬个性、全面发展"的办学特色，为怀揣科学梦想的超常少儿提供"适合"的教育。该项实验效果显著、成果丰硕，受到教育部、省教育厅和社会各界的关注和重视。

营造一种环境。校园物态环境建设是适合教育的有机组成部分。美国著名教育家约翰·杜威讲道："学校的任务就是设置一个环境，在这种环境里，游戏和工作应该能促进青年智力和道德的成长。"环境育人的真正效应应在于通过物态景观的解读活动获得一种内隐体验。因此，我们特别注重深度挖掘校园景观的教育价值和文化意义。学校重视色彩管理。世界著名建筑大师伊利尔·沙里宁说过"让我看看你的城市建筑外观色彩，我就能说出这个城市的性格、居民的喜好，甚至文化上的追求。"对于一所学校而言，校园风貌、色彩的个性表达是校园美学的重要内容，色彩如同学校的肤色，色彩的力量运用得当，可以有效提升校园的品质。我们认为，一所校园可以有 1—2 种色彩，最多不宜超过 3 种。学校从构建适合学生成长的环境出发，确定校园主色调为红、灰、白，对应学校的红色文化、创业文化和创新文化。

学校最突出的位置建设了四处雕塑，分别是孔子、钱学森、杨蕴玉（首任党组织书记）和赵振业（校友院士）；运用传统文化，建造了中式月亮门、榴园、静林门、环翠居门，昭示了一中不同时期的历史传承。在师生每日必经之地，由历届校友捐建的师恩石、山品水德文化石、博约亭、折桂亭、不倦亭、采芹园、近知园等，成为校园一景。行走在一中特有的雕塑、大树、文化石、教学楼、图书馆等一个个一中符号之间，感受着迎面而来的一中之风，现实的一中比想象中的一中更美、更有书卷气、更具个性，洋溢着生命的活力。让学校成为汇聚美好事物的中心，从中感受着"为学生提供适合自己发展的教育"理念和博大情怀。

锻造一支队伍。教师是学校发展的第一资源，名校要靠名师支撑。国务院参事、

与国务院参事、时任人大附中校长刘彭芝（左一）合影

人大附中原校长刘彭芝讲过一句话："一所好学校，必须有名师、有大师，才能够培养出优秀人才。"大学如此，中学也不例外。要办好一所"适合"当代中国的中学，关键要培养造就一支师德高尚、业务精湛、结构合理、充满活力的高素质专业化教师队伍，引领广大教师坚定理想信念、陶冶道德情操、涵养扎实学识、勤修仁爱之心，树立"躬耕教坛，强国有我"的志向和抱负，坚守三尺讲台，潜心教书育人。

教师队伍建设始终是学校工作的重中之重：一是抓团队协作。通过培训和实践，让所有教师特别是年轻教师胜任教育教学，不使学校"大木桶"出现"短板"。同时，通过一课一研、间周精研、师徒结对、集体备考等切实有效的载体营造团队合作的时间和空间。二是抓教师的敬业。加强师德师风建设，提升学校文化。通过设立过程奖、结构工资、班主任津贴等制度，让教师融入一中这个"利益共同体"之中。三是抓青年教师的培养使用。学校坚持"老年教师管家、中年教师当家、青年教师发家"的理念。对青年教师更多地给压力、给担子、给平台，促其又好又快成长。

追求一种管理。"无为而治"才是最好的"治"，哈佛大学荣誉校长陆登庭说过："哈佛的成功主要是形成了一种明确的办学理念，一套系统的制度和机制，所以现在即使没有校长，哈佛一样可以正常运转。"新乡市一中也曾流传过一句话，只要有打铃的人，一中的课都照上不

误。可见只要制度建得好，校长不仅好当，而且当得不累。当校长站在学校组织的中心，完善制度、顶层设计和管理流程的构建后，他是可以淡化其个人影响的。因此，学校在管理上主要体现在科学和民主两个方面：第一是依法治校。落实"依法办学、自主管理、民主监督、社会参与"的现代学校制度，建立完善章程、教代会、学代会、专家咨询委员会、家长委员会等"一章六会"制度，使得学校的各项工作都有法可依、有章可循。做一任校长，能给学校留下的最好"礼物"之一，就是一套科学规范、完整的规章制度，而校长的办学思想都体现在这些规章制度之中。第二是民主治校。让师生员工成为学校重大事项的发起者、建议者和制订者，并参与决策和监督全过程，真正体现主体地位。除制度保障之外，学校还采用校长信箱、电子邮箱、民主恳谈会、校务会等多种形式拓宽民主管理和民主参与的渠道。

发展素质教育，推动教育高质量发展，是新时代基础教育改革和发展的必然命题。办好一所适合当代中国的中学，必须要站在这样的高度，既能让全体学生全面发展，又能让各类拔尖创新人才脱颖而出，这是真正地对学生负责，对社会负责，对国家民族负责。教育改革永远在路上。在新乡市一中，"适合教育"是一种教育情怀和责任担当，也是全体教师的理想追求，我们不断创造条件，努力工作，不断接近这个美好的理想。

附　录

《德育报》·"总编眼中的名校长"专栏：

河南省新乡市第一中学党委书记、校长——王伟

□ 晨　光

他，质朴淳厚，大智若愚；披星戴月，殚精竭虑。拥有智者的洞察、仁者的明彻、拓者的创意、勇者的果敢、能者的捷悟。因而，创造性地重塑了师生的精神文化、发展文化，学校的教学文化、治理文化，同时转化为了发展的自信、发展的自觉、文化的认同，内化为了师生强大的自我驱动力和行动的导向力。

他，目极四海，心游万仞；行胜于言，质胜于华。学识成就的高度与知识杠杆所能支撑的力度成正比；生命闪烁的亮度，又取决于心灯竞奋所燃放的强度。高度凝练的"为校六悟"（以"情"、以"德"、以"智"、以"文"、以"师"、以"生"）令人肃然起敬；高度重视的"非智力因素"与"核心素养"培育，让莘莘学子走得更远、飞得更高！

他，思通古今，视接中外；以德启智，以智养慧。始终秉持的是创新与务实并重，宏观与细节相融；追求的始终是为师者的三品（人品、学品、教品）；营造的始终是科技与人文和谐统一的教育生态；探寻的始终是"让每一位师生成为最好的自己"；创建的是全国文明单位、文明校园；打造的是42所"双一流"大学优质生源基地。

他，纳百川水，容千山溪；以文化人，铸心于魂。从教三十余载，始终坚持的是"用知识激活知识"，因而，不仅形成了"实而不死，活而不乱；易中求深，情理交融"的教学风格，更以"功成不必在我，功成必定有我"的定力和担当，构建起"大成智慧高效课堂"；不仅让少年超常班实现了由平面向立体、单向向多向的教学转变，而且以非凡的成效验证了欠发展地区同样可以开展超常教育。

他，初心如磐，笃行致远；不慕虚荣，造福一方。事业的活力是慧心之潜能在奔涌，人生的活力是高尚之人格魅力在闪耀。始终不唯书、不唯上、不唯风，不仅构筑了"名师、青蓝、净心、暖心"四大工程，打造了一支卓越的"四有"团队，而且塑造了学校的"六美"（学子之美、生态之美、师表之美、内涵之美、和谐之美、科教之美），最终成就了独具特色的育人品牌，挚起了人民满意学校的标杆！

（原载于《德育报》第 530 期）

魅力一中

逐鹿中原唱大风，适合教育谱华章

——来自全国文明校园、河南省新乡市第一中学的前瞻探索与实践

□ 晨　光　黄蜀红

适合教育论

中国式基础教育现代化新格局是一个动态创新的生成过程。它不仅需要党和国家对基础教育的方向性引领，还需要千千万万基础教育工作者的持续性探索，以推动基础教育深度变革，进一步呈现出中国特色、中国风格……河南省新乡市第一中学（以下简称"新乡市一中"或"一中"）之所以能够始终处于高品质发展，与其一直坚持的"惟创新而更强""惟适合则最好"的价值追求有莫大关系。这一追求充分体现了新乡市一中人遵循传统、去伪存真、勇于担当、不断探索的实践精神。新乡市一中人用智慧和爱谱写着充满活力的新乡市一中新诗篇，为全国教改进入深水区提供了富有价值的探索路径和可供借鉴的现实范式。值此，本报特刊发此文，以飨广大读者，敬请关注！

——编者按

改革潮起，千帆竞发，百舸争流，勇进者胜。党的十八大以来，教育改革在立德树人的不竭追求中走向深水区，教育人在波澜恢弘的改革历程中书写出不同凡响的辉煌业绩。

孕育于国家和民族危难之际，创建于国家和民族奋进之中，发展于国家和民族振兴之时的新乡市一中，其前身之一是原八路军太行豫北五

联中，至今已有 84 年的光辉历史。

84 年，在人类历史的长河中如白驹过隙，轻灵划过，但在新乡市一中的发展历程中，却步履稳健、恢弘如诗！

1958 年，被河南省教育厅命名为省首批重点高中；

1960 年，被评为全国模范单位，出席全国群英会；

1979 年，被评为全国先进单位，国务院颁发嘉奖令；

2005 年，首批通过河南省示范性高中评估验收……

近年来，面对教育改革的滚滚浪潮，新乡市一中始终迎难而上，奋力搏击，学校先后荣获"全国中小学体育工作先进单位""全国青少年群体活动先进单位""全国'三八'红旗集体""全国群众体育先进单位""全国模范职工之家""全国奥林匹克教育示范学校""中国名校""全国校园足球特色校""全国五四红旗团委""全国学校后勤工作先进单位""河南省先进基层党组织""河南省文明单位""全省普通高中课程改革先进单位""河南省依法治校示范校""河南省'五一'劳动奖状""河南省普通高中多样化发展示范性学校"等诸多殊荣。2018 年以来，学校先后被授予"全国文明校园""全国教育系统先进集体""全国青少年校园排球体育传统特色学校""全国营养与健康示范学校""国家级节约型公共机构示范单位""空军飞行学员优质生源基地""国家级防震减灾科普教育基地""首批河南省中小学书香校园""首批河南省五育并举实验学校"等近百项国家、省、市级荣誉。

按照新乡市市委、市政府扩大优质教育资源的要求，从 2006 年至今，新乡市一中由一个校区发展为三个校区，满足了群众接受优质教育的需求。在规模扩大的同时，近十年，学校坚持内涵发展，重视教师队伍专业化成长。目前，拥有特级教师 13 人，中原名师 3 人，正高级教师 7 人，国家级骨干教师 6 人，省级学科带头人 5 名，省级骨干教师 83 名，省管专家 1 名，省教育厅学术技术带头人 30 名，省级名师 31 名，市级拔尖人才 5 名，市级名师 31 名，市级骨干教师 124 名，300 余名教师具有研究生学历。

看似寻常最奇崛，成如容易却艰辛。进入 21 世纪，科技创新成为国际竞争的主战场。建设创新型国家，关键在于创新人才的培养。当下，我国基础教育为人诟病的主体问题是"应试"，缺少真正的"育能"。我们的教育更多的是培养"乖孩子""跟随者"，他们具备接受知识的能力，但不太会质疑，不太会提问题，也不太会创造性地解决问题。"钱学森之问"——"为什么我们的学校总是培养不出杰出人才？"——与历史上的"李约瑟难题"一脉相承，这是关乎中国教育事业发展的一道深刻命题，需要整个教育界乃至社会各界共同努力破解！

对此，作为河南省首批省级示范高中和新乡市窗口学校的新乡市一中，自然重任在肩，责无旁贷。然而，从激情呼唤走向实践探索，往往是谈着容易做着难……

一、适土而耕，探寻学生发展的最佳抉择

教育家陶行知曾说："真教育是心心相印的活动，唯独从心里发出来，才能达到心灵的深处。"在与新乡市一中校领导"一班人"的互动中，他们留给记者的印象也是如此，在他们看来，教育其实就是抵达心灵最深处、迸发唤醒沉睡的一种力量，并为心灵指明一个方向、打开一条通道、提供一种陪护。

（一）明确理念，"适合教育"的本土化诞生。

"面对时下课改中赏心悦目的闪光点，有些专家学者激动了。于是大呼：此乃真正的教育矣，全盘否定传统教育，'朝圣者'便趋之若鹜。对此，我们必须保持清醒的头脑。其实，好是相对的，绝对的统一的'好'教育是没有的。好的教育不是模仿和拿来，而是创新。我们只能根据特定的教育条件与环境，在传统教育的沃土中开创出一种更适合自己的教育行为方式，这才是真正的好教育。

况且，我国地广人多，且是一个多民族的、有明显地区差异的国家。

我们的教育，不能只用一把尺子的统一模式去评价。不同的人才只有在合适的条件下，才能得到良好的发展。

"一刀切"的教育方式和评价方式不适合中国特色的教育发展道路。"新乡市一中党委书记、校长王伟对记者坦言。

难怪，早在 10 年前，当王伟从新乡市教育局教研室主任的岗位调任新乡市一中主持全面工作才几个月，就在全体教职工大会上，循循善诱地对教师们说："在激发创新这一'第一动力'的过程中，我们一定要聚焦最有价值的知识是关于方法的知识，荟萃'教学有法、教无定法、贵在得法'，追求'教是为了不教，学是为了会学。'同时，千万不要忘了印度哲学家奥修曾说过的那句名言：'当鞋子合适的时候，脚就被忘却了'。好的教育一定首先是适合的教育。更不要忘了夸美纽斯曾经说过的：'人只有受过一种最合适的教育之后，人才能成为一个人。'"

水有源，树有根。王伟校长正是携着先贤哲人的智慧，通过对学校文化的用心梳理，以及对学校未来发展的深度思考，逐步形成了自我的独特见解，他说："适合与超越，是办学者的理想追求。适合是教育的基础和条件，即遵循规律、遵循教育教学规律、遵循人的身心发展规律，提供顺应学生学习天性的教育；超越是教育的目的和追求，即追求个体发展最大化、最优化，追求全面而有个性的发展，帮助学生实现持续发展。"

"适合的才是最好的。"生活如此，教育亦然，适合学生的教育才是最好的教育。在新乡市一中新的发展阶段，王伟校长提出的"适合教育"，并非另辟蹊径，再创造一种教育理念、教育思想，而是缘于"适合教育"与新乡市一中多年来一直追求的素质教育本就一脉相承，而且不断推动着素质教育向纵深发展。

新乡市一中始终坚持学生第一，关注每一天、关注每一个、关注每一步。学校不仅拥有丰富的红色文化资源、厚重的学校文化底蕴，而且拥有一大批有情怀的教育者，为学生打造适合的课程体系，最大限度地发展教师，不断摸索学校的改革定位，去探索"适合与超越"的办学新模式。所有这些，都是王伟校长提出并主张"为学生提供适合自己发展的教育"理念的"根与本"。

（二）凝练精神，"适合教育"的强大内生力。

人无精神不立，国无精神不强。优秀的学校精神是学校的"根"与"魂"，是一所学校最为宝贵的财富，是推动学校发展的核心支柱和惯性力量，是学校组织最高层次的教育自觉。

新乡市一中的办学精神是什么？

在新乡市一中，一直流传着李万珠老师的育人故事。

在建校 80 周年校庆活动中，学校征集路江华（1979 年考入北京大学，美国加州大学伯克利分校硕士、博士，麻省理工学院博士后，香港大学教授、博导，在泊松几何及李群论研究方面做出了重要贡献）、路江涛（1985 年考入北京大学，享受国务院特殊津贴的专家）、路江涌（北京大学光华学院系主任、博导、长江学者，国家重大科研项目领军人物）三位校友的资料。他们的父母常挂在嘴边的一句话就是："没有一中，没有一中的老师，就不会有我们三个孩子的今天。"他们多次提到了在路江华身上倾注了太多心血的李万珠老师。

1978 年夏天，路江华参加新乡市一中的入学测试，发现不仅掌握的知识难度不够，而且许多学科进度也相差甚远，特别是英语、物理等学科。学校安排老师为她补课，李万珠老师承担了补习物理的重任。李老师根据路江华学习的现状，为她制定了个性化的补习方案，此后一年的时间里，李老师在完成自己正常的班级教学任务外，利用休息时间，甚至春节假期都在为路江华补课。一中老师们的心血终于结出了硕果，路江华参加高考，取得了河南省第二名的优异成绩，被北京大学录取，《河南日报》专门做了报道。在各科成绩中，物理最为突出，从一年前入学测试时的 30 分，到高考的 97 分（新乡市第一名）；从许多知识是空白，到省物理竞赛二等奖，这些成绩的取得都离不开李老师的心血和智慧。

新乡市一中正是将一件件、一个个动人的育人故事凝集成了"求真务实、艰苦奋斗、志存高远、争创一流"的学校精神，与一中人"山品水德"的精神内核熔铸在一起，作为全体师生的价值取向和集体意识，更作为学校可持续发展、高质量发展的强大动力，并转化为具体扎实的教学形态。什么是"山品水德"？山指太行山，水是黄河水。新乡市一中希望师生像太行山一样坚毅、朴实、厚重，像母亲河一样胸怀博大、奔腾向前、润泽万物。

学校精神，代代相传。一代代一中人，正是像李老师这样以山高水长的教育情怀，激活学生成长的内生力，助力他们找到最适合的发展路径。

（三）营造文化，"适合教育"的育人新生态。

优秀的学校文化彰显的是师生共同价值观的生命力、凝聚力、感召力。在这个不断技术化的时代，共同价值观所具有的永恒价值将成为师生永远的坐标，引领着他们追求真理、增长本领、提升境界。新乡市一中的学校文化绝不是停留在纸面上的教条，而是通过教师的一言一行、一举一动，通过学校的一草一木、一点一滴，成为影响学生一生的状态、形态、质态。

如何将校园文化转化为学校的文化力和发展力，如何将制度办学上升到文化办学，始终是一中管理团队思考和探索的重大课题。

一方面，通过环境文化于潜移默化中影响师生。学校深度挖掘校园景观的教育价值和文化意义，努力让校园的每面墙、每根柱子、每个角落都会说话，都能育人，都很温馨，让学校文化根植于师生心灵深处。

另一方面，更重要的，学校始终通过管理文化来推进"适合教育"。

2023年，王伟校长再次被授予新乡市市长教育质量奖名校长奖，他幽默地说，这个奖项应该颁给治校"两先生"。

哪两位"先生"呢？

第一位，是依靠全体师生员工实行民主治理的"民主先生"；第二位，是遵循教育规律实施科学治理的"科学先生"。

"民主先生"，让师生员工成为学校重大事项的发起者、建议者和制定者，并参与决策和监督全过程，真正体现主体地位。除落实"依法办学、自主管理、民主监督、社会参与"的现代学校制度，建立完善章程、教代会、学代会、专家咨询委员会、家长委员会等"一章六会"制度外，学校还采用校长信箱、电子邮箱、民主恳谈会、校务会等多种形式，拓宽民主管理和民主参与的渠道。

"科学先生"，遵循教育规律，坚持五育并举，围绕高质量教学、高质量教研、高质量教师队伍建设，落实精细管理、较真管理、数据管理、问题管理，以科学治理促进学校高质量发展。

二、适性而教，呵护学生的无限可能

"适性教育并不是一个人造的新词语。2007年，台湾教育主管部门开展了一系列立足适性发展的活动，并提出适性教育才能开启孩子的教育潜能。因为，每个孩子的资质、天赋、能力和兴趣都不尽相同，因此，主张教育要考虑孩子的本性和个性。

国际同行对此项研究比较早，但在研究中，并没有提出'适性教育'这个名词，只有适合学生个性的相关论述和实践。美国的适性发展教育理论，是以霍华德·加德纳多元智能理论为基础，强调课程的设置和教育方案的制定，都必须考虑孩子身心发展的特点。

近年来，新乡市一中在'适性而教'的研究与实践方面已经做了大量卓有成效的工作，对这一理念，我们有着自己的理解与实践。我认为：适性，就是切合学生的个性。适性教育，就是尊重每一个学生的个性，适应每一个学生的特点，发挥每一个学生的特长，使每一个学生得到最适切发展的一种教育思想和理念，也是一种教育方式。"王伟校长如是说。

（一）适性而教，促进五育并举高度融合。

"快了快了，马上就要开箱了，你别急！"一个扎着马尾的活泼女生拉住身边的男同学，示意他再等一会儿，她的目光一直紧盯着面前的邮筒。

周二上午 9 :00，冬季的新乡刮着北风，可一中学子们心里却暖暖的，纷纷站在"心晴邮筒"前，急切地等待开箱。他们只要找到四位数的"信件暗语"，就能兴高采烈地拿到给自己的回信。那里面或许是对青春迷惘的答疑，或许是对学习压力的开解，或许是对如何适应新环境的指导，不管是什么，读着这些情感细腻的文字，学子们心中的雾霾就会一扫而空。

让心情阳光，让青春飞扬。"心晴邮筒"是新乡市一中心理健康教育的一个创举，学校在保护学生隐私的基础上，为学生们畅所欲言、疏解烦恼提供了一条新渠道。

新乡市一中的"适性而教"，是依照学生不同的禀赋、天性、特质，在全面培养学生素养的基础上，注重个体性和差异性，在心理健康教育方面，在德智体美劳各领域，勇于创新、不断探索，不仅为学校的创新发展注入了"强心剂"，而且使学校走出了一条有扎实根基、有特色内涵、有创新实践的高中多样化发展之路。

当一个学生有"更利于自己的选择"，却做出了"更有利于他人的选择"时，这便是崇高。倘若在有了崇高选择时感觉不到自己的崇高，也就不会有忍辱负重的悲壮和勉强，这就是情怀。情怀应该是一种无需隐忍的前行，是以心灵满足为行动标准的高贵品质。

新乡市一中推行的"适性而教"，之所以让师生理所当然地去接受，自然而然地去追求，显然是"更利于自我的更好发展"。

"同学们，我写了一首古体诗《立春日答诸生谏》，已经写出了三句：

为育春苗卯时至，至则收到诸生言。

赋诗写文又送礼，夸奖赞美亦拜年。

动吾以情更晓理，示其用意且谕难。

……

这首诗的最后一句由你们来对，要对出两组句子，一组表达我不同意你们的请求，一组表达我同意你们的请求。对得出，咱就减；对不出，我只能对你们说对不住了。"

语文教师曹亚平每次想到当时让学生对诗的场景，都忍不住哑然失笑。在某个寒假来临前，班级学生为了减免作业，特意给他送上了"谏言书"。曹老师看了书信，没有大怒，而是以这种对诗的方式，启发学生思考究竟要不要做作业。于是，一场牵动全班的对诗活动开始了……

生动鲜活的教育方式，既展现了老师教书育人的本色，也激发了学生的兴趣，让他们积极主动地参与到教学活动中来。

如果说曹老师"适性而教"的小故事，只是一段唯美的插曲，那么，新乡市一中以培育学生核心素养为目的，在完成国家课程之外，开发特色课程，满足不同学生"适合"的需要，引领学生学术性成长，就是一首悦耳动听的协奏曲——

以德为先。学校以"红色德育"为核心，推进党团队一体化建设，通过青年业余党校、少年团校，引领学生听党话、跟党走。同时，扎实推进全学科"课程思政"，创新育人方式，借助一中红色文化，把校史馆办成思政课堂、红色学堂，引领教师关注"课程育人"，将习近平新时代中国特色社会主义思想融入常规课堂，用好"一中红色故事"等活教材；积极探索课程思政与学科教学深度融合。

以智为本。学校语文学科为省一级学科基地，数学、英语、政治、历史、地理、物理、化学、生物均为市级学科基地。学校以语文省一级学科基地为样板，以"立足高标准，构建特色课程体系""瞄准高质量，力推课堂教学改革""定位高素养，创新学生培养路径""打造高平台，发挥示范引领作用"为基本内容，锚定新目标，破解新问题，开辟新路径，全力做好学科基地建设工作。

以体为重。学校以体育心、以体育智，为学生全面发展奠基。以"让体育成为一中特色"为目标，保障教学规范，开展阳光大课间活动，扎实落实高中学段体育选项教学，确保体育课学生运动量，开展分年级主题体育活动，让学生在运动中享受乐趣、增强体质、健全人格、锤炼意志。

以美为贵。增强美育熏陶，落实美育浸润行动计划。学校秉承"以美育人，向美而行"的教学宗旨，将美育与德育相结合。通过美育课堂播撒艺术种子，打造特色思政阵地；依托合唱社团、舞蹈社团、美术社团、书法社团、篆篆社团等十几个艺术社团，提升学生审美素养，陶冶学生艺术情操。

以劳为基。学校将劳动课程扎根现实生活，全面提高学生的综合素质。充分拓展环境育人功能，对校园空余土地重新归置，引领学生上好劳动课，打造"幸福农场"。历时两年的开垦试种，累计2000多人次学生参与。在此基础上，学校还开发了涵盖技能训练、学科渗透、班级创意、家庭体验、基地拓展、社会实践六大类劳动教育校本课程，引领学生在劳动实践中提升生活技能，德智体美劳全面发展，幸福成长。

（二）适性而教，促进拔尖创新人才培养。

"正是在多样的课外活动中，师生之间、同学之间建立了深厚而广泛的友谊，待人以真，待人以诚，拥有极强的凝聚力、向心力。此外，河南省唯一的超常教育实验班的少儿部，为学生提供了连贯的初高中教育，因此，少10级的同学们是长达五年的同窗好友，成为兴趣相投、互帮互助、向上向善、积极进取的集体。'清朗'成为集体中每位同学的共同气质。"

2010年起就读于新乡市一中少儿部，2015年考入清华大学的赵平广校友每每回忆起当年在少儿部的学习生活，总是满怀感恩，他说：

"在新的且至关重要的人生征途中，愈发认识到在中学求学的五年里，一中赋予了我们极其关键的精神内核，进而形塑了未来更为长远的人生之路。"

截至2022年，在新乡市一中已毕业的1000余名少儿部学生中，90%以上都考取了全国重点大学。作为河南省唯一创新人才教育研究会

（国家一级协会）的理事单位，从 1995 年至 2022 年，新乡市一中共参加境内外的超常教育及创新拔尖人才培养学术研讨会近 20 届，并作为超常教育典型发言。

课程是学校教育的核心工程，有什么样的课程，就有什么样的学校教育。育人目标就是课程的"灵魂"。为了使"适合课程"在新乡市一中落地生根、开花结果，学校聚焦课程文化建设，遵循"适合教育"的规律，遵循青少年心理与生理成长规律，借鉴成为一棵大树需要"时间、不动、根基、呼吸、向上长、向阳光"六个条件，引领学生在积累、信念、根基、融通、成长、进取上有所作为，建设"大树课程"体系，实施全面育人工程。在与办学历史对话、与学校特色文化对话、与学校办学思想对话、与学生及教师对话、与学校现实发展对话的过程中，学校进一步明晰了办学理念与课程理念、育人目标与课程目标的匹配关系，形成了学校课程形态选择与内容选择的思想基础。

为此，新乡市一中秉持"成人与成才齐头并进，素质与分数相得益彰，今天与明天不偏不废"的指导思想，把课程建设与学校培养目标紧密联系起来，作为以学生发展为本的大计，进行了"新课程校本化的规划与实施"，致力于为学生提供适切、适时、适性的学习生活环境，创设良好的育人氛围，建设校本课程体系，为学生提供丰富的课程资源、学习历练和生活体验，让课程惠泽每一位学生的成长，使学生具有高尚的道德情操、理性的思维习惯、广博的学识基础、健康的身心素质以及良好的社会适应能力。

三、适合而成，奠定学生终身发展与幸福

世界上没有两片完全相同的树叶，也没有两滴完全相同的水珠。

"适合而成"，就是看到差异，尊重差异，让每个学生按照自己的天赋、特征成就自己，获得成功，成为国家和社会需要的人才。新乡市一中适合教育的"适合而成"主要体现在学生的学习成绩、素质能力与必

备品格三个方面。

（一）培养学生终身必备的"科学方式"。

新乡市一中牢牢把握高质量发展的生命线，办高质量学校，育高质量人才。2000年，学校少儿部年仅14岁的何碧玉同学，夺得河南省理工科高考第一名，这是继93届杨志峰同学、98届王琳同学、99届徐世明同学夺冠后，学校第四次夺得河南省高考理工状元，创下了连续三年夺得河南省高考理工状元的奇迹，为新乡市一中，也为新乡市的基础教育书写了傲人的辉煌。

学校教育教学质量稳步提升，高考成绩一年一个新台阶，实现了跨越式发展。2005年以来，十八度蝉联"新乡市普通高中教育教学突出贡献奖"第一名。

近十年来，一中先后有130多名学生考入北京大学、清华大学、复旦大学、上海交通大学，2000多名学生考入南京大学、中国人民大学、浙江大学、哈工大等全国"985"知名大学。新乡市一中以优异的办学效益和高考成绩连续四年获得新乡市市长教育质量奖最高奖。

目前，新乡市一中已列入四十多所"双一流大学"的优质生源基地，连续多年荣获"北大博雅人才计划"和"清华领军人才计划"学校，学生成长的充分性得到极大展现。

（二）培养学生终身必备的"关键能力"。

关键能力是学生立足社会、改变社会的根本，是学生终身发展的需要，也是培养拔尖创新人才的核心与关键。近年来，新乡市一中始终竭力为每一位学生的兴趣选择和人生出彩提供适合的通道。

2021年，新乡市一中成功创建了"小平科技创新实验室"和"小小科学家科技创新操作室"。同时，以河南省中小学知识产权普及教育示范基地为依托，学校开设了知识产权校本课程。在设计和制作机器人的过程中，学生以独特的动手做的方式获得了有关数学、工程机械、电子、计算机和物理等方面的知识，沟通表达能力、自我学习能力、创新实践能力、机械设计能力、程序设计水平、信息技术素养均得到显著提高。

为进一步提升学生的实战能力，学校积极组织学生参加各类科技创新类竞赛，先后参加第二、三届全国青少年科技创意大赛，拿到了特等奖和一等奖的好成绩；在全国中小学信息技术创新与实践大赛（NOC大赛），以及由国家、省、市科协举办的各级各类机器人竞赛中，高中组创意赛每年都有学生获奖。在全国数学、物理奥赛中，黎智杰、王春森等同学分别获得奖牌，目前在清华大学就读。

与此同时，作为河南省中小学知识产权普及教育示范基地，一中每学期定期安排知识产权专利课程。通过课程引领，学生们发明创造的积极性非常高，已成功申请近百项国家专利，拿到了国家专利或实用新型专利证书。

新乡市一中的艺术教育更是办得有声有色。学校成立了百人筌篌乐团，打造了全国首家中学生筌篌美育基地。学生合唱团坚持打造"最动人的歌声"，各级荣誉纷至沓来，逐渐成为学校美育一张靓丽的名片。在2021年河南省教育厅庆祝建党100周年"百首红歌接力唱"活动中，《唱支山歌给党听》斩获金奖。在2021年河南省第七届中小学生艺术节中，学校荣获一等奖。

（三）培养学生终身必备的"优秀品格"。

"无论在世界的任何地方，我的心灵深处总有浓浓的一中情结。"

新乡市一中1980级校友解力家，是位遍访世界五大洲的旅行家，曾率法国师生游学团来母校访问。他对母校的浓厚深情，源自学校培养了伴随他一生的能力与品格。

新乡市一中的"适合教育"不仅着眼于学生的当下，更着眼于学生一生的发展。学校鼓励学生树立远大的社会理想，努力实现个人价值；保持好奇心和好胜心，深入思考问题，注意挖掘事物的本质和规律；富于灵感，有超前意识和创新意识。这些良好的品格，为学生的终身发展提供了源源不断的能量。

正是这种前瞻性眼光，让新乡市一中建校八十多年来，涌现了一大批栋梁之才。学校毕业生中既有基础科学前沿理论研究者、航空航天专家、国防科技工作者，也有医学专家、大学教授……在国家战略转型和重大科技专项攻关的前沿阵地，总有一中学子的身影在闪耀，涌现出了以赵振业、时裕谦、娄辛丑、苗磊、吴涛、何碧玉、李欣、董锴等为代表的院士、科学家和科技精英，实现了科学教育的"未来指向"。而这种指向正是深深根植于学校的日常教育教学一线中。

操千曲而后晓声，观千剑而后识器。真正预示一中"未来"的新一代校友，更是后生可畏。他们浸润着积淀深厚的一中文化，践行着全面发展的中国特色社会主义新时代教育理念，厚积薄发，在各个领域崭露头角；他们代表着一中新一代学子的风貌，素质全面，极具内涵，又个性张扬；脚踏实地，诚朴忠恳，又充满自信。他们怀揣梦想，有责任心，有领导力，有担当意识，有报国情怀，必将成为未来实现中国梦的重要力量。

一所好学校就是要让每一个人，无论学生还是老师，都能在其中施展才学、增益能力。这是一个特殊的"境场"，每个人都能得其时位、有其坐标。新乡市一中的追求愿景就是办这样的"适合学校"，以"适合教育"为推动，满足人民群众对高质量教育的需求。追求教育的恒久性、终极性内在价值，使教育走出单纯为升学服务的误区，回归育人的原点，真正为学生的终身发展和幸福服务。

岁月不语，前行有声。

桃李无言，下自成蹊。

"教育改革永远在路上。在新乡市一中，'适合教育'是一种教育情怀和责任担当，也是全体教师的理想追求，更是让教育发展实绩更有温度，民生答案更有厚度，竭力不负人民群众对美好学校的期望！"

王伟校长的这番肺腑之言，不仅展现了一位资深校长矢志不渝的初心，也为"适合教育"的实践作出了最好的注解。一路行，一路思，一路议，这位推行"适合教育"十几年的教育思想践行者，仍在不断探究。据悉，他的新作《适合教育论》即将由中国言实出版社正式出版发行，记者在向他当面恭祝的同时，似乎听到一中校园又奏响了华美的乐章，这乐章是那么的和谐动听，难道，它承载的不正是一中的荣耀和使命，托起的不正是一中的希望和梦想，向着更宏远的目标，向着更瞩目的成就，向着更璀璨的明天，一路拼搏、一路超越、一路辉煌吗？

　　但愿美好在，岁月常如新！

（原载于《德育报》第 687 期）

校园物态文化环境建设的出发点与基本原则

学校应当成为汇聚美好事物的中心，包括美好的自然、美好的景观、美好的文化、美好的教育。美好的校园物态文化环境有着强大的教化力量和吸引作用、凝聚作用。不过实践中，一些学校对校园物态文化环境建设存在一种误解，认为只要有资金很容易就可以完成。这也造成了有些学校建设得富丽堂皇，从建筑美学、景观设计的角度来看可圈可点，但仔细品味总感觉像休闲式的公园而非学校，因为它缺少深刻的文化内涵和教育意蕴，无法体现学校的精神和特色。

河南省新乡市第一中学（以下简称"新乡市一中"）原有校舍主要建于 20 世纪八九十年代，整个校区显得比较破落，人们笑谈，走进新乡市一中仿佛到了"乡中"。近年来学校启动了校园环境整治工程，我们博采众长，兼收并蓄，系统设计，整体推进，形成了校园物态文化环境建设的一些经验。

一、做好顶层设计：明确学校物态文化整体思路

为了使校园物态文化环境更好地发挥育人功能，我们通过考察学习调研、梳理发展历程、提炼文化精神，边总结边完善，逐渐形成了"一个核心，一条主线，五大原则"的顶层设计思路。

"一个核心"，是学校物态环境的建设应服务于、服从于育人这个"核心"，应体现这个"核心"。特别是人文景观，不能为了建设而建设，为了美观而美观，更不能成为摆设。它不仅要有美化的作用，更要有教化的功能。

"一条主线"，是指在学校物态文化的建设过程中，为了加强对师生品德的熏陶，结合学校的红色血脉，确立了以红色文化为主线的指导思

想。学校用好红色资源，赓续红色血脉，打造"全域"红色文化，使师生置身于红色文化的"海洋"，在浓厚氛围中自觉坚定信仰信念、厚植家国情怀。

"五大原则"，包括系统性原则、信仰性原则、科学性原则、情感性原则、意义性原则。

二、遵循基本原则：依照教育和建筑双规律办事

（一）系统性原则："三结合"对校园进行整体设计

一所新建学校在进行学校总体设计时就可以融入物态环境育人的要素，但是在一所具有一定历史的学校进行物态环境文化建设就要运用系统性思维，不能破坏学校原有的整体布局，不能影响原有教育教学设施的正常使用，在此前提下做好拾遗补阙。我们提出景观建设要做到"三结合"，即与学校的历史文化有机结合，与育人有机结合，与环境有机结合。

学校现有建筑的建设跨越30余年，建筑风格不一致，外立面色彩不统一。学校在启动外立面改造工程时，遵循"三结合"理念，确定了"红灰白"为学校建筑外立面的主色调。"红"沉淀着新乡市一中的红色基因，洋溢着青春的气息，昭示着学校在新时代旭日东升。"灰白"是太行山一种石头的颜色，"灰"映衬着一中人的质朴与坚毅，"白"象征着一中人的无私奉献、廉洁从教。这就使学校的建筑色彩整体实现了统一，其中融会了学校的历史文化、地域特色和学校对未来的向往，体现了学校历史和文化的统一。

（二）信仰性原则：让理想的火炬在校园代代相传

新乡市一中的前身诞生于抗日烽火之中的太行山下，是一所由晋冀鲁豫边区政府创办的为党育人的"抗大"式学校。1949年，学校由林县迁往新乡。因此，新乡市一中结合学校的红色血脉，确立了以红色文化为主线的物态文化建设思路。学校挖掘校史中的红色因素，选择恰当

的物态方式予以呈现。在正对着校门醒目的位置，塑造了两座人物铜像，分别是为党和国家做出重大贡献的我校首任党组织书记杨蕴玉和1956届校友赵振业院士。我们希望学校教师能够向杨蕴玉书记学习，为党的教育事业鞠躬尽瘁；希望学生能够以赵振业院士为榜样，勇担民族复兴大任。

在校园东部复原了学校在太行山下的办学旧址"环翠居"（现被确定为"重要革命事件和重要机构旧址"），并配有图片、文字介绍，它勉励我们继承前辈精神，永葆为党育人、为国育才的初心。学校在校园西部修建了由我校25位英雄人物事迹组成的红色长廊，引导师生学习校史中的党史，向英雄人物学习。学校通过打造"全域"红色文化，激励师生在潜移默化中自觉坚定信仰信念、厚植家国情怀。文化景观石上所刻孟子赞扬孔子的"金声玉振"一词，暗喻"永争第一""志存高远"的学校精神和学校对师生的希冀。

（三）科学性原则：遵循物态文化建设自身规律

学校物态文化建设有其自身规律。不同环境下的物态文化，校园内不同区域的文化景观，都有着自身的内在要求。只有尊重其科学性，物态文化的育人功能才能更好地实现。进入校门后的主路或广场区域，是校园建筑的空间轴线，也是师生行为轴线，更应该成为学校物态文化的节点轴线。"三线"重合是校园物态文化建设的要求之一，在学校物态文化环境中处于最重要的位置，所以许多学校对于这个区域的设计都非常重视。此处的物态文化，必须是学校精神文化的集中体现，应包含诸多的学校文化信息。

我校与校门相对的综合办公楼2018年启动建设后，学校就开始考虑这个"三线"重合区域文化景观的建设问题。学校管理层仔细斟酌，反复研讨，比较各种方案，历时近三年才最终完成。此处文化景观由两位人物塑像和一个景观石构成。从整体景观设计的艺术角度来看，三者成"品"字形，给人以对称和谐、端庄稳重之美感。杨蕴玉书记的塑像反映了学校办学历史，赵振业院士的塑像彰显了我校办学业绩，两尊塑像一坐一站，体现学生对老师的尊重。此处文化景观是中华优秀传统文化、学校历史文化、学校精神和教育追求以及雕塑艺术的完美统一。

我校原有办公区和学生生活区中间只是以路区分，功能区划不明显。学校根据此缺陷，在学生生活区北南西三面分别建"静林"门、"环翠居"门和"榴园"月亮门三处文化景观。绿植将三个门相连后，学生的生活区成为一个相对封闭独立的安静舒适区域。

良好的校园物态文化氛围，并不只是靠一两个文化雕塑、几个自然景观就能营造的，它应该是多种因素相互作用、协调发展的结果，是一个系统的综合工程。因此，我们在校园物态文化环境建设中坚持宁缺毋滥，对增添的任何景观小品都反复斟酌，都要放在学校全局中系统考虑是否协调一致，以确保整体效果。

（四）情感性原则：保留学校师生共同情感与记忆

在近年接待校友的过程中，我们发现许多校友早已忘记了在学校所学习的具体内容，但对学校的物态环境有很深刻的印象。许多毕业生回到校园，依然对学校某幢建筑、某处景观，以及特定物态环境中发生的教育故事记忆犹新。这些物态环境伴随他们的成长，承载着他们的许多情感和美好的回忆。保留学校现有的文化景观也是在校学生的强烈愿望。新乡市一中在20世纪90年代，修建了四大发明雕塑。用现在的眼光来看，这组雕塑的设计和制作水平都不高，而且已经破损。学校原计划将其拆除，但一些学生联名给校长写信，希望能够将这组雕塑保留下来。学校接受了他们的建议，按照修旧如旧的原则做了简单的修补。学生的愿望给了我们启示，在学校现有物态环境的基础上进行文化建设，要有保护的意识。

（五）意义性原则：赋予校园景观独特文化意蕴

过去学校修建的一些景观，受当时历史条件的制约，文化元素和教育功能不够突出。这就为我们用"加法"提供了条件。校园内原有一块石头，若称其为景观石颇有"拔高"之嫌。经过仔细琢磨，我们在石头上雕刻了"精诚"二字，原本废弃的石头便有了灵动感。学校天井处原有一个小水池，池中有假山和莲花，但缺乏美感和育人功能。在校园环境提升过程中，有人提议在此修建新的景观。我们依据保护性原则，在假山上点缀性增加了文昌塔，将周敦颐的《爱莲说》呈现在旁边的墙壁上，并取名周子池，赋予其文化内涵。

对于一些因为安全因素或丧失功能需拆除的建筑、景观，我们在修建新的景观时，尽可能地复原或者采用其中的一些元素。学校老图书馆楼后原有一处假山，上面刻有"凌云"二字，当时许多学生在此拍照留念，以期实现自己的鸿鹄之志。我们在此处修建新景观时就把其中的一座小桥命名为"凌云"桥，以使校友产生联想，触景生情。类似"精诚""凌云"等文化景观虽然并不高大上，但却以无声的语言产生暗示效应，从而给生活其间的师生以重要影响。

构成学校物态环境的不仅有建筑物，还有植物。植物在校园环境中有着特殊的象征意义。在学校环境提升工程中，新乡市一中对树木实施了严格的保护措施，任何一项工程都不能以破坏树木为前提。学校还组织学生对校园的树木进行普查，为树木做"身份证"，在校园平面图上标注了学校各种树木的数量。普查活动也培养了学生调查和解决问题的能力，增强了学生爱绿护绿的意识。我们寻找校园内几棵"最美"的树作为学校的某种象征。在学校的榴园内，一棵石榴树中间长出了一棵榆树，两树相长，犹如母子情深，我们将这一景观命名为"石榴抱榆"。借"榴实登科"的美好寓意，我们在榴园内雕塑了一个绽裂的石榴景观，寄托了老师的祝福和学生的美好意愿。这处景观也成为不少学生考前的打卡之地。

三、追求美好愿景：彰显学校独特魅力和品位

学校在校园物态文化环境建设过程中，必须有专属本校的个性特征，

它是学校文化有辨识性的体现，也体现着学校文化的独特魅力和品位。校园人文景观的创作应该充分挖掘学校独有的文化资源、历史资源和环境资源。

学校建设的"三门"文化景观，就是根据学校的历史元素营建而成。"静林"门之名取自建校之初学校所在地——河南省济源市南姚村静林寺，"环翠居"门是我校在太行山下办学时校部庭院匾额门头的题字，"榴园"月亮门是因我校迁到新乡新建的办公区域种有许多石榴树而得名。这些文化景观使师生置身学校历史长河，感悟先贤创业之艰，寄托缅怀先贤之情，形成强国有我之志。又如：我们筛选优秀校友在治学、育人方面的语录，择其优者制作上墙，这种身边人、身边事的亲历诉说让学生更感觉亲近亲切，可以消除学生与历史在时代、情感上的隔膜，增强学生的共情力，使教育有趣有味更有效。

"人创造环境，同样，环境也创造人。"对文化景观的建设，我们反对任何"贴标签"的做法，所借鉴内容一定要与学校的历史、文化和现状有内在联系。透过一处文化景观，学生可以了解学校的一段历史，熟知一个育人故事，感悟一种人文精神，由此内化于心，外化于行。

（编辑　崔若峰）

（原载于《中小学管理》2022 年 03 期）

初中生自控力培养与班级建设策略有效结合的实践研究

自控力是指个体按照社会标准或自己的意愿，对自己的行为情绪和认知活动等进行约束管理的能力。自控力在个体的成长过程中具有极其重要的作用。

首先，良好的自控力是自我管理的基础和前提，而严格的自我管理则是个体不断成长的关键。当今社会，每个人都生活在错综复杂的环境之中，面对爆炸式的信息、来自各方面的压力以及各种各样的诱惑。当面对人生不得不面对的一些现象的时候，每一个生命个体都需要有一种毅力、有一种耐性、有一种韧劲，这种毅力、耐性、韧劲从本质上来讲就是一种严格的自我管理。我们需要这种严格的自我管理，管理目标、管理身体、管理时间、管理情绪、管理学习等。而这一切的管理，都需要我们有良好的自控力，根据自己的目标和需求选择信息，排除干扰，控制自己，在既定轨道上朝着目标不断前进。"总之，自控是人完成各项任务，协调他人关系的必要条件，是人完成社会化、实现个性充分发展的必要组成部分。"

其次，良好的自控力能让个体最大限度地获得自我效能感。自我效能感是著名社会心理学家班杜拉（Albert Bandura）提出的社会认知理论中的核心概念，是指"人们对自己实现特定领域行为目标所需能力的信心或信念"。班杜拉认为自我效能感是通过选择、思维、动机和心身反应等中介过程而实现其主体作用机制的。其中一个人的成败经验或绩效经历对一个人的自我效能影响最大，不断的成功的经验往往能提高个体的自信心，并使其逐步稳定，而且还会泛化到类似的情景中去。良好的自控力恰是我们不断获得成功的基础和保证。有了良好的自控力，能够让我们获得更好的绩效经历，让我们获得更好的自我效能感，继而也让我们有了更强大的自控力。这样的良性循环在这个瞬息万变、终身学习的时代能够让个体受用一生。

在教育教学实践中，我们着重以班级建设为抓手来提升初中生的自控力，相应的思考包括以下几方面。

第一，自控力的提升是一种社会养成的结果和不断发展变化的过程，初中生人格和价值观发展尚未成熟，具有较强的可塑性，而班级恰恰是学生平时待的时间最久的地方，以班级建设目标为抓手来提升学生自控力具有较大的可行性和可操作性。同时，自控力属于由个体主动实施的自我心理控制，它受多个因素的影响。从外部环境来看，与家长教养方式、课堂管理有密切关系。从学生自身的内部条件来看，与学生的学习动机、学业自我概念、自控的愿望、自控的方法和自控效能感等因素有着密切的关系。

第二，初中阶段在学生个体生命成长的过程中占据着十分重要的地位，它既是学生的成长过渡期，更是学生人格发展的关键期。这个阶段的孩子陆续进入青春期，由于他们急剧发展变化的生理基础以及思想上的半独立状态，他们的心理水平呈现半成熟、半幼稚性。同时，在当今这种信息媒介极大丰富的社会中，对于初中生的不良诱惑随之增多，学生们难以形成自我约束管理能力。那么在这个关乎孩子未来发展的重要阶段，我们该如何去引导、帮助孩子，使其在成长过程中少走弯路，不入歧途呢？培养孩子的自控力是一个关键而正确的选择。

第三，在学生人生观、价值观、世界观形成的最佳期，强化自控力的培养能让他们科学理性地把握人与自然、人与社会、人与自身的相互关系，把准自己的人生追求、行为准则和思想高度。这也正是解决"为谁培养人"这个时代问题的重要路径。不仅对学生关键人格的形成和长远发展有重要作用，而且对落实立德树人根本任务，为党育人、为国育才有很强的现实意义。

基于以上认识，新乡市第一中学以立德树人为根本任务，在初中部开展自控力训练，通过丰富班级管理策略，根据学生身心发展特点，从纵横两个维度入手，整合教育资源，让学生在集体的影响下逐步形成自控力，进而促进学生核心素养的发展。

一、横向维度，常抓不懈

班级是学生在学校最重要的成长环境和生长空间。我们通过班级活动，让学生在班集体的影响和带动下，在个体之间的相互激励和约束中，逐步提高自控力，进而促进他们的身心全面健康发展，为成为社会主义的合格建设者和可靠接班人打下坚实基础。

（一）将目标引导与责任教育并举，激发内驱成长

"自我控制的第一步就是设置目标。"人要成长，首先要有方向感。新乡市一中每学期开学都会组织以"我走进一中的初心"为主题的征文比赛和演讲比赛，让学生在思索和比较之中明确学以成才、学以报国的思想。定期召开"我有几个我"角色转换系列班会，让学生认识到自己的不同身份，以及每一个身份应该承担的责任，以此来增加他们的责任感、使命感。

（二）以"体验式德育"为措施，强化集体约束

体验式德育，是现代德育理念的一个教育方法。它注重学生的主体地位，注重教育的过程从学生入校开始，每学期都会以班级为单位进自控力体验式德育系列活动，如"领袖风采"珍惜时光""聚焦当下""无敌风火轮""坎坷生路"等活动增强了学生对集体和他人的认同也进一步提升了自我控制能力。同时，"旗帜班"卓越班""领航班""追梦班"等"一班一品"的特色班级文化建设，加速了学生个体在集体中的有效融入，以集体的荣誉感约束了个体的行为帮助学生提升自我管理的能力。

（三）以"成长日志"为抓手，落实时间管理

自控力培养是通过目标设置、自我监控、自控策略多种心理辅导方法来提升自控力的一种方式。在班级管理中，新乡市一中以"成长日志"为抓手，着力培养学生的目标管理、过程管理及时间管理能力。通过班级组织学生一起制订班级及个体的奋斗目标，学生对自己每学期、每月、每周都有目标、有规划，让学生不仅会学习，更会生活，增强自我的管理能力，更好地利用时间和空间学习生活。

（四）以"冥想、锻炼"为驱动，注重修身养性

针对初中生容易急躁、冲动的特点，我们通过让学生学习中华民族优秀的传统文化磨炼心性，躬省自察；通过冥想训练，让学生心神自明，告别负面情绪，提高掌控生活的能力。每天晚自习上课前为固定的冥想时间。一开始冥想时，我们会放一些轻音乐，让学生睁开眼睛，围绕一个主题展开冥想。同时我们将每天下午的第四节课定为体育活动课程，开设体育选项教学，结合中考过程中，培养了学生勇敢顽强的性格、超越自我体育科目，为学生终身发展奠基。在体育锻炼中培养迎接挑战的意志和承担风险的能力。

二、纵向维度，分层推进

在充分调研的基础上，新乡市第一中学依据学生生理、心理和道德发展水平、认知能力、社会经验等规律，对学生自控力的培养目标按年级、主题进行设置，分阶段、分层次逐步实施，力求达到环环相扣、一以贯之、持之以恒的教育效果，具体措施在不同年级有不同体现。

（一）七年级—规范性培养

养成的规范与习惯是学生成长的第一步。七年级的学生情绪不稳定、易冲动，规则意识不强，自控能力较差，缺乏抗诱惑的能力，较易沾染不良习气。规范性培养可以提高学生的规范意识和实践能力，在养成规范习惯的同时还强化了学生的爱国情怀、集体荣誉感及创新精神，为学

生的终身发展奠基。

其一，规范意识教育。以《中小学生守则》和《中学生日常行为规范》为基本要求，通过主题班会、手抄报、知识竞赛等形式开展规范教育。其二，习惯养成教育。制订班级公约，在班级开展"垃圾不落地""桌面勤清理""学习看我的"等主题教育，帮助学生养成良好习惯。其三，文明礼仪教育。打造班级"无人超市"，提升文明意识及自律品质。开展班级礼仪讲堂，结合学校"八礼"教育，开设礼仪课堂，组织拍摄班级"文明礼仪一日行"活动。

（二）八年级—专注度训练

八年级的学生神经系统功能迅速提高。学生的思维特点逐渐从形象思维为主转向以抽象思维为主。随着自我意识的增强，往往不愿听从教师和家长的教育和指导，主观片面地看问题。在这种情况下，我们不应去过多地说教，而是用事实说话，进行专注度训练，着力提高他们的学习效率。

其一，限时完成训练。限时完成训练是提升学生专注度的重要手段。把学习中的具体任务分解成若干个部分，把每一部分限定时间，限时完成后及时反馈纠错，从而达到检测单位时间效率的目的。其二，"七+一"训练。每天八节课，前七节为文化课，最后一节为体育活动课，提升专注能力，并将体育活动课设为选项教学，让学生掌握一门受益终身的体育技能。其三，心理暗示训练。积极的心理暗示对于增强学生的自控力大有裨益。我们让学生梳理专注和非专注表现清单，并分析自己是如何管理时间与精力的，确认自己的学习动机，每日一句"励志心语"，利用每日德育微课堂进行班级分享，把"应该做"变成"我想做"，激发个体潜能。

（三）九年级—意志力提升

意志品质是一个人在生活中形成的比较稳定的意志特征，是个性的重要组成部分。所谓有意志力就是控制自己的注意力、情绪和坚持力。

九年级的学生面临毕业，特别是中考日益迫近，思想、心理都面临着巨大的压力。在长期艰苦的中招备考中，意志力就显得特别重要。个别同学会因意志力薄弱而易怒、暴躁、不听话，和家长有对立情绪，完全不能自我管理。因此，九年级应侧重学生意志力的提升。

其一，理想信念宣讲。理想信念对于一个人的意志力提升具有重大的推动作用。我们结合团队活动，成立了由教师和学生共同组成的理想信念宣讲团。开设线上"青春讲堂"，邀请思政课老师支援武汉抗疫的医生给学生进行线上讲座，为学生提供积极向上的价值观教育，着力培养有理想、有本领、有担当的时代新人。其二，感恩教育。在班级中开展"最美孝心少年""班级之星""优秀少先队员"评选活动，共度"十四岁青春生日""致敬逆行者"等系列活动，引导学生树立感恩意识，强化自律自觉。其三，励志教育。组织学生进行励志远足，书写励志家书及我的励志故事，在班级中打造"班级追梦墙"，让内心追求卓越的思想和意识成为学生自我管理的重要动力。

自主发展是学生的核心素养之一，而超强的自控力则是自主发展的核心因素。我们以班级建设为载体，通过常态化的文化熏陶、主题式的活动教育、体验式的德育建设让学生学会有效管理自己的学习和生活，让他们在不断的思想建设和具体的活动实践中去培养、增强自控力。通过增强自控力，学生逐步认识和发现自我价值，不断挖掘自身潜力，实现自觉自主成长，进入"追求进步—获得成长—有自信追求更大进步"的个人发展良性循环。我们有充分的理由相信，拥有超强自控力的青年一代一定会不忘时代使命，主动发展成为德智体美劳全面发展的社会主义建设者和接班人，成为担当民族复兴大任的时代新人，为实现中华民族伟大复兴的中国梦贡献自己的一份力量。

（原载于《中国教育学刊》2020 年 09 期）

讲好一中故事　传承红色文化

"巍巍太行，铸就我坚强的脊梁；牧野大地，孕育我宽广的胸膛。熠熠名师，春风化雨育栋梁；莘莘学子，读书励志图自强。悠悠岁月，传承文明历沧桑；灿烂明天，喜迎朝阳创辉煌。博学善思，畅游知识的海洋；志存高远，让青春拥抱理想……"这首名为《拥抱理想》的校歌，正抒发了河南省新乡市第一中学（以下简称"新乡市一中"）全体师生的心声。

实现学校内涵式发展的核心是提高质量，特别是提高人才培养质量。党的十九大报告提出，要努力让每个孩子都能享有公平而有质量的教育。全国教育大会则指出，要在增强综合素质上下功夫，教育引导学生培养综合能力、培养创新思维。

2020年是新乡市一中建校80周年。建校以来，新乡市一中始终以教书育人为己任，坚持为国家培育栋梁之材。特别是近年来，学校着眼于学生核心素养的全面发展、长远发展，打造特色精神文化，构建实力课堂文化，创建多彩课程文化的发展路径，促进学生健康成长，帮助每一位学生走向成功。

重在传承　彰显独特文化底蕴

新乡市一中是一所底蕴深厚的学校。学校1940年创建于太行山革命老区，原名豫北联合中学、太行公立第五联合中学。建校之初，面对一无校舍、二无设备、三无现成教材的境况，驻村的庙堂成为校部、班队部，师生们住在农民腾出的空房里，睡的是地铺，冬天没有火炉，靠挤在一起保暖。教学条件同样艰苦，课堂开设在树荫下和打谷场，没有凳子就坐背包，后来有了马扎，马扎就成了听课、开会、吃饭等一切活动的唯一坐具。1949年从太行山下来，接收国民政府省立新乡中学时，50年代初师生还保留着这一传统，大型集会上每人一个小马扎，成为当时一道独特的风景。

战争年代，学校师生一手拿枪一手拿笔，既要学习，又要参加反扫荡、支援前线、土改等。校址也几经迁徙，1949年迁至新乡解放路，当年年底搬至文庙（现中共红旗区委所在地），1951年搬迁现址。学校白手起家，师生们经常参加建校劳动，老师们出钱买树苗、栽树，当年的树苗如今已经长成参天大树。

20世纪90年代，学校与时俱进，开拓创新，实行校长负责制以及教学模式、管理模式、校内分配模式等一系列重大改革举措，并创办了少儿班。

进入新世纪，在市委、市政府的支持下，新乡市一中先后建设了南校区和东校区，扩大了优质教育资源。近年来，学校坚持规模发展向内涵发展转变，以"两迎一创"（迎"少儿班30周年庆典""一中80周年校庆"，创"全国文明校园"）为契机，对校园全面升级改造，打造精品校园，厚植文化内涵，相继建设了近知山、师恩园、诗经园、振业园、蕴玉园、榴园、磊园、乐府园等"一山七园"和少儿部发展馆、气象站、校史博物馆、图书馆、心理健康教育中心、育田数理探索馆、廉政文化长廊、箜篌美育基地等校园景观和科技、美育、廉政示范基地，提升学校品位，涵养师生品性，将学校发展愿景转化为全体师生的发展自信、发展自觉、文化认同，内化为全体师生的强大精神驱动力和行为导向力。

在长期的教育教学实践中，新乡市一中确立了具有自身特色的"一训三风"，即"求知、求真、求健、求美"的校训，"尊师爱生，以人为本，诚信严谨，博学创新"的校风，"诲人以诚，致学以博，授人以真，育人以德"的教风，以及"博学善思，学以致用，求实创新，全面发展"的学风。

新乡市一中时刻明白肩负的使命和担当，不忘初心，为党育人，为国育才，传承爱党爱国爱校传统，弘扬和践行学校的红色文化、创业文化、创新文化和优秀历史，一中精神浸润着一代又一代一中学子。办学治校中，学校坚持以教育为中心，以质量为重心，办好百姓家门口的学校，把优秀学子留在新乡接受优质教育，让他们在父母身边安静成长，这正是学校为改善民生作出的重要贡献之一。2020年教师节，新乡市一中荣获"市长教育质量奖"，受到新乡市委、市政府表彰。沉甸甸的荣誉是对一中高质量教育的充分肯定。

潜移默化　推动学校人才辈出

学校的形象主要体现在教师的形象，进而体现在学生的言行举止。在整理校史的过程中，大家讨论起新乡市一中教师的形象，有几句话最能表达——勤奋质朴，敬业爱生，至善至美。为了不影响学生学习，新乡市一中老师表现出高度的敬业爱生精神，班主任深夜送生病的住校生就医，关爱特殊家庭的孩子，不歧视学习相对困难的学生，受伤带病坚持工作。青年教师结婚很少请假，父母生病住院、自己生病住院也总想方设法尽量减少对学生课程的影响……老教师做好表率，青年教师更是做好传承，这样的事例不胜枚举，在师生中口口相传，历久弥新。

历任校长坚持并不断发扬勤奋质朴的校风，用自己的传承和坚守，精心培育并维护着学校的核心价值观。历届学校领导在接续传承中，成就了新乡市一中今天的校风，进一步彰显了"求知、求真、求健、求美"的校训。

进入一中校门，品学兼优为本；迈出校门一步，身系一中荣辱。这是一中历届学子精神面貌的集中体现。学校的教育是多方面的，爱国、责任、安全、文明、礼仪、感恩等教育逐步深入，在学生心中生根发芽，他们毕业进入大学后积极进取，学校每年都会收到高校发来的一中学生获得各种奖励的喜报。走上工作岗位的校友勇于承担社会责任，在各个岗位上建功立业。自建校以来，从新乡市一中走出了众多优秀学子：武警部队黄金指挥部首任政委齐锐新，中国工程院院士赵振业，国家射击队总教练赵国瑞，新中国经济法奠基人刘文华，矿产开采与通风知名专家时裕谦，河南济源钢铁（集团）有限公司董事长李玉田，中科院高能物理研究所实验物理中心主任娄辛丑，少将侯固、刘树海、陈金健，知名音乐制作人宋柯……他们是一中学子的优秀代表，体现着一中的学校形象和卓越的教育成果。

突出特色　擎起超常教育大旗

人才培养是育人和育才相统一的过程，教育承载着传播知识、传播思想、传播真理，塑造灵魂、塑造生命、塑造新人的时代重任，在我国教育改革发展的关键时期，如何全面提高人才培养能力，适应国家新形势战略发展的需要，比以往任何时候都更为迫切。

改革开放初期，时代对教育提出了"多出人才、快出人才"的要求。1985年，全国创办少年班的高等院校达到13所，随之国内一些中学开始创办少年预备班，为少年班提供生源。新乡市一中从1989年开始，在全省率先擎起了超常教育的大旗，当年招生一个班，对智力水平超出常态、非智力因素良好的儿童施以有针对性的教育，成为国内较早开展超常教育实验的中学之一。在具体实践中，学校坚持科技性和人文性并举，逐渐形成了"打牢基础、开发潜能、张扬个性、全面发展"的办学特色，为怀揣成才梦的超常少儿提供了优质的教育环境。

在不断创新人才培养模式过程中，新乡市一中深刻地认识到，创新能力是每个人所具有的自然属性与内在潜能，超常教育不是精英教育，也不是贵族教育，而是帮助学生实现充分发展的教育。秉承勇于创新的精神、敢于坚守的情怀和为国培育英才的追求，新乡市一中的少儿班立足于多样化课程体系和个别化学习，实施"分层教学""差异化教学"，最大限度地使教学与每个学生的实际情况、个性需求相匹配，真正做到"因材施教""为每个学生提供适合自己发展的教育"。

栉风沐雨　砥砺前行再谱华章

对学校而言，即便教学质量、升学率再高，如果校园没有颜值，造访者的好感度就可能会打折扣。学校的颜值体现在四个层次：整洁干净，文化气息，美学体验，课程化。

教育无小事，处处是课程，时时皆教育。在教学管理上，新乡市一中强调抓细节、抓习惯、抓现在，提出要持之以恒强化学校校风、教风、学风，逐步出台学期整顿计划，在不断传承和创新中推动教育教学改革。

从 20 世纪 50 年代开始，学校领导班子会深入各个教研组听评课。校史上还清楚地记载着当时的情景：政治组、史地组——吴书记；理化生组：沈校长；语文、外语组——郜主任；数学组——张恒铎；体育组——阎世纯，要求领导每周至少要听三节课，教师每周至少要听两节课。这一传统，学校坚持至今。学校的老教师颜景崧 1950 年从辅仁大学毕业后来到新乡市一中任教数学课，已 90 多岁高龄的他重回母校，他说得最多的一句话就是"老师一定要备好课"。学校推行"一课一研"，将其固定为一项基本制度，并提出要不断地强化备课制度，每周行政办公会上都要汇报听课情况，有很多领导都是超额完成听课工作，大家不再把听课当作一项工作，而将其内化为一种行动自觉，体现着一代代一中人对教育细节的坚守。

……

新乡市一中的书桌是干净的，书籍的高度被限制在 7 厘米以内；学生在参加高考前是安静的，没有歇斯底里地撕书；离校前打扫干净卫生，维护好设施，将干净整洁的校舍留给下一届学生……校风是历史的总结、现实的体现、未来的守望，优秀的校风是一代代一中人传承、坚守、发展起来的。在新乡市一中这个安静的校园里，始终不变的是简单的人际关系、风清气正的风气、团结拼搏的斗志。

在长期的教育教学实践中，新乡市一中全面发展素质教育，优良校风、名师风范、学生风貌、校友业绩、办学成果交相辉映，形成了"爱党爱国、艰苦创业、纪律严明、治学严谨、团结和谐、永争第一"的优良传统。学校是河南省首批重点高中、全国模范单位、全国先进单位，近年又先后荣获"全国教育系统先进集体""全国文明校园""全国中小学体育工作先进单位""全国五四红旗团委"，"河南省先进基层党组织""河南省综合创新高中""河南省普通高中多样化发展示范性学校"等上百项荣誉称号。

岁月峥嵘志满酬，继往开来竞风流。着眼未来、志存高远的一中人将不忘初心、砥砺前行，朝着"保持河南领先，创建一流全国名校"奋斗目标继续迈进。

（原载于《中国教育报》2020 年 10 月 23 日）

新乡市一中党委约法十条

1. 提高政治水平，始终与以习近平同志为核心的党中央保持高度一致；

2. 坚持民主集中制原则；

3. 敢于担当，勇于承担责任；

4. 严格管理分管部门；

5. 提高依法治教水平，按《章程》和制度办事；

6. 自觉履行请示汇报制度；

7. 做团结模范；

8. 提高领导本领，创新性开展工作；

9. 加强作风建设，搞好调查研究；

10. 遵守中央廉洁从政的各项规定，做严防"四风"的表率。

教师课堂管理的 36 个细节（36 计）

1. 用心记住每个学生的名字。

2. 第一印象很重要，如开头一段话，板书第一个字，朗读第一句。

3. 面带微笑进课堂。

4. 课前要"胸有成竹"。

5. 提前 3 分钟进教室。

6. 上课时充满激情。

7. 课堂要立规矩，如上课应该怎样做、不能怎样做，违反了有何种惩罚措施等。

8. 给学生一个期望。

9. 和学生有个约定。

10. 课堂管理要宽严有度。

11. 要有一个平和的心态。

12. 要有一颗包容的心。

13. 让每个学生都成为你的"最爱"。

14. 保持亲和力。

15. 赏识你的学生。

16. 爱的力量是无穷的。

17. 学会倾听孩子们的心声。

18. 尽量多给学生发言的机会。

19. 讲课的语调要稳中有变。

20. 身教重于言传。

21. 走下讲台到学生中去。

22. 别把孩子的特点当缺点。

23. 让学生学着自己"认错"。

24. 公正对待每一个学生。

25. 善于委婉地劝诫。

26. 尽量不当众批评学生。

27. 教育学生相信自己。

28. 巧用"个别谈话"。

29. 鼓励学生"一帮一、一对优"。

30. 给孩子认错的勇气。

31. 不要放大孩子的缺点。

32. 给学生积极的心理暗示。

33. 将学生的犯错视为一种教育契机。

34. 勇于向学生认错道歉。

35. 帮助学生远离坏情绪。

36. 保持和发展学生的兴趣。

教师应该戒掉的 10 个不良习惯

1. 体罚或变相体罚学生；

2. 敲打讲桌；

3. 生气离开教室；

4. 大声吼叫；

5. 公开点名或羞辱学生；

6. 学生有错立即请家长；

7. 在批评学生时轻易翻旧账；

8. 因一个或少数学生犯错误，训斥全班学生；

9. 在甲学生面前批评乙学生；

10. 在学生面前指责其他教师。

优秀教师每天要做的 12 件事

1. 认真计划一天要做的主要事情；

2. 课前了解学生，充分备课；

3. 课堂注意观察，善于发现每一个学生的优点；

4. 精心设计作业，认真批改和讲评作业；

5. 在自习课或课余时间到自己所教的班级当面辅导一次；

6. 听一节其他老师的课，从中发现别人的长处；

7. 至少找一个学生谈心；

8. 阅读不少于一万字；

9. 文体、娱乐活动不少于半个小时；

10. 回想一天最有趣的一件事；

11. 按时作息，起居有节，合理膳食，调节心境；

12. 撰写一则读书笔记或教育日记（或随笔）。

"适合教育论"办学思想要素概览

组织愿景：河南领先　全国名校

学校使命：传承文明　开拓未来

办学理念：为学生提供适合自己发展的教育

立校基石：科研　民主　文化

办学策略：教师为基　管理为架　文化为魂

文化特质：红色文化　创新文化　创业文化

学校精神：求真务实　艰苦奋斗　志存高远　争创一流

优良传统：爱党爱国　艰苦创业　纪律严明
　　　　　治学严谨　团结和谐　永争第一

学生风貌：进入一中校门　品学兼优为本
　　　　　迈出校门一步　身系一中荣辱

教师形象：勤奋质朴　敬业爱生　至善至美

管理风格：严管厚爱

校　训：求知　求真　求健　求美

校　风：尊师爱生　以人为本　诚信严谨　博学创新

教　风：诲人以诚　致学以博　授人以真　育人以德

学　风：博学善思　学以致用　求实创新　全面发展

后　记

　　教育家陶行知先生曾言："人像树木一样，要使他们尽量长上去，不能勉强都长得一样高，应当是：立脚点上求平等，于出头处谋自由。"教育像农业，学生成长需要适合的土壤、空气和水分。诚如先生所言，理想的教育应该是既能让全体学生全面发展，又能让各类拔尖人才脱颖而出。就像每棵树不可能长得一样高，每朵花不可能开得一样大，自然规律如此，学生成长的规律也不例外。

　　教育界有个形象的比喻，全体学生的全面发展，是教育的"锦"，学生个性特长的发展是教育的"花"。作为学校管理者既不能"舍锦"而"求花"，也不能"求锦"而"弃花"，要做到锦上添花。教育者的目光，不能仅仅盯着学生在校三年的成绩，还要着眼于学生走向社会后的30年，放眼于国家民族复兴的未来。不应该让孩子为达到一个目标而截长补短，而是要让他们自由呼吸、自主成长，主动发展自己的能力。

　　从事教育工作三十余年，不论是当老师、做教研，还是从事学校管理，我一直思索"教育是什么"这样一个教育哲学的基本问题，甚而追问"什么是好的教育"，回答这个问题可能有上百个答案，但我始终认为：适合学生发展的教育才是最好的教育。2013 年初，我担纲新乡市一中这所中原名校校长，从"知"到"行"，开始思考最多的一个问题是：如何为学生提供适合自己发展的教育？在我的理解中，适合教育是一种思想、一种理论，又是一种理想、一种追求，更是一种需要遵循的教育法则。可以简单地概括为两句话：对所有学生平等对待，即"有教无类"，对不同学生差异化培养，即"因材施教"。

树有千形，花有万态。每一个生命都是一个独特的世界，每个世界都蕴藏着待采的矿藏。适合教育既指适合学生的教育，又指以适合的方法进行的教育，也指为了学生全面且有个性发展而进行的教育。在新时代发展素质教育过程中，这一思想现实意义尤为明显。首先，适合教育是以尊重、关心和信任为前提的，落实教育人本论和学生主体论，必须以人为本，尊重学生的主体地位。其次，适合教育与全面发展在本质上是相通的，真正的学生全面发展，必然是适合学生成长、符合学生生理、心理和认知规律的全面发展；再次，适合教育也与个性发展是一致的，人的个性发展是指个性的全面发展，离开了个性，就无所谓人的全面发展，这符合马克思主义的辩证法和教育观。

回溯"适合教育论"在新乡市一中的成长和发展，早在 20 世纪 80 年代，学校首创河南省超常教育实验班，开启了为超常儿童提供适合教育的探索。到了 21 世纪初，在梳理学校办学历史和凝练办学理念时，新一届学校班子明确提出了"为学生提供适合自己发展的教育"理念，至今二十余年，这一理念已深入人心并成为全校师生的行动自觉。我提出的"适合教育"，虽然是以新乡市一中为基础和实践基地，但它并不仅仅是对已有教育形态的概括和总结。我期冀通过自己的实践、研究和表达，使其能够成为一种具有相对普遍意义的教育理念、教育样态，提供一个观察视角，抛砖引玉，供专家和同行参考指正。

《适合教育论》正是基于这样的认知和体验撰写而成。本书从拟定提纲到最后成稿，数次调整，几易其稿。在撰写此书的过程中，我查阅了大量的史料和资料，在此，我要对借鉴和参阅的先贤、名家的观点和智慧，表达由衷的谢意！《德育报》执行总编王晨光先生作为资深媒体人、著名德育专家，与他的同仁林玮先生给予了本书鼎力支持。特别

适合教育论

令我感动和感激的是，此部专著得到了我国著名教育家、当代中国教育学泰斗顾明远先生的首肯，九十多岁高龄还亲自为本书撰写了序言，给我以极大的鼓舞！还记得 4 年前，我在北京师范大学进修期间，顾明远先生给新乡市一中题词："春风化雨、教泽流芳"，并亲手赠予了我，我至今对此记忆犹新。这八个大字既是顾老对教育的深刻理解，又是对新乡市一中教师的殷切勉励！此外，多年来关心、培养和支持我的各级领导，我的同仁——新乡市一中的校级领导和老师们也给予了我太多的理解与支持，在此一并恭谢！

最后，借助此书的出版，我还想表达的是：感谢父母的养育之恩！感谢我的爱人和孩子为我奉献了无私的爱！感谢所有在我人生之路上给予我关爱和帮助的朋友们！

王伟

二〇二三年九月十日

后记